甘肃社会发展分析与预测（2016）

ANALYSIS AND FORECAST ON SOCIAL DEVELOPMENT OF GANSU (2016)

主　编／安文华　包晓霞　谢增虎

社会科学文献出版社
SOCIAL SCIENCES ACADEMIC PRESS (CHINA)

图书在版编目(CIP)数据

甘肃社会发展分析与预测.2016/安文华,包晓霞,谢增虎主编.—北京:社会科学文献出版社,2016.1
（甘肃蓝皮书）
ISBN 978-7-5097-8568-3

Ⅰ.①甘… Ⅱ.①安…②包…③谢… Ⅲ.①社会分析-甘肃省-2016②社会预测-甘肃省-2016 Ⅳ.①D674.2

中国版本图书馆CIP数据核字(2015)第308753号

甘肃蓝皮书
甘肃社会发展分析与预测（2016）

主　编／安文华　包晓霞　谢增虎

出 版 人／谢寿光
项目统筹／邓泳红　吴　敏
责任编辑／王　颉

出　　版／社会科学文献出版社·皮书出版分社（010）59367127
　　　　　地址：北京市北三环中路甲29号院华龙大厦　邮编：100029
　　　　　网址：www.ssap.com.cn

发　　行／市场营销中心（010）59367081　59367090
　　　　　读者服务中心（010）59367028

印　　装／北京季蜂印刷有限公司

规　　格／开本：787mm×1092mm　1/16
　　　　　印张：17　字数：226千字

版　　次／2016年1月第1版　2016年1月第1次印刷

书　　号／ISBN 978-7-5097-8568-3

定　　价／79.00元

皮书序列号／B-2013-278

本书如有破损、缺页、装订错误,请与本社读者服务中心联系更换

▲ 版权所有 翻印必究

甘肃蓝皮书编辑委员会

主　　任　连　辑　夏红民

副 主 任　高志凌　范　鹏　王福生　沙拜次力　杨咏中
　　　　　杨志武　樊怀玉　都　伟　李秀娟　　吉西平
　　　　　梁和平

总 主 编　王福生

成　　员　陈双梅　朱智文　安文华　刘进军　景国栋
　　　　　马廷旭　高应恒　王灵凤　刘玉顺

甘肃蓝皮书编辑委员会办公室

主　　任　马廷旭

副 主 任　刘玉顺

《甘肃社会发展分析与预测（2016）》编辑委员会

主　　任　王福生

副 主 任　陈双梅　朱智文　安文华　刘进军

委　　员　刘　敏　包晓霞　谢增虎　景国栋　马廷旭
　　　　　　董积生　高应恒　王灵凤

主　　编　安文华　包晓霞　谢增虎

首席专家　包晓霞　谢增虎

主要编撰者简介

安文华 甘肃省社会科学院副院长。主要研究领域：科研管理、政治学。主要研究成果：《反贫困之路》（著作）、《中国百县市经济社会调查·静宁卷》（著作）、《传统农业县的变迁》（著作）、《试论领导干部的"参用"思想》（论文）、《敦煌艺术哲学论纲》（论文）、《中国美学的新起点》（论文）、《社科管理的性质及对管理者的素质要求》（论文）、《科学、社会科学的由来与发展》（论文）、《自然科学与社会科学的融合是科学体系健康发展的必然》（论文）、《中国社会科学的历史追寻》（论文）、《传承优秀文化，构建中国特色社会主义话语体系》（论文）、《当代中国哲学社会科学话语体系研究》（论文）。

包晓霞 甘肃省社会科学院研究员，原社会学研究所所长。主要研究领域：社会学理论与方法、人口问题、组织行为、社会评估、公共政策。主要研究成果：《社会制度建构》（专著）、《边缘化与边际性乡村社会》（合著）、《甘肃人口发展战略研究》（合著）、《"健康中国2020"甘肃战略研究》（合著）；《现代西方社会心理学中关于自我研究的基本理论概述》（论文）、《中国计划生育协会组织发展的若干理论与实践问题探析》（论文）、《贫困研究综论》（论文）、《社会学关于现代社会管理和社会建设的理论》（论文）、《基于社会团结的包容性社会——关于当前中国社会管理的若干理论与实践问题》（论文）、《中国西北贫困地区农户的社会资本特征——基于400份农户问卷调查的初步分析》（论文）。《甘肃省经济社会发展分析与预测》（2006、2007）副主编；《甘肃省社会发展分析与预测》（2008）副主编；《甘肃省社会发展分析与预测》（2009、2010、2011）主编、首席专家；《甘肃蓝皮书·社会》（2013、2014、2015）主编、首席专家。

谢增虎　甘肃省哲学社会学研究所所长、研究员，兼任甘肃省哲学学会副秘书长、甘肃省传统文化研究会常务理事、甘肃省敦煌哲学研究会常务理事、甘肃省医学伦理学研究会常务理事等。主要从事中国优秀传统文化、甘肃特色文化研究。完成的主要论文、课题有60多项，多篇论文和主要观点被《新华文摘》、《人大复印资料》、《社会科学文献索引》等全文或部分转载，其中论文《伏羲文化精神的现代意义》获甘肃省第十三次哲学社会科学优秀成果一等奖。

总　序

"甘肃蓝皮书"已走过了十年历程，规模由最初的 2 种发展到如今的 10 种，影响由最初省社科院的科研平台发展成为如今的甘肃省内智库的第一品牌。"甘肃蓝皮书"的诞生与发展，充分展现了传统社会科学研究机构向现代特色智库、高端智库转型的历程。

2004 年中央下发《关于进一步繁荣发展哲学社会科学的意见》（中发〔2014〕3 号，以下简称《意见》），把繁荣发展哲学社会科学提到党和国家事业发展的战略高度，明确了哲学社会科学"认识世界、传承文明、创新理论、咨政育人、服务社会"的职能定位和重要作用，指出地方社会科学研究机构应主要围绕本地区经济社会发展的实际，开展应用对策研究。为了贯彻落实《意见》精神，甘肃省委下发《关于繁荣发展哲学社会科学的实施意见》（省委发〔2014〕33 号），明确指出，省社科院主要围绕省委省政府中心工作开展应用对策研究。甘肃省社会科学院按照这一新的职能要求，提出了"六个以"的办院方针，积极建构发挥省委省政府"思想库"和"智囊团"作用的长效机制，努力探索服务甘肃经济社会发展的可行路径，倾力打造发挥智库功能为省委省政府决策服务的战略平台。经过两年的酝酿和探索，在"十一五"开局之年的 2006 年，我院编研的《甘肃经济社会发展分析与预测》和《甘肃舆情分析与预测》面世，引起社会各界的热烈反响，标志着"甘肃蓝皮书"的正式诞生。至"十一五"末，甘肃蓝皮书规模已由原来的 2 种增加到 5 种，覆盖了经济、政治、社会、文化、县域等研究领域，成为省委省政府及有关部门的参考资料和决策依据，成为省内各级人大代表、政协委员、专家学者和社会各界非常重视的民主决策、参政议政、科学研究和认识省情的重要参考书。

"十二五"期间，省社科院又确定了"拓展合作领域、扩展编研规模、壮大编研队伍、提升编研水平、加强成果转化"的蓝皮书编研思路。我院首倡西北五省区社科院联合编研出版"西北蓝皮书"，这一倡议得到了陕西、宁夏、青海、新疆等省区社科院的一致赞同，2011年首部《中国西北发展报告》诞生。"西北蓝皮书"的编研和出版发行，使我院系列蓝皮书的研究拓展到了"丝绸之路经济带"的国内主要区域。从2014年起，我院先后主动与省住房和城乡建设厅、省民族事务委员会、酒泉市政府、省商务厅、省统计局等积极合作，共同编研出版了住建、民族、商务、酒泉等四种蓝皮书，使"甘肃蓝皮书"拓展到了重要行业和地区。到"十二五"收官之年的2015年，我院蓝皮书系列丛书已由最初的2种发展到了现在的10种之多，"甘肃蓝皮书"已经成为服务党委政府决策和全省经济社会发展的甘肃智库的第一品牌、甘肃社会科学界的学术品牌、甘肃文化领域的标志品牌、甘肃一些重要行业及市州工作的展示品牌。

"甘肃蓝皮书"在十年的编研过程中形成了稳定规模、稳定机制，提升质量、提升影响的编研理念。"甘肃蓝皮书"始终坚持的基本编研理念和运行机制：一是始终坚持原创，注重学术观点和科研方法的创新。坚持研究在先，编写在后，在继承中创新，注重连续性；从源头上抓质量，注重可靠性；在深入研究上下工夫，注重科学性；在服务上抓效果，注重影响力。二是始终坚持追踪前沿，注重选题创新。追踪前沿就是让专家学者更多地参与社会实践，发现问题、研究问题、解决问题，最终通过蓝皮书为人们提供正确的指导，显示社科专家服务社会的能力和实力，提高蓝皮书的知名度和美誉度。三是始终坚持打造品牌，创新编研体制机制。十年来，我们始终把蓝皮书的质量看作蓝皮书的生命线，组织有研究能力的专家开展深入研究，向社会提供事实根据充分、分析深入准确、结论科学可靠、对策具体可行的权威信息与权威性的研究成果。

展望未来，伴随国家和省上对建设特色新型智库、高端智库的高度重视，"甘肃蓝皮书"作用和影响将更加突出。2014年11月，中共中央办公厅、国务院办公厅印发《关于加强中国特色新型智库建设的意见》（中办发〔2014〕65号），要求充分发挥中国特色新型智库咨政建言、理论创新、舆论引导、社会服务、公共外交等重要功能，明确了社会科学院在特色新型智库体系中的重要地位。"甘肃蓝皮书"作为我院打造陇原特色新型智库的核心载体，也将开启服务省委省政府决策、为甘肃经济社会发展提供智力支撑的新航程。

在"甘肃蓝皮书"的成长历程中，充满着甘肃省委省政府和有关部门的关心与厚爱，饱含着与我们真诚合作的省住房和城乡建设厅、省民族事务委员会、酒泉市政府、省商务厅、省统计局的鼎力支持和帮助，浸润着读者出版集团、社会科学文献出版社出版人和统计、新闻等领域同仁们的辛劳、奉献和智慧。相信在各方共同努力下，"甘肃蓝皮书"将继续提升品质和影响，使党委政府参考运用起来感到更加有价值，使读者大众读起来感到更加有收获，使编研者工作奉献感到更加有意义。

此为序。

王福生

2015年11月18日

摘　要

本书是甘肃省社会科学院2015年度"社会发展形势分析与预测"课题组年度分析报告，由甘肃省社会科学院组织社会学科研人员研究撰写。全书共14个专题，除总报告外，分两部分呈现：发展篇和专题篇。本年度甘肃社会发展形势分析与预测选题重点围绕各项社会事业发展状况展开，旨在系统分析"十二五"期间社会建设主要目标的实现程度。专题方面，主要针对人口老龄化、新型城镇化建设、农村"空心化"、食品安全以及法治政府建设等现象，以微观调查、个案剖析等方法，进行深度分析，以期能为读者诠释当前甘肃社会发展的深层领域。

本书认为，2015年，甘肃社会运行表现出如下一些特点。

2015年，甘肃经济总体平稳运行，保障了各项社会事业稳定发展，为进一步提升城乡居民生活质量提供了必要的经济基础，居民生活质量的主要方面表现出良好态势，环境治理有新进展，城市饮用水质量和空气质量进一步改善，教育事业整体呈现良好发展态势，城乡居民医疗卫生服务的可及性得到有效提高。农村方面，"空心化"成为甘肃农村发展的"新常态"，受到农村各个年龄层次和不同群体的普遍认同和广泛适应，"双联"（联村联户）作为甘肃省委省政府的富民行动，在农村社会建设方面发挥了重要的作用。城镇方面，六大措施促进甘肃城镇化建设快速推进，正从粗放型扩建向品位与质量并重的"精建细管"发展，但从发展的角度看，土地制度改革滞后，缺乏产业支撑，投融资渠道相对单一，快速城镇化带来的文化适应等问题，正在困扰着城镇化向高质量发展。

本书指出，2016年甘肃社会运行面临的主要挑战是：受宏观经济环境的影响，甘肃主要经济指标增速继续下滑，给原本就存在明显投入不足且具有公共财政依赖性的各项社会建设带来较大负面影响，一些长期困扰甘肃社会发展的基础领域矛盾更加突出。劳动力就业严重不足，环境治理功能薄弱，未富先老给社会建设带来广泛影响，社会治理能力现代化水平与法制政府建设的要求差距较大，社会保障基金调节机制不完善等问题仍然存在。2016年，社会管理仍面临一系列挑战，将直接影响社会的良性运行，因此，2016年的省政府报告中关于社会发展的规划应当给予高度重视，并提出应对策略。

Abstract

The book, an annual report on "the analysis and forecast of social development form" for the year 2015, is from the research group of The Social Sciences Academy of Gansu Province. It is written by the research staff from the studio of research fellow Bao Xiaoxia, senior expert of The Social Sciences Academy of Gansu Province. There are a total of 15 special topics in the book. It contains 2 parts in addition to the general report: writings on development and special topics. The selection of the topics revolves round the developing status of social undertakings, to analyze systematically the aims achieved in the – Twelfth – Five – Year period. The special topics are directed against the phenomena such as aging of population, employment, rural "hollowing out" food safety and the building of a law – based government. The writings, by the ways of microscopic investigation and case analysis, supply analysis in depth in order to interpret the deep fields of current social development in Gansu.

It is emphasized in the book that the social running of Gansu in 2015 shows the following characteristics.

In the year of 2015, smooth economical running ensures steady progression of all kinds of social undertakings, and supplies necessary economic base for the further improvement of urban and rural residents' life; main aspects of residents' life quality presents good posture; environmental management witnesses new progress; drinking water and air quality in cities have been further bettered; educational enterprise wholly shows good development trend; accessibility of medical and health services for urban and rural residents is improved effectively. In the aspect of rural area, hollowing – out has been a new normalcy, which is universally approved and adapted by the people of different ages as well as different groups; "double – connection" (connect villages and households), a campaign to enrich people started by Provincial Party Committee and Provincial Government, plays an important role in the rural social construction. Speaking of cities and towns, six important measures accelerate Gansu's urbanization, which is developing from extensive expansion to fine management and building. But from the angel of development, reformation of land system lags, lacking industry support; investment and financing channel is relatively single, so that the problems brought about by quick urbanization are troubling urbanization's development to a high level.

It is pointed out in the book that the main challenges Gansu in 2016 will confront are as follows:

Influenced by macroeconomic environment, the growth of Gansu's major economic indicators will continue to glide, and it brings about more serious negative effects to all kinds of social constructions, which depend on public finances too much and whose original input was obviously insufficient; more obvious contradiction will appear in some base fields that have been troubling Gansu social development for long. Employment rate of labor force is terribly low, environmental management function is weak, and aging before getting rich brings widespread impact to social construction. There is a larger gap between modernization level of social governance capabilities and requirements of a law – based government. Regulation mechanism of social security funds is still deficient. Social management in 2016 will continue to face a series of challenges, which will influence directly social proper running. So, we should pay special attention to social development programming mentioned in the provincial government report of 2016, and countermeasures should be put forward.

目 录

Ⅰ 总报告

B.1 2015~2016年甘肃省社会发展形势分析与预测
　　……………………………………………… 包晓霞 / 001

Ⅱ 发展篇

B.2 甘肃省教育事业发展形势
　　分析与预测 ……………………… 吴绍珍　陈　霞 / 014
B.3 甘肃省科技事业发展形势
　　分析与预测 ………………… 袁凤香　张小鸽　许尔君 / 039
B.4 甘肃省卫生与计划生育事业
　　发展形势分析与预测 ……………………… 邓慧君 / 056
B.5 甘肃省人力资源与社会保障
　　事业发展形势分析与预测 …………… 许尔君　袁凤香 / 070
B.6 甘肃省城乡居民生活质量
　　分析与预测 ………………………………… 冯乐安 / 101
B.7 甘肃省环境保护事业形势分析与预测 ………… 冯乐安 / 115

B.8 甘肃省新常态下的就业形势分析与预测 ………… 刘徽翰 / 134

B.9 甘肃省社会组织参与公共服务的能力

分析与预测 …………………………… 宋文姬 李 蓉 / 154

Ⅲ 专题篇

B.10 甘肃省食品安全问题调查报告 ……………… 惠继飞 / 169

B.11 新型城镇化建设的实践研究

——基于瓜州县渊泉镇的调查与分析 ……… 张广裕 / 184

B.12 甘肃农村"空心化"现状调查报告 …………… 王 屹 / 202

B.13 甘肃人口老龄化的现状、问题与原因分析 …… 许振明 / 218

B.14 甘肃法治政府建设中平衡社会关系研究

……………………… 赵前前 马廷魁 柳 菁 / 233

CONTENTS

Ⅰ General Report

B.1 2015-2016 Gansu's Social Development Situation Analysis and Forecast
Bao Xiaoxia / 001

Ⅱ Report on Social Development

B.2 Analysis and Forecast on the Education Development
Situation in Gansu Province *Wu Shaozhen, Chen Xia* / 014

B.3 Analysis and Forecast of the Development of Science and Technology
in Gansu Province *Yuan Fengxiang, Zhang Xiaoning and Xu Erjun* / 039

B.4 The Analysis and Forecast of Health and Family
Planning Situation In Gansu Provinc *Deng Huijun* / 056

B.5 Gansu Human Resources and Social Security Undertakings in the
Development of the Situation and Forecast *Xu Erjun, Yuan Fengxiang* / 070

B.6 People's Life Quality of Gansu Analysis
and Forecast *Feng Lean* / 101

B.7 Environment of Gansu Analysis and Forecast *Feng Lean* / 115

B.8 Under the new Normal Employment Situation Analysis
and Prediction in Gansu Province *Liu Huihan* / 134

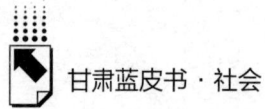

B.9 The Analysis and Prediction of Situation on Social Organizations to Participate in Public Service of Gansu Province
Song Wenji, Li Rong / 154

Ⅲ Report on Special Subjects

B.10 Investigation Report on Food Safety in Gansu Province *Hui Jifei* / 169

B.11 Study on New Urbanization: Based on the Investigation and Analysis of the YuanQuanTown of Guazhou County
Zhang Guangyu / 184

B.12 Investigation Report on the Current Situation of "Hollow out" in Rural Areas of Gansu *Wang Yi* / 202

B.13 Gansu Aging Population Situation, Problems and Causes
Xu Zhenming / 218

B.14 The Research about Balancing the Social Relations in the Constructions of Law-ruling Goverment of Gansu Province
Zhao Qianqian, Ma Tingkui and Liu Jing / 233

总 报 告
General Report

B.1
2015~2016年甘肃省社会发展形势分析与预测

包晓霞*

摘　要： 2015年，甘肃经济总体平稳运行，保障了各项社会事业稳定发展，为进一步提升城乡居民生活质量提供了必要的经济基础，居民生活质量的主要方面表现出良好态势，环境治理有新进展，城市饮用水质量和空气质量进一步改善，教育事业整体呈现良好发展态势，城乡居民医疗卫生服务的可及性得到有效提高。另外，受宏观经济环境的影响，甘肃主要经济指标增速继续下滑，给原本就存在投入不足且具有公共财政依赖性

---

* 包晓霞，甘肃省社会科学院研究员，主要研究领域：社会学理论与方法、人口问题、组织行为、社会评估、公共政策。

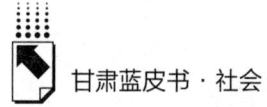

的各项社会建设带来较大负面影响，一些长期困扰甘肃社会发展的基础领域矛盾更加突出。劳动力就业严重不足，环境治理功能薄弱，"未富先老"给社会建设带来广泛影响，社会治理能力现代化水平与法制政府建设的要求差距较大，社会保障基金调节机制不完善等问题仍然存在。2016年，社会管理仍面临一系列挑战，将直接影响社会的良性运行，因此，2016年的省政府报告中关于社会发展的规划应当给予高度重视，并提出应对策略。

关键词： 居民生活质量　农村空心化　城镇化　"未富先老"　甘肃

一　2015年甘肃省社会发展的主要特点

（一）经济发展继续发挥了增强城乡居民发展信心的重要作用

经济是社会发展的基础，2015年上半年，甘肃省经济运行总体平稳，全省实现生产总值2612.88亿元，同比增长8.0%，增速全国排名第十三位；全省完成大口径财政收入733.94亿元，同比增长13.35%；完成一般公共预算收入377.18亿元，增长9.02%。为实现全省社会发展各项目标创造了较为有利的经济条件。一般公共服务支出均保持了两位数的增长速度，其中，医疗卫生与计划生育增长最快，达31.66%，其次是文化体育与传媒，增长27.46%，增速位居全国第三的是教育，增长21.04%，社会保障与就业增长14.38%。

有力地支持了各项社会事业的发展，为进一步提升城乡居民生活质量提供了经济保障，上半年，全省城镇居民人均可支配收入为11243元，同比增长9.3%，增速排名全国第三。全省农村居民人均可支配收入为2985元，同比增长11.6%，增速全国排名第三。截至6月底，全省金融机构本外币各项存款余额为15577.38亿元，同比增长12.43%，[①] 城乡居民收入和各项存款余额的增长速度在全国处于领先地位，对于增强城乡居民发展信心发挥了重要作用。

（二）居民生活质量的主要方面表现出良好态势

就业是城乡居民收入的主要渠道，也是城乡居民生活质量提升的重要保证。统计数据表明，2015年上半年，全省城镇新增就业29.6万人，同比增长9.2%，保证了城镇居民收入的稳定增长。截至5月底，全省共输转城乡富余劳动力445.3万人，创造劳务收入370.7亿元，成为城乡居民增收的重要来源。城乡居民生活必需品消费支出结构和增长趋势，反映出全省居民生活质量的主要趋势持续向好，1~6月，城镇居民人均生活消费支出同比增长9.4%，农村居民人均生活消费支出同比增长8.5%，主要生活必需品消费支出均表现出显著的增长态势，其中，医疗保健、交通通信及教育文化娱乐三大类生活消费品支出增长最快，处于前三位，排名第四的是衣着，食品类仅排第五位。私人轿车数量大幅增加，从2012年的45.7万辆增长到2014年的73.3万辆，年均增长率高达30.2%。全省居民的健康状况不断改善。但城乡居民收入差距显著，上半年，城镇居民人均可支配收入是农村居民人均可支配收入的3.8倍。城乡居民人均可支配收入与全国的差距仍然较大，全省城镇居民人均可支配收入在全国排名仍居末位（31位），农村居民人均可支配收入在全国排名第29位，城乡居

---

① 甘肃统计信息网。

民生活消费结构存在不合理现象，1~6月，全省城镇居民烟酒类消费支出占城镇居民人均生活消费支出总额的31.44%，农村居民烟酒类消费支出占农村居民人均生活消费支出总额的29.05%。城乡公共交通状况有待完善。这些问题仍在影响着城乡居民生活质量的有效提高。

（三）城市饮用水质量和空气质量进一步改善

2015年，甘肃省委省政府继续高度强调环境保护事业的重要性，进一步调整思路适应环保工作新常态，突出强化环境保护应急能力建设，运用科技力量助推环保工作，使全省环境状况有了新的改善。7月的监测数据显示，河流水质总体向好，全省监测的15条河流中，超过73%达到优良，仍有20%的河流水质为轻度污染，山丹河水质为重度污染。[①] 全省监测17座水库，水质均达到功能类别。城市饮用水源地水质进一步改善和提高。2015年7月，全省14个地级市空气质量达到《环境空气质量标准》（GB3095—1996）二级标准的有8个，占57.1%。生态环境方面：森林面积、覆盖率以及气候条件相对稳定，全省工业废水排放量有所减少，但是城镇生活污水排放量有所上升。

（四）科技进步综合指数仍处于全国中下水平

根据《2014全国科技进步统计监测报告》显示，2014年在5个衡量科技进步水平的一级指标中，甘肃省仅科技活动产出一项位于全国中等水平，全国排名第14位，西部省区第4位，具有相对优势。其余四项指标在全国均处于较落后地位：科技投入居全国第21位，科技进步环境居全国第23位，科技促进经济社会发展居全国第24位，高新技术产业化居全国第25位。这种状况与同期甘肃省的经济

---

① 甘肃省环境保护厅：《甘肃省环境质量月报》2015年7月。

发展水平和科技投入水平基本一致。纵向比较，科技支撑能力不断增强，2014年，全省高新技术企业工业总产值达603.50亿元，同比增长4.16%。营业收入596.52亿元，科技贡献率已达48%。科技改革受到重视，特别是在推进科技创新能力和科技创新平台建设方面的投入增长较快，从2009年到2013年的5年间，甘肃省的科技创新投资年均增长15.76%，2013年达到66.93亿元。目前，甘肃已建立起了以政府引导、企业为主、社会支撑的多元化科技投入体系，科技合作领域不断拓展。但是，科技创新要素不足、创新能力弱、创新环境较差等制约科技创新总体水平不断提升的基础因素仍然存在。

（五）教育事业整体呈现良好发展态势

在科教兴省、人才强省战略指引下，甘肃省坚持强化教育优先发展，促进教育改革稳步推进，出台了一系列增加教育投入的政策措施，建立和完善了以政府投入为主、受教育者合理负担和多渠道筹措教育经费保障机制，确保公共财政的教育支出占一般预算支出比例逐年提高，教育事业呈现出持续发展的良好态势，一些薄弱领域得到明显改善。一是学前教育办学实力明显增强，学前教育普及率逐年提高。2014年共有幼儿园3471所，比上年增加330所；2014年在园幼儿620127人，较上年增加70327人；幼儿园师资力量逐年增长，幼儿园向标准化发展。二是中等职业教育迈上新台阶，全省先后组建行业型、区域型、专业型3种类型的16个职教集团，初步形成了分工明确、结构合理、资源共享、充满活力的"六统筹、一流动、一凸显"职教集团运行机制。三是高等教育取得新进展，三所高校应经济社会发展需要实现了提升转型。

（六）城乡居民医疗卫生服务的可及性得到有效提高

一是城乡居民医疗保障水平进一步提高，2015年，全省新农合参合农民1926万人，参合率达98.26%；城镇居民基本医疗保险达到年人均380元，政策范围内报销比例达到75%；在全省范围内推行大病保险，全省"统一筹资标准、统一报销比例、统一实施方案"。二是深化县级公立医院改革，逐步建立维护公益性、调动积极性、保障可持续的县级医院运行机制。三是进一步完善药品供应体系，不断提高各级各类医疗机构的基本药物销售比例，鼓励非政府医疗机构也参与实施基本药物制度，积极参与药品集中采购和配送服务。四是强力推行分级诊疗制度，明确了分级诊疗病种和补偿原则，调整新农合报销政策，有效地起到了分流病人、进一步缓解群众看病难等深层次问题的作用。五是为了均衡医疗资源，提升基层医疗服务水平，加强基层医疗机构专科建设，推行医师多点执业制度。六是通过培训、实习等方式，不断提高县级医院医护人员业务能力，逐步达到让90%的常见病、多发病在县域内得到有效诊治的目标。这些改革措施，有效地提高了城乡居民医疗卫生服务的可及性。

（七）农村社会结构出现深层次变迁

1. 农村"空心化"现象被村民普遍认为是社会进步的象征

深度调查结果表明，以人口的减少和劳动力资源的流出为主要特征的农村"空心化"，正在成为甘肃农村社会的"新常态"，从事非农行业成为农村人社会流动的主要途径，农村人在适应这种"新常态"的同时，也改变和提升了他们对传统农业的期望，对单一就业方式的抛弃。打工的经历代替了传统的乡村记忆，成为有出息、见多识广的有效途径。挣钱不是"90后"打工族唯一目的，他们在打工的同时，还需要花家里的钱。近十年的经济高速发展，加快了中国的城市化、现代化，城乡居民的生活方式、生产方式发生了广泛而深刻的变化，以农民工为主力的人口城市化，引起了农村社会的"空心化"，生活时空的城市化、生活观念的现代化。越来越多的农村人口迁移至城市,打工者、学龄儿童的陪读者,不但抽空了农村人口,而且影响了农村公共服务的效率和质量,尽管农村的基础设施通过一轮又一轮的农村建设,不断得到改善和提高,但对人口的吸引力却越来越低。一代接一代的年轻农村人口,越来越追捧外出打工的生活,越来越多的家庭选择通过让子女接受良好的教育,而改善其进入城市的渠道和在城市获取社会地位的个人资源。走出乡村,进入城市就业受到越来越多的农村人的认同和期待。天水市清水县吉山村的案例典型地反映了这种现象。在吉山村,外出务工人员已经占劳动力总数的67.85%,6月的农忙时节并没有看到青壮年劳动力,只是偶尔可见老人或中年妇女背着简单的劳动工具在田间耕作。村民在交通便利处重新修建了新房,村中心的旧房破败不堪,道路被杂草掩没。长途车上一位忙着手机上网的"90后"受访者表示:"打工挣钱只是一个方面,我就是想换个活法,老父亲地里刨了半辈子,进城又苦了十几年,不就是为了我们年轻一代能有个更好的生活环境吗?"留守老人认为,能出去赚上钱那是本事!以前娃不做农活我都要打他,现在是他要是想回来我就要打他。年轻人窝在家里种地吃饭让人笑话,媳妇都娶不上。村干部表示"村民聊天的主要内容早已不再是交流务农经验,逢年过节见面那都是互相交流务工情况,农事方面一句带过。"从访谈的情况来看,农民多年进城务工的劳动经验已经超越,甚至取代了世代相传的农业生产经验。

2. "双联行动"在农村社会建设方面实现了预期目标

以为民富民为目的的双联(联村联户、为民富民)行动,是这一届甘肃省委领导的具有代表性的农村发展战略行动,省委、省政府为其赋予了扶贫预期和干部素质提升、公仆意识培养等多方面的社会发展目标。经过全省干部群众多年的努力,在以省委书记王三运的双联点武山县北顺村为代表的一些村庄取得了明显的成效,实现了增强经济综合实力,促进农民增收致富,改善农村发展条件,提高公共服务水平，密切党群干群关系，增强党的基层组织建设等方面的新农村建设目标。双联行动开展以来，北顺村紧紧围绕省委王三运书记调研指导工作时提出的"围绕一个目标，重视六个结合，制定一个规划，完善两个组织，夯实三大基础"的要求，夯基础，培产业，强根本，激活力，转作风，提效能，双联行动取得了显著成效。三年多来，北顺村共落实各类资金5000多万元，各类项目80多项，兴办各类实事268件，北顺村面貌发生了显著变化，一是基础设施有效改善；二是富民产业发展渠道进一步拓宽；三是农民群众得到了实惠，农民人均纯收入在2012年实现翻一番的基础上，2014年达到11950元，较2013年增长12.5%，成为全县第一个人均纯收入上万元的村，也成为全县乃至全省双联行动的示范村、样板村。

（八）城镇化建设快速推进

课题组对甘肃省酒泉市瓜州县渊泉镇城镇化建设的个案调查结果表明，渊泉镇的城镇化建设经历了一个从粗放型扩建到注重品位与质量并重的精建细管的过程。具体来看，注重规划、措施到位是渊泉镇在城镇化建设取得预期成效的成功经验。渊泉镇在城镇化建设过程中，采取了六大措施，促进城镇化建设快速推进：一是规划引领，把城镇化建设建立在科学规划的基础上，减少了因盲目和随意建设造成的粗制滥造和浪费，使得城镇化建设的投入产出效益不断提高。二是多方筹资，不断加大投入，使城镇的基础设施建设快速得到改善。三是在城镇管理过程中，坚持建管并重的理念，注重对管理制度的高起点建设和对细节的超前设计，做到精细化管理。四是通过制定优惠政策，积极招揽项目，不断提升城镇的产业支持力度，逐步增强城镇的人口吸引力。五是利用新农村建设的资源和政策机遇，以农民的居住方式和空间变化为城镇化建设奠定基础。六是深化改革，积极推进户籍制度改革，逐步建立城乡统一的户籍管理体系，坚持农村人口进城保持原有土地承包权、宅基地、计划生育、各种补贴政策不变，吸引了更多的农村人口向城镇集聚，逐步调节了文化、教育、社保、医疗、住房等公共资源均衡配置。从发展的角度看，渊泉镇的城镇化建设还存在一些不足：一是土地制度改革滞后，制约了城镇化发展。二是城镇化发展缺乏产业支撑，人口吸纳聚集的功能不强。三是农业转移人口多数在非正式部门就业，给小城镇管理带来很大压力。四是投融资渠道相对单一，城镇建设资金投入滞后于城镇发展需求。五是快速城镇化带来的文化适应问题，需要在城镇管理制度建设中给予关注。

二 2015年甘肃省社会发展存在的突出问题

从全国范围看，甘肃属于经济后发展地区，尽管最近的几年经济发展速度跃升全国中上水平，但经济总量小，经济发展主要依赖于投资拉动，受宏观经济环境的影响较大，随着全国进入经济新常态，甘肃主要经济指标增速继续下滑，给原本就存在明显投入不足且具有公共财政依赖性的各项社会建设带来了较大的负面影响，一些长期困扰甘肃社会发展的基础领域，面临后继乏力的风险，矛盾更加突出。

（一）劳动力就业严重不足

市场化背景下，就业是经济发展最敏感的指标之一。随着经济发展速度逐渐放缓，新增就业岗位空间十分有限，原有的一些灵活就业的岗位变得更加不稳定。统计数据显示，截至2015年5月底，省内应届高校毕业生就业协议签约率只有42.21%。总体上呈现出供过于求的局面。就业人员灵活就业比例持续升高，就业稳定性较差。近年来省内新增就业和失业人员再就业的主要途径分别是灵活就业、企业吸纳和自主创业。由于灵活就业的形式主要为小时工、临时工和季节工，岗位流动性大，易受季节性、周期性影响，而灵活就业人员因为文化程度普遍偏低，技术能力不足，因此其工资水平和社会保障水平普遍较低，就业质量不高，就业稳定性难以保障。就业人员创业热情高涨，但多为小微型企业且生存能力不足。

（二）环境治理功能薄弱

一是环境治理投入不足，环保基础设施较差。主要表现在：污水处理技术落后，环保硬件设施缺乏，居民生活垃圾处理滞后，造成环境污染逐步加剧。一些企业逃避环保责任，控污设施薄弱。有的企业虽有治污设施，但长期闲置，没有正常运行。有的企业甚至私设排污口，偷排现象严重，不少工厂烟尘污染严重。二是政府环境保护职能缺位，尤其在街道、乡镇中，没有设立环境保护的相关职能部门，一些地方还没有专职的环保工作人员。三是缺少统一的环境治理协调制度，众多相关部门各管一摊，有机的工作内容被条块分割，造成资源浪费，管理效能低等问题。四是各级政府及环境保护部门对环境保护的宣传力度不足，一些宣传活动流于形式，方法方式过于简单。五是农民环保意识较弱，大量村庄环境治理功能缺位，过多地使用农药、化肥，使农村的土壤和水质污染不断加剧。另外，农村生活垃圾处理缺乏有效的监管制度，许多村庄没有固定的生活垃圾处理场所和设施，居民习惯把垃圾清运到村边、河边，不作任何处理。这些问题的存在，集中地反映出甘肃环境治理仍然存在功能方面的不足。

（三）"未富先老"给社会建设带来广泛影响

老龄化加速到来，到2014年，全省65岁及以上人口达221.51万人，占常住人口的8.55%。[①] 也就是说，十年来，65岁及以上老龄

[①] 国家统计局：《2014年甘肃省国民经济和社会发展统计公报》，《甘肃日报》2015年3月23日。

人口年均增长超过0.13个百分点，65岁及以上老龄人口仍将维持较快增长的趋势，保守地估计，到2050年，65岁及以上老年人口的比例将达到总人口的20%。2014年，老年人口占比排在前三位的城市为平凉、兰州、陇南，比例分别是9.16%、9.07%、8.93%。老龄化程度较轻的几个城市是嘉峪关（7.86%）、酒泉（7.58%）、张掖（7.49%）、甘南（7.29%）。其中，嘉峪关的老龄人口比15年前翻了一番多。总体来看，兰州和平凉、陇南各市居住环境更好一些，人口密度大，老年人口更多一些，而河西各市地广人稀，老龄化程度较轻。老龄化程度在不断加深，"未富先老"现象突出，2014年，甘肃人均GDP为26427元，全国平均为72313元，甘肃为全国的37%；同期甘肃的老龄化率为8.55%，全国为10.1%，甘肃比全国低1.55个百分点，为全国的85%。人口老龄化将对经济社会发展产生诸多影响，例如，导致劳动力人口减少，影响经济发展速度。人口老龄化所带来的养老难题，人口的老龄化增加社会保障的压力，人口老龄化将导致医疗卫生需求膨胀，人口老龄化将对家庭代际关系产生影响，人口老龄化将对社会文化产生影响。

（四）社会治理能力现代化水平与法制政府要求差距较大

一是社会宏观管理缺少平衡社会关系的功能，具体表现为，对政府职能认识不清，政府直接参与企业生产经营的现象比比皆是，政府干预微观经济活动的现象屡见不鲜。在具体操作过程中，许多政府工作人员分不清哪些事务该政府管，哪些事务不该管。社会管理职能缺位现象严重，适应市场经济体制的法律法规不完善，对垄断行业监管力度不够大，社会治安存在较大隐患。管理体制不完善，多头管理，职能交叉、重叠现象非常普遍，一些部门和岗位的权力过于集中，缺乏制度规范，出现了不受制约或难以监督的权力边缘地带。二是社会治理效能偏低，一方面，政府协调利益冲突，维护稳定的投入不断加大，公共安全方面的财政支出急剧增长。另一方面，社会矛盾和利益冲突不仅没有减少，反而呈现数量增长的趋势。三是社会管理主体单一，民众参与度偏低，随着社会结构变化和利益格局分化，公众诉求也呈现多元化趋势，按原有的评价体系和参与模式，不能满足公众对知情权的需求，造成政府公信力缺失，公众的参与热情也就难以持久。

（五）社会保障基金调节机制建设仍需加强

社会保障制度是社会的安全阀，"十二五"期间，作为社会建设的重点目标和核心领域，甘肃省用于社会保障制度建设的公共财政支出，在一般公共预算中所占比例逐年增加，各项基本保障制度的保障水平逐年提高，但与同期全国平均水平和发达地区相比，一些机制性问题尚未得到有效解决，缺乏稳定的参保缴费、基金调节、待遇调整等机制，福利化倾向与"兜底"不到位并存。一是职工基本养老保险省级统筹制度不完善，基本养老保险费费率偏高与支付缺口的矛盾突出。二是失业保险促进就业再就业的制度缺失，失业保险稳定就业和预防失业的功能没有得到有效发挥。三是医疗保险存在大病保险筹资水平不高，异地就医问题突出，基本医疗保障制度尚不完善的问题。工伤保险，参保覆盖面不全，工伤保险待遇制度调整、基金支撑能力减弱，生育保险参保人数少。

三 2016年甘肃省社会发展面临的挑战与机遇

2016年，是"十三五"开局年，从宏观层面看，"一带一路"建设，仍然是2016年甘肃经济社会发展的重大机遇，基础设施建设在吸收劳动力、稳定就业岗位方面仍扮演重要角色。经济转型战略研究将是各级政府和各类智库面临的首要任务，也是"十三五"规划制定和落实的重要依据。社会的基本面，将在适应经济新常态的战略中进行局部调整，2015年矛盾比较突出的社会领域，继续面临投入减少的挑战。国有企业改革领域，需要政府发挥重要的调节作用，政策建设和法制化要求更加迫切。

具体来看，面临的主要挑战包括：保证基本公共服务供给水平稳定增长所需的公共财政投入面临经济增长进一步放缓的挑战；国企改革面临与国际、国内经济转型大环境对接适应的挑战；新增就业人口造成的就业压力和稳定增长与经济增长放缓可能导致的就业岗位缩减之间的矛盾更加突出；社会的治理功能薄弱与转型过程中解决新问题的功能需要之间的矛盾。这些矛盾和挑战，将直接影响2016年甘肃社会的良性运行，因此，2016年的省政府报告中关于社会发展的规划应当给予高度重视，并提出应对策略。

发 展 篇

Report on Social Development

B.2
甘肃省教育事业发展形势分析与预测

吴绍珍 陈霞*

摘　要： 在科教兴省、人才强省战略的指引下，甘肃省教育改革稳步推进，教育质量、办学效益和教育公平程度显著提高，教育事业取得了新的发展。但是教育工作还面临着学前教育资源缺乏，义务教育发展不够均衡、优质资源仍显不足、教育公共投入不能满足教育发展的需求等问题。面对教育成绩困难共生的情况，认真分析甘肃省教育事业发展形势，厘清甘肃省教育发展现状，明晰在教育事业发展中的差距，据此提出全省

---

* 吴绍珍，硕士，甘肃省社会科学院哲学社会学所副研究员，研究方向为马克思主义中国化和社会学；陈霞，大专学历，甘肃省兰州市西固区桃园小学一级教师。

教育优化与完善的对策建议，对甘肃省发展经济、提升综合实力以及科教兴省战略目标的实现具有重要意义。

关键词： 甘肃省　教育事业　形势分析　对策建议

发展教育事业是经济社会协调发展的必要条件，也是顺应人民群众愿望，加快社会主义现代化建设的必由之路。党和国家高度重视，提出科教兴国战略，把教育摆在优先发展的战略地位，并以法律条文的形式将其定为我国教育长期发展的指导性纲领，《国家中长期教育改革和发展规划纲要（2010～2020年》，提出我国要在2020年基本实现教育现代化，基本形成学习型社会，进入人力资源强国行列。2015年是全面实施完成"十二五"教育发展规划的收官之年，又是"十三五"区域教育发展规划制定的开局之年，从这一年开始，实施教育规划纲要进入全面攻坚的关键期，甘肃省教育面临着更大的困难。甘肃省属于经济欠发达、劣势明显、自然条件差、社会现代化水平较低的地区，穷省如何办大教育，发挥后发赶超优势，欠发达省建教育强省，实现教育现代化是甘肃省教育事业面临的重要挑战。甘肃省委、省政府全面贯彻落实《国家中长期教育改革和发展规划纲要（2010～2020年》，制定和实施《甘肃省中长期教育改革和发展规划纲要（2010～2020年）》，全省教育系统紧紧围绕科教兴省和人才强省战略，率先实现教育现代化目标，把教育放在国民经济和社会发展的基础性、先导性、全局性的战略地位，在教育资源供给的"量"和"质"上取得了大的突破，办学能力、办学质量和办学效益明显提高，教育现代化水平不断提升，人民群众对甘肃省教育事业的满意度继续提高。但是，由于受经济发展、自然条件和历史发展等诸多因素的影响，甘肃省教育总体发展水平相对落后的局面尚未改变，与发达省份的差距仍然较大。面对甘肃教育发展滞后性、薄弱性和紧迫性的状况，本文认真分析甘肃省教育事业发展形势，厘清全省教育发展存在的问题，提出全省教育优化与完善的实证依据与对策建议，希望以此推动甘肃省教育事业的科学发展。

一 甘肃省教育事业呈现出持续发展的良好态势

教育是脱贫治穷之策。甘肃在发展经济的同时，坚持优先发展教育不动摇，不断巩固成果、深化改革、提高质量、持续发展，十二五期间的教育事业在诸多方面成就喜人。

（一）教育经费投入稳增长

教育投入是发展教育事业的物质保障，也是实现教育现代化的最大制约因素。甘肃省各级党委、政府严格落实教育经费三个增长的法定要求，大力支持教育改革稳定发展，强化教育优先发展，出台了一系列增加教育投入的政策措施，建立以政府投入为主、受教育者合理负担和多渠道筹措教育经费保障机制，确保财政教育支出占一般预算支出比例明显提高。2011~2014年，甘肃省分行业项目投资用于教育的投入累计达365.31亿元。2011年，投资额66.44亿元，较2010年投资额60.33亿元增长10.13%，2014年投资额107.19亿元，比上年增长15.76%（见表1）。2012年省财政教育支出达到362.2亿元，较上年增长27.4%，2013年甘肃省公共财政教育支出达到374亿元，2014年公共财政教育支出首次突破400亿元，连续4年成为全省第一大公共财政支出。教育投入的大幅度增加，为教育改革发展提供了有力的保障。2014年，小学公用经费标准增加到600元，初中增加到800元，小学初中都增加了40元。2012年"甘肃省财政大力支持高校内涵发展，不断加大高校实验室建设、公共服务体系改善等投入，全省普通本科高校生均拨款标准由2008年的1万元提高至2012年的1.2万元，设立高校基本科研业务费；建立起中央、地方和高校三级化债考核激励机制，累计筹措化债资金18亿元，支持了省属14所本专科高校化解银行贷款债务。"[1] "2013年，筹措化债资金4.4亿元，用于省属14所本专科高校化解银行贷款债务。同时，累计投入职业教育发展资金1.6亿元，支持57所职业学校实训基地和基础能力建设。"[2] 2015年，甘肃省财政给省属14所高校下拨资金7.16亿元，用于改善高校办学条件，提升办学效益建设。由此可见甘肃省财政投入稳增长，教育保障水平明显提高。

表1 2010~2014年甘肃省教育项目投资及其增长速度

年份	2010	2011	2012	2013	2014
投资额（亿元）	60.33	66.44	99.08	92.60	107.19
比上年增长（%）	26.73	10.13	49.13	-6.54	15.76

数据来源：《2010~2014年全省国民经济运行情况》，甘肃省统计局。

（二）学前教育办学实力明显增强

1. 学前教育建园数量增加，普及率逐年提高

2014年共有幼儿园3471所，比上年增加330所，比2012年增加759所；2014年在园幼儿620127人，较上年增加70327人，较2012年增加139804人；2012年，学前教育三年毛入园率达到57.52%，比上年高出15.52%，提前三年实现2015年达到50%的规划目标；

---

[1] 冲碑忠：《甘肃教育投入连续两年成为第一大公共财政支出》，中国教育新闻网，《中国教育报》2013年1月18日。
[2] 《甘肃财政教育支出连续三年成为第一大公共财政支出》，中国新闻网，2014年4月15日。

2014年学前教育三年毛入园率达到70%，比上年高出3.85%，比2015年达到50%的规划目标提高20%（见表2）。"2014年，我省投入资金5.612亿元，完成省政府为民办实事58个集中连片贫困县316所乡镇幼儿园改造建设任务，实现了集中连片贫困地区乡镇幼儿园全覆盖。全省新命名18所省级一类幼儿园，省级示范园达到51所、省级一类园达到105所，优质学前教育资源有效扩大。"①2015年甘肃省为推动农村学前教育快速发展，解决农村贫困地区幼儿"入园难"问题，安排实施农村幼儿园精准建设项目1187个，全方位支持农村幼儿园改善办园条件。

2. 师资力量逐年增长

2012年甘肃省有专任教师17086人，比上年增加2077人，2014年幼儿园专任教师26097人，比上年增加26.56%，生师比23.76∶1，比上年下降2.90%（见表2）。

3. 幼儿园向标准化发展

2015年甘肃省教育部门出台了《甘肃省农村幼儿园基本办园标准（试行）》，要求行政村及以下的幼儿"就近入园、方便接送"，规定农村幼儿园以1～3个班为宜，原则上不超过6个班；可按幼儿年龄分别编班，其中小班一般不超过25人，中班一般不超过30人，大班一般不超过35人。混龄编班一般不超过35人；幼儿每天户外活动一般不少于2小时。严禁使用小学教材和不规范用书，切实防止和纠正"小学化"倾向。②从以上各项指标可以看出甘肃省学前教育公办幼儿园资源明显扩大，农村幼儿园办园条件显著改善，幼儿园向规范化发展。

---

① 孙亚斐：《2014年甘肃教育支出破400亿连续4年成为全省第一大公共财政支出》，《兰州日报》2015年3月2日。
② 《甘肃农村幼儿园走向规范化》，新华社，2015年9月13日。

表2　2011~2014年甘肃省幼儿园各项教育数据比较

年份	幼儿园数（所）	幼儿人数（人）	专任教师（人）	毛入学率（％）
2011	2457	432181	15009	42.00
2012	2712	480323	17086	57.52
2013	3141	549800	20620	66.15
2014	3471	620127	26097	70.00

资料来源：《甘肃省2012年教育事业统计简报》，甘肃省教育厅，2013；《教育统计分析报告》2015年第1期，甘肃省教育厅，2015。

（三）义务教育均衡发展成效显著

1. 全部实现了"两基"目标，义务教育均衡发展面不断扩大

2010年，甘肃省86个县市区全部实现了"两基"目标，"两基"人口覆盖率达100%。2011年全省"两基"工作通过了国家的检查验收。2014年9月4日，甘肃省11个县（市、区）义务教育均衡发展通过了国家评估。2015年9月19日，甘肃省18个县市区义务教育均衡发展通过了国家对县域的评估认定。目前，甘肃省29个县市区达到国家规定的义务教育均衡发展基本均衡县标准。

2. 义务教育普及水平继续保持高位

2011年，小学学龄儿童净入学率达到99.56%，比上年增加0.1%；2012年，小学学龄儿童净入学率达到99.68%，比上年提高0.12%，小学五年保留率83.06%，比上年降低1.76%；2014年，小学学龄儿童净入学率达到99.8%，比上年提高0.02%（见表3）。2012年初中阶段净入学率达98.9%，比上年增加1.21%，普通初中三年保留率90.93%，比上年降低0.63%；2014年初中阶段净入学率达105.3%（见表3），比全国初中阶段净入学率高1.8%（全国103.5%）；初中毕业生升学率95.1%，全省九年义务教育巩固率为92.3%，比上年提高0.5%，普九覆盖率100%。

表3　2011~2014年甘肃省九年义务学校的净入学率

单位：%

项目	小学		初中	
	净入学率	比上年增加	净入学率	比上年增加
2011年	99.56	0.10	97.64	0.23
2012年	99.68	0.12	98.90	1.21
2013年	99.78	0.10	113.01	14.11
2014年	99.80	0.02	105.30	-7.71

数据来源：《2010~2014年全省国民经济运行》，甘肃省统计局。

3. 基本办学条件持续提高

2014年，小学校舍建筑面积1347.72万平方米，比上年增加0.21%，生均面积达7.48平方米。初中校舍建筑面积980.64万平方米，比上年增加5.24%，生均面积10.1平方米。小学教学仪器设备投资136498万元，比上年增长18.21%，小学生均仪器设备值为757.32元，比上年增加138.92元；小学教学仪器设备投资114419万元，比上年增长11.72%，初中生人均仪器设备值为1178.46元，比上年增加189.79元；义务教育学校信息化配置水平持续提高，信息技术和教育教学的深度融合逐步加强。2014年"实施'三通两平台'建设，推进'优质资源班班通'，通过各级政府和企业投入建设网络和硬件设备，由学校支付运营费用的方式，多方融资，争取今年在全省建设3万个'班班通'班级，促进信息技术与教学活动深度融合"[①]。

4. 教师队伍不断壮大

2012年"全省小学教职工达134507人，专任教师学历合格率为99.61%，比上年提高0.06%，小学生师比14.71∶1，比上年的

---

① 甘肃省教育厅：《王嘉毅在2014年全省教育工作视频会议上的讲话》2014年2月20日。

15.57∶1 下降了 0.86 个百分点。普通初中教职工达 146323 人（含普通高中教职工），比上年增加了 1739 人；初中专任教师学历合格率为 98.68%，比上年提高 0.02%。初中生师比 13.99∶1，比上年的 15.22∶1 下降了 1.23 个百分点"①。甘肃省义务教育普及水平逐步提高，学校办学条件得到改善，均衡发展成效显著。

（四）高中教育快速发展

甘肃省积极发展普通高中教育，教学设备不断完善或更新，师资力量充实，教学条件有了很大改善，优质资源建设不断加强，高中教育内涵发展取得显著成效。2011 年，普通高中有 436 所，在校学生人数为 65.71 万人，比上年增加 1.01 万人，高中专任教师学历合格率为 91.42%，比上年提高 2.27%；2012 年普通高中有 445 所，比上年增加 9 所，在校生为 66.49 万人，比上年增加 0.78 万人，高中专任教师学历合格率达 92.58%，比上年增加 1.06%，高中毛入学率为 80%，比上年增加 5%，比甘肃省"十二五"国民经济和社会发展高中教育毛入学率预计指标超过 10%；2014 年，全省普通高中在校生达到 654430 人，高中阶段毛入学率达 90%，比上年提高 5%，比 2010 年提高了 19%，超过甘肃省"十二五"国民经济和社会发展高中教育毛入学率预计指标 20%，预期指标 5%，比全国教育事业发展和人力资源开发"十二五"2015 年高中教育毛入学率预期指标增加 7%；专任教师数 43761 人，比上年增加 3.04%。校舍建筑面积 849.77 万平方米，比上年增长 3.11%，生均面积 12.98 平方米，比上年增 0.62 平方米。投入学校教学科研仪器设备总值 115319 万元，比上年增长 28.85%，生均值 1762.13 元，比上年增加 419.44 元。为了满足人民群众对优质资源学校的需求，积极推进优质教育资源建设，已建成省级示范性普

---

① 甘肃省教育厅：《甘肃省 2012 年教育事业统计简报》2013 年 1 月 29 日。

通高中从2000年的14所增加到2014年的55所（见图1），示范性高中持续增加。随着义务教育的普及，甘肃省的临夏州、张掖市肃南县、酒泉市的阿克塞县、肃北县率先实现了高中阶段教育全免费，这标志着全省的高中教育已向义务教育均衡化的方向发展。

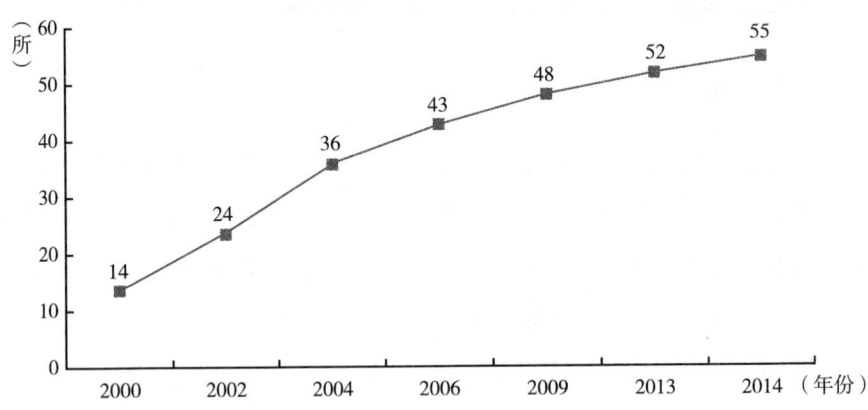

图1　2000~2014年甘肃省省级示范高中数量

资料来源：甘肃省招生办。

（五）中等职业教育迈向新台阶

近三年中央财政投入5.5亿元支持甘肃省职业教育发展，新建了160个中职教育实训基地，实训设备总支出8.29亿元。2014年，中职学校教学科研仪器设备总值106131万元，比上年增长16.60%，生均值4041.5元，比上年增加897.78元；中职学校校舍建筑面积425.73万平方米，比上年增长3.55%，生均面积16.21平方米，比上年增2.01平方米。"2015年甘肃省有244所中等职业学校，年招生8.8万人，在校生26.2万人（不含技工学校）；高职高专22所，年招生5.8万人，在校生16.1万人，教职工20156人，专职教师15788人。全省职业院校每年培养毕业生15万人左右，开展各类专业技术培训100万人（次）。全省先后组建行业型、区域型、专业型

3种类型的16个职教集团,初步形成了分工明确、结构合理、资源共享、充满活力的'六统筹、一流动、一凸显'职教集团运行机制。推进招生考试制度改革,开展'知识+技能'考试,逐年增加本科高校和高职院校招收中职毕业生比例,开展'2+2+1'和'五年一贯制'改革试点,加快中高职一体化办学,拓宽中职生继续学习渠道,增强职业教育吸引力。"①"全省为全日制中等学历教育的各类职业学校中农村户籍的家庭经济困难学生和涉农专业学生确立了享受免学费政策,比例为在校生中农村户籍学生的25%和全部涉农专业学生,标准为每人每学年2000元。从2015年起,全省中等职业教育全部免学费,在藏区实施'9+3'免费中等职业教育。"②"十二五"期间中等职业学校发展持续向好,办学水平得到很大提升。

(六)高等教育取得新进展

一是办学规模持续扩大。2014年,全省共有普通高等学校43所(包括中央部属高校2所、省属高校35所,市属高校6所),其中有本科院校21所(含5所独立学院),高职高专院校22所;研究生培养机构14处,其中高校10所,科研机构4处;成人高等学校6所。全省各类高等教育在校学生人数655571人,比2012年增加11322人。专任教师数25283人,比上年增加3.83%,生师比为18.57∶1,比上年低了0.28%。校舍建筑面积1267.27万平方米,比上年增长5.37%,生均面积19.33平方米,比上年增加1.37平方米。投资教学科研仪器设备总值440826.7万元,比上年增长13.05%,生均值6724.32元,比上年增加901.25元(见表4)。二是坚持走内涵发展之路,大力提升教育质量。"截至2011年年底,全省高校获得国家级

---

① 孙亚斐:《组建中高职一体化学院》,《兰州日报》2015年3月2日。
② 《2015年起甘肃省中等职业教育将全部免学费》,人民网,2015年3月25日。

教学成果奖34项、建成国家级精品课程23门、国家级特色专业57个，国家级实验教学示范中心9个。建成国家级大学科技园3个，国家重点实验室1个，国家工程技术研究中心1个，国家级人文社会科学研究基地3个。在高等职业院校建设中，全省有5所高职学院成功进入'国家示范性（骨干）高职'行列，在西部省区排名第4。"[1]

三是大众化程度快速发展。2011年高等教育毛入学率是23%，比上年增加1%；2014年高等教育毛入学率28%，比2012年增加了4%，比上年增加2%（见表4），超过甘肃省"十二五"国民经济和社会发展高等教育毛入学率预期指标7.5%，超过全国教育事业发展和人力资源开发"十二五"2015年高等教育毛入学率预期指标1.5%。由此可见，甘肃省高等教育的大众化程度得到了前所未有的快速提高，高等教育重点在优化结构与提高内涵的方向发展。

表4　2011~2014年普通高等教育各项教育数据比较

年份	学生人数（人）	专任教师（人）	校舍建筑面积（万平方米）	生均校舍建筑面积（平方米）	教学科研仪器设备总值（万元）	生均仪器设备值（万元）	毛入学率(%)
2014	655571	25283	1267.27	19.33	440826.7	6724.32	28
2013	669646	24351	1202.69	17.96	389939.58	5823.07	26
2012	644249	23232	1134.78	17.61	354502	5502.56	24
2011	590229	22066	1123.38	19.03	352432	5971.11	23

资料来源：《2010~2014年全省国民经济运行情况》，甘肃省统计局。

二　甘肃省教育事业面临的挑战

甘肃省教育事业虽然发展态势良好，成绩有目共睹，但还面临诸

---

[1] 《甘肃省教育改革发展情况新闻发布会》，中国甘肃网，2012年11月2日。

多困难和挑战。目前存在的主要问题有学前教育资源缺乏,推进义务教育均衡发展的任务艰巨,职业教育基本建设与实训条件滞后,高等教育还不能更好地满足经济社会发展的需要等。

(一)办学经费不足,债务负担成为发展瓶颈

由于地区间经济状况、财政状况差异性较大,教育事业发展需求资金投入很多,建设周期长,见效慢,加上基础教育"两基"攻坚任务繁重,地方政府也加大了投入力度,但仍显不足,各级各类教育经费的缺口依然很大,有限的资金不能满足教育事业发展需要。2014年《甘肃省政府督政专家对甘肃省10个县区市的义务教育均衡发展情况评估》指出:除合水县外,其余各县区都不同程度存在欠拨教育经费问题。[1] 在地方财政不能满足高校快速发展的情况下,高校基本建设主要依靠商业贷款。"截至2010年12月,省属高校贷款总额已超过70亿元(不含日本协力银行贷款46.6亿日元),每年需要支付利息5亿多元;其中通过省级信用平台争取到的国家开发银行政策性贷款31.39亿元,其余为商业银行3~5年短期贷款。沉重的债务已成为制约甘肃省高校持续健康发展的重要因素,给高校财务管理带来了很大风险。"[2] 教育公共投入不能适应教育事业发展需要,对教育项目资金缺乏科学的监控手段,尚未形成常态化的一套完备的财务监督体系。

(二)学前教育基础薄弱资源缺乏

从省域内看,虽然全省学前教育资源得到明显扩大,但是距离"广覆盖,保基本"的要求还有较大差距。"2012年年初,全省公办

---

[1] 李欣瑶:《甘肃省督导评估10个县区市义务教育均衡发展情况》,每日甘肃网,《甘肃日报》2014年8月21日。
[2] 甘肃省教育厅:《甘肃省"十二五"高等教育发展规划》,2014。

园和民办园分别发展到 1280 所和 1445 所，民办园数量略高于公办园。市州之间在公办园与民办园数量上差异明显，除平凉、陇南、酒泉、张掖、甘南 5 个市州公办园多于民办园之外，其他各市州公办园均少于民办园，其中两个市公办园不足 10 所，可见公办资源还明显不足（见表 5）。"① 甘肃学前教育资源分布不均衡、差别大，具体表现在河西地区与陇中、陇东、陇南、民族地区之间的差距很大。城市与农村、民族地区之间的幼儿园多集中在城市或县、乡政府所在地，行政村和牧区居住点鲜见幼儿园，自然就谈不上入园率。甘肃省幼儿园师资薄弱，教师队伍缺口大、不稳定，没有形成一支相对稳定的职业化、专业化学前师资队伍，部分幼儿园的教师没有接受系统培训就匆匆上岗，加剧了学前教育小学化倾向。甘肃省优质学前教育资源稀缺，民办园数量与质量不匹配，其数量优势掩蔽了其质量劣势。民办园准入门槛底，扶持、规范力度不够，家长都愿意送孩子去公办幼儿

表 5　2012 年年初甘肃省各市州幼儿园类型

单位：所

项目	陇中地区			陇东地区			陇南地区	河西地区				民族地区	
	兰州	白银	定西	平凉	庆阳	陇南	天水	嘉峪关	金昌	酒泉	张掖	武威	临夏	甘南
公办幼儿园	97	29	56	111	45	181	53	6	8	199	383	29	20	63
民办幼儿园	198	86	104	83	285	109	127	50	65	67	32	111	120	8
幼儿园总数	295	115	160	194	330	290	180	56	73	266	415	140	140	71

资料来源：沈建洲、李兰芳《甘肃省学前教育三年行动计划实施现状与对策建议》，《学前教育研究》2013 年第 12 期。

---

① 沈建洲、李兰芳：《甘肃省学前教育三年行动计划实施现状与对策建议》，《学前教育研究》2013 年第 12 期。

园，造成公办园班额大、师幼比居高不下，优质学前教育资源严重不足。到 2012 年，全省仅有 34 所省级示范性幼儿园（民办园 1 所），省级一类园不足 200 所，且集中在兰州、张掖、天水这样的省会和区域中心城市。优质资源的稀缺与分布不均导致优质资源供给不足，反过来强烈刺激了更加旺盛的需求，甚至限制了优质资源发挥示范引领、辐射带动的作用。

与外省比，"2010 年甘肃学前三年毛入园率较北京、上海、浙江、广东分别相差 40.32 个、58.32 个、55.32 个、42.92 个百分点，明显偏低。到 2013 年，差距仍然很大，分别相差 50 个、55 个、50 个、41 个百分点。可见甘肃省特别是农村和民族地区学前教育资源严重短缺（见表6）。"[1] 基于此，在提高幼儿园覆盖率、入园率的基础上，城乡间、城市区域间幼儿园布局仍需科学规划，优质学前教育资源的有效扩大势在必行。

表6　甘肃省与国内发达省市学前三年毛入园率比较

项目	国内发达省市				甘肃
	北京	上海	浙江	广东	
学前三年毛入园率 （2010 年/2013 年）(%)	80/95	98/100	95/95	82.6/86	39.68/45
差距百分点(%)	40.32/50	58.32/55	55.32/50	42.92/41	—

资料来源：沈建洲、李兰芳《甘肃省学前教育三年行动计划实施现状与对策建议》，《学前教育研究》2013 年第 12 期。

（三）推进义务教育均衡发展的任务艰巨

"从全国而言，2014 年，甘肃省九年义务教育巩固率虽然达到 87%，但与 2013 年 92.3% 的全国平均水平相比，仍然低 5.3 个百分

---

[1] 沈建洲、李兰芳：《甘肃省学前教育三年行动计划实施现状与对策建议》，《学前教育研究》2013 年第 12 期。

点。从推进义务教育均衡发展的速度来看,目前全国已有757个县(市、区)通过国家义务教育发展基本均衡县督导认定,占全国县(市、区)总数的26.45%,而甘肃省仅有11个县(市、区),占全省县(市、区)总数的12.64%,推进速度不足全国平均水平的一半。周边省份中通过国家督导认定的,陕西省有21个县(市、区),占县(市、区)总数的19.63%。新疆有17个县(市、区),占县(市、区)总数的17.89%。宁夏有8个县(区),占县(市、区)总数的36.36%,甘肃省的推进速度明显落后于周边省份。"[1] 截至目前,甘肃省仅有29个县(市、区)通过了国家对县域义务教育均衡发展的评估认定,但较全国而言还是处于落后水平。

从全省县域来看,兰州市的义务教育总体强于定西、陇南、平凉等地的义务教育发展状况,酒泉市的敦煌市、肃州区、阿克塞县义务教育事业领先于玉门市、瓜州县义务教育的发展状况。同一地域层级的学校之间在教育资源分配上存在不均衡现象,优质教育资源向城市学校集中的速度加快,农村教育资源相对不足。城乡中小学布局结构的调整,义务教育学校不断向乡镇和城区集中,导致优质教育资源在乡镇和城区的集中度越来越高,在一定程度上加剧了城乡义务教育资源配置的校际失衡。城镇的大班额现象非常严重,老师工作负担重,薄弱学校生源极少,农村的空壳学校、麻雀学校、教学点越来越多。从师资水平来看,城乡的师资队伍在数量与质量上都存在明显差距。农村教师不仅在数量上相对不足,且存在学历层次较低、优秀教师流失严重等问题。国家教育督导检查组对2014年甘肃省申报的13个全国义务教育发展基本均衡县(市、区)督导检查反馈意见指出:"部分县存在教师结构性短缺问题。部分县(市、区)农村学校音体美、英语专业教师不足,中小学卫生专业技术人员和心理健康专职教师紧

---

[1] 甘肃省教育厅:《王嘉毅在全省市县教育局长会议上的讲话》,2015年5月11日。

缺，有的农村学校一线教师平均年龄偏大，中高级教师数量相对较少。张掖市的高台县、临泽县，庆阳市的合水县，酒泉市的敦煌市农村学校音体美教师兼职现象尤为突出。酒泉市的阿克塞哈萨克族自治县双语教师不足。"① 甘肃省教育厅对兰州市城关区，酒泉市肃州区、敦煌市等10个县区市义务教育均衡发展督导评估意见指出："个别县区政府推进均衡发展工作不力，群众满意度低；部分学校大班额、择校热问题突出，生均占地面积、校舍面积不达标，D级危房仍然存在；校际间发展不均衡，综合差异系数较大。"② 综观甘肃省义务教育均衡发展存在问题突出，发展任务仍很艰巨。

（四）高中阶段优质资源仍显不足

1. 办学条件差异巨大

全省投入大量资金建设示范性高中，实验室、语音室、微机室、多媒体教室以及各类办公、学习、教学等现代化设施一应俱全，基本达到或超过国家关于示范性高中的验收标准。而一些非示范性高中，校舍老旧，存在亟须修缮的危房，实验室、图书、教学仪器设备等基本上不达标。

2. 大班额突出

在城市表现为校舍紧张、师资不足，一些农村高中大多为规模过小型，这种规模不经济的状况使得教育资源不能得以充分利用，浪费严重。如酒泉市第一中学平均每班人数达到68.2人，师生比23.2∶1，酒泉市实验中学平均每班人数69.7人，师生比18.8∶1，以上指标与甘肃省示范性普通高中评估验收标准师生比城市中学达到12.5∶1、

---

① 教育部：《国家教育督导检查组对甘肃省申报的13个全国义务教育发展基本均衡县（市、区）督导检查反馈意见》，2014年9月11日。
② 李欣瑶：《甘肃省督导评估10个县区市义务教育均衡发展情况》，每日甘肃网，《甘肃日报》2014年8月1日。

县城中学达到13∶1、每班人数不超过50人的标准相差很大。酒泉市实验中学生均面积7.9平方米、酒泉市育英中学生均面积6.2平方米，都低于9平方米的省定示范性普通高中的评估验收标准（见表7）。

表7　2014~2015学年度酒泉市几所高中教学资源配置比较

项目	人数（人）	班级		专任教师		建筑面积（米²）	
		班级数（个）	每班人数（人）	总数（人）	生师比	总面积	生均面积
酒泉市第一中学	2456	36	68.2	106	23.2∶1	36359	14.8
酒泉市实验中学	2090	30	69.7	111	18.8∶1	16425	7.9
甘肃省酒泉中学	2683	48	55.9	190	14.1∶1	41756	15.6
酒泉市育英中学	1142	17	67.2	56	20.4∶1	7024	6.2
酒泉市肃州中学	1901	29	65.6	116	16.4∶1	18466	9.7

资料来源：酒泉市肃州区2014~2015学年度教育事业统计摘要。

3. 教育质量有巨大差别

高考升学率是家长们认可的首要因素，也是衡量高中学校教育质量的主要指标。2015年，西北师大附中高考一本上线率95.69%，比兰州一中一本上线率高5.96%，比永登六中高95.21%（见表8）。

升学率决定了中考录取分数线。2014年，师大附中计划招生805人，统招线分数线是628.5分，补录线618分，比兰州二十七中统招分数线高98.5分，比补录线高88.5分（见表9）。兰州市普通高中录取最低控制分数线为450分，比师大附中补录线低168分，示范性高中与非示范性高中之间录取分数线相差悬殊，学校之间的教育质量存在很大的差距。

4. 师资配备严重失衡

示范性高中聚集了最优质的教师资源，加之，这些名校利用丰厚的待遇挖走那些在普通高中的优秀教师，使得校际间师资差距拉大。

表8 兰州市8所高中高考成绩比较

项目	学校	高考报名（人）	实际参加考试（人）	一本上线（人）	一本上线率（%）	二本上线（人）	二本上线率（%）
省级示范高中	师大附中	788	788	754	95.69	28	3.55
	兰州一中	664	662	594	89.73	49	7.40
	兰大附中	578	578	417	72.15	120	20.76
	兰炼一中	582	581	414	71.26	138	23.75
独立高中	兰州二十七中	626	623	105	16.85	221	35.47
	兰州五十七中	345	343	9	2.62	37	10.79
	永登六中	1055	1049	5	0.48	26	2.48
	皋兰一中	1193	1191	112	9.40	214	17.97

资料来源：兰州市招生考试办公室，2015年6月23日。

表9 2015年兰州市6所高中招生计划、统招线、补录线、择校线的差异

学校名称	学校类别	招生计划（人）	统招线（分）	补录线（分）	择校线（分）
师大附中	省级示范高中	805	628.5	618	610
兰州一中	省级示范高中	630	617	604	597
兰大附中	省级示范高中	540	603.5	593	
兰州五十一中（兰铁一中）	省级示范高中	540	575.5	542.5	575
兰州六十一中（兰化一中）	省级示范高中	540	574.5	530	560
兰州二十七中	独立高中	540	530	529.5	

5. 教育经费投入严重失衡

示范性高中在相对充裕的经费投入下办学条件和高中师资水平得到极大提升，使示范性高中更具竞争力和吸引力，进而又可以收取高额的择校费、借读费，获得大量的计划外资金，学校工作形成良性循环，而非示范性高中刚好相反。教育资源配置失衡和发展的"马太效应"，使好的更好，差的更差。

（五）中职学校基本建设与实训条件滞后

一是地方政府对职业教育的认识不到位，重视不够，职业教育与普通教育、高等教育相比仍处于次要和弱势位置，地方财政对中等职业教育投入明显不足，使得职业学校在占地面积、基础设施、办学条件、办学力量，建设和发展规模等方面与普通类院校存在较大的差距，由于缺乏资金、设备、场地等必要条件，实训基地建设严重滞后，导致一部分学生专业素养差、能力低、就业难，降低了职业教育的吸引力。二是中等职业学校基础薄弱、数量多、规模小，布局不尽合理、重复建设严重、办学条件差、质量不高、办学特色不鲜明。产教融合、校企合作的有效机制尚未建立，校际联合、校企合作的互补优势未凸显出来。三是师资力量薄弱，文化课与专业课教师结构不合理。大多数职业学校以普通文化课师资为主，专业课教师和"双师型"教师缺乏，且学历合格率低、职称结构低、实践技能水平不高。四是学校办学理念陈旧，机制僵化，投入单一，"等、靠、要"思想严重，学校办学自主权未能充分体现。职业学校与社会衔接不畅，社会认可度低，课程设置与经济社会发展和劳动力市场需求严重脱节，存在关门办学现象，因而造成被动的局面，导致"出口"不畅，"入口"不通。

（六）高等教育综合办学实力不强

甘肃高等教育总体表现为底子薄、基础差、综合办学水平不高的现状，与全国相比一些发展指标还存在一定的差距。高等教育毛入学率2011~2014年分别是23%、24%、26%、28%，比全国高等教育毛入学率分别低3.9%、6.0%、8.5%、9.5%，实现超越举步维艰。高校校舍、实验仪器设备、图书资料、运动场地等基本硬件资源严重不足，与国家规定的基本办学标准存在差距。甘肃高校的经济劣势、区位劣势、品牌劣势与事业平台劣势等原因很难吸引优秀师资充实学校力量，高层次优秀教师流失严重，学科带头人数量与质量日显不足，高学历人才比例偏低，人才培养、引进、稳定与薄弱的教育基础间的矛盾突出，师资队伍在数量和质量方面与全国高水平大学仍然存在较大的差距。突出表现在生师比偏高，师资总量严重短缺和结构失衡的难题。从全省高等院校布局看，高校之间资源共享机制还不健全，各院校在实训、图书、仪器设备、师资等资源配置上仍表现出各自为政，不能共享。而且高校内部的各个院系在一些常规设施建设上"求大求全"，结构调整不尽合理，专业设置同质化现象较为严重，资源统筹协调使用水平不高，一定程度上造成了资源的重复配置，资源综合利用率较低，高校与全省经济社会发展的融合度不够，参与全省经济社会发展的重大科研项目力度不够，应用学科结构体系与行业产业发展需求存在较大差距，办学效益不高，服务地方经济能力不强。

（七）推进素质教育艰难

甘肃省在高考指挥棒的作用下各级各类学校的素质教育仍未取得根本性突破，以分数论英雄、以升学看成败的"应试教育"评价方式，仍然是家长、社会对学校、对学生评价的主流标准。学校、家庭、社会教育相融合的育人环境未能完全建立，德育工作的形式、内容和重视的程度还不能满足素质教育的要求。学校为了追求升学率依然以考试科目为主，忽视音、体、美等非统考课程，学校德育的首要位置仍未落到实处。学校虽然停止了对学生的补课，减轻了课业负担，但是学生为了上名校，很多家长给孩子报了各种补习班和特长班，除了完成正常课业外，课余时间及节假日孩子进各种课外辅导班、考各级证书、为孩子买各种教辅资料，让孩子做大量的题，这种来自家长和学校的双重压力剥夺了学生的快乐生活，使孩子感到心力交瘁。

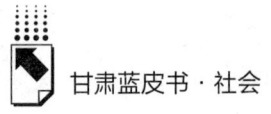

三 甘肃省教育事业发展的对策建议

在"十三五"开局之年,甘肃省各级党委、政府和广大教育工作者,一定要着眼实际、统一思想、尊重教育规律,积极行动起来推动教育事业科学、快速发展,努力开创甘肃省教育事业发展的新局面。

(一)落实教育的战略地位,群策群力推动教育发展

一是以先进的教育理念发展教育。各级党委、政府进一步转变观念,提高对教育的认识,树立教育优先发展、教育为本的思想,建立教育优先发展问责制度,把各级政府优先发展教育的成效纳入政绩考核体系,完善各级政府定期报告教育工作的制度,确保各项教育规划任务落到实处。二是努力创造教育事业发展的良好环境。充分发挥新闻媒体、文化部门的宣传引领作用,解读政策,展示成就,为教育事业发展创造更加良好的社会环境和舆论氛围,努力使教育优先发展战略深入人心,调动一切积极因素,群策群力推动教育事业科学发展。三是不断深化改革,创新教育发展体制机制,激发教育发展活力,形成教育发展动力,抓住教育发展的主要矛盾,突出重点,突破难点,产生亮点。四是坚持依法治校和依法治教,建立健全地方教育法规,加大执法力度,运用法律引导和保障教育改革与发展。

(二)大幅度增加教育投入,强化经费的监督管理

一是加大教育投入。各级政府依据法律规定优化财政支出结构,优先保障教育经费投入,严格落实预算内教育经费拨款增长明显高于财政经常性收入的法定要求,依法保障义务教育经费支出"三个增长",保证全省财政教育支出占一般预算支出比例达到或超过中央核

定的比例。确保逐步增长各类学校学生人数的平均教育费用，确保逐步增长教师的工资和学生人均公用经费。二是加大税收减免收费优惠政策的力度，放宽个人办学条件，充分调动个人、企业、社会等社会力量投资教育积极性，进一步拓宽教育资金来源渠道。三是加大财政资金补助力度，鼓励学校多还贷，积极化解公办学校基本建设债务。完善学校投融资和财务风险监控机制，严格控制公办学校借债办学。四是加强教育投入和经费使用的监督管理。健全教育经费监测、评估、公告和通报制度，主动接受社会监督。严厉查处虚报、截留、挪用教育经费等违法行为，确保教育经费落到实处，取得实效。

（三）突出重点，推进各级各类教育持续发展

一是坚持公益性和普惠性原则，抓紧实施学前教育"三年行动计划"，搞好幼儿园布局规划，落实幼儿园准入制度，规范收费标准，健全贫困家庭孩子入园资助机制，充分调动社会力量大力扩大学前教育资源，有效解决"入园难""入园贵"问题。二是提高义务教育水平和"普九"成果，落实国家义务教育课程标准、质量标准、教师资格标准，建立和完善义务教育质量监测制度和教学指导体系。加大"三通两平台"建设，基本建成网络全覆盖、资源全覆盖和服务全覆盖的全省教育信息化公共服务体系，实现城乡基础教育资源共享。按照"四个集中"的原则，落实资源配置向薄弱学校倾斜的建设思路，加快中小学布局结构调整，进一步加大对薄弱学校教育资源配置，使薄弱学校教学资源达到国家规定标准。三是全面普及高中阶段教育，调整普通高中布局，扩大优质教育资源，大力发展高中寄宿制教育，满足初中毕业生接受高中阶段教育的需求。继续推进课堂教学改革，加强教育质量管理制度和机制建设，提高办学效益，促进高中教育优质化、特色化、多样化发展。建立健全优质高中帮扶薄弱高中制度，利用名校优质教学、管理优势，积极探索集团化、连锁化办

学模式。四是扩大职业教育招生规模,加快推进培养模式改革,调整理顺管理体制,将职业教育布局优化和教育资源优化整合工作与创建国家发展改革示范学校、职业教育集团化办学试点项目、建设省级开放共享实训基地有机结合起来,真正实现学校和市场的深度融合,提升职业教育办学水平。五是支持建设一批高等学校产学研合作教学基地,提升高等学校基础研究和高技术领域创新的能力。构建高校与科研院所、行业、企业、国内外高水平大学联合培养人才的长效机制。改进教学方法,推进课程教学内容改革,完善科学合理的学生考评机制。立足实际,坚持需求导向、合理定位,调整优化学校布局和学科专业结构,避免同质化倾向,扩大紧缺人才特别是创业创新创优素质的应用型、技能型、复合型人才培养规模,进一步提高学校服务社会的能力。

(四)坚持立德树人,全面实施素质教育

一是坚持德育为先,完善大中小学校有效衔接符合规律的德育体系,加强德育与教学融合,实现教学各个环节全面育人的作用。广泛开展以社会主义核心价值观为主题的校园文化活动,帮助学生树立社会主义理想信念,形成正确的世界观、人生观、价值观,教育儿童和青年热爱祖国、遵纪守法、诚实守信、团结互助、自信乐观、艰苦奋斗的良好品质。二是牢固树立全面发展的育人理念,坚持学思结合,知行统一、因材施教的原则,改进人才培养模式。以发展学生的能力为重点,推进基础教育课程改革,结合校本课程开发,编写弘扬中华优秀传统文化的学习教材,开设优秀传统文化教育课程,开展中华优秀经典文化的演讲、诵读、知识竞赛等学习实践活动。探索最优化的课堂教育教学方式,突出实践教学,提高教育教学质量,减轻课业负担,克服片面追求升学率的错误倾向。加强和改进学校体育、美育和劳动教育,倡导和组织学生参加各种有益的生产劳动、社会实践和公

益活动。积极开展生命教育、心理健康教育、安全教育、国防教育等，促进学生个性品质、创新精神和实践能力全面提高。三是深化教育教学改革，着力建立符合素质教育要求的考试评价制度，以合理多样的评价标准，改变分数至上的片面做法，为学生创造最大化的良好教育平台。四是形成社区、家长、学校沟通互动的青少年教育工作机制，新闻出版、宣传、广播影视等部门创作适合学生接受的优秀精神文化作品，为学生营造全面发展的育人氛围，形成全社会合力推进素质教育的良好局面。

（五）加强教师队伍建设，大力提升教师素养

一是完善师德师风建设的规章制度、评价反馈机制和奖惩机制，加强师德师风学习，不断提高教师的思想政治素质和职业道德水平，使广大教师自觉增强立德树人、教书育人的荣誉感和责任感，形成爱岗敬业、严谨笃学、关爱学生、为人师表的良好氛围。二是和完善各级各类教师培训的政策法规体系，推进教师培训中心和网络建设，实现全员培训，尤其加大对骨干教师和高水平校长的培训力度，以此带动教师全面提升职业素养、专业教学水平和科研能力。依托校企合作平台，共建"双师型"教师培训基地，提升职业院校专任教师学历达标率和"双师型"教师占专业课教师的比例。科学预测各级各类教师需求数量，调整师范院校教育类专业结构、招生规模，满足教学师资需求。三是完善各级各类学校教师的编制标准，科学配置各学科教师，着力解决农村教师结构性缺编问题，保证开齐开足国家规定课程。全面完善教师资格认定实施办法，严格执行教师资格定期登记制度，严把教师入口质量关。扩大高等学校选人用人自主权，完善高校教师岗位分类管理、公开招聘、业绩评价和薪酬分配制度。完善教师国外交流访学服务体系，逐步提高外访教师学习的比例，支持更多的教师参与国际学术交流学习，培养一批适应教育国际化的教学名师、

学术领军人物、教学科研优秀团队。四是依法保证教师平均工资不低于当地国家公务员的平均工资水平，实行教师住房优惠政策，落实教师医疗、住房公积金、养老等社会保障。

（六）着力提升办学质量，推进学校内涵发展

一是依据时代对教育的要求，顺应现代教育发展趋势，有针对性地提炼出学校的办学理念，抓好关系全体师生"精、气、神"的精神文化建设，以此凝聚人心提高办学层次和质量。二是校长在学校管理中，以创建办学条件标准化、教育思想现代化、学校管理精细化、教育教学特色化、学生素质优良化为目标，坚持管理的科学性、民主性、人文性，通过先进的教育思想、教育理念和人格魅力来引领学校管理，把工作的重点放在发掘自己团队的优势上，增强每个教师的主人翁责任意识，自觉为学校发展做贡献。三是把科研工作列为学校的重点工作之一，通过教育科研工作逐步优化学校管理模式，不断改进教学手段，全面提升教师素质，从而实现教学质量的提高，形成学校的办学特色。四是加强校长对课程教学的领导能力，通过广泛开展优质课堂、校本教研、课程改革、校本培训、帮扶特困教师、课题指导等教学活动提升教师的教学能力，进而鼓励、支持教师形成教育教学特色。五是切实让校长教师交流制度化、常态化，让管理水平高的校长和优秀的骨干教师定期轮流到薄弱学校任教，帮助薄弱学校提高师资水平。六是继续加强高等院校优势学科和重点学科建设，加大对特色学科的支持力度，使学校在教育质量、学科建设、科学研究、管理水平和办学效益等方面不断提高，增强其为甘肃省经济建设、科技创新和社会发展服务的能力。

B.3 甘肃省科技事业发展形势分析与预测

袁凤香 张小鸧 许尔君*

摘　要： 进入21世纪以来，新一轮科技革命和产业变革正在孕育兴起，全球科技创新呈现出多点突破、交叉汇聚的发展态势。学科交叉融合加速，新兴学科不断涌现，前沿领域不断延伸，物质结构、宇宙演化、生命起源、意识本质等基础科学领域正在或有望取得重大突破性进展。科学技术越来越成为推动经济社会发展的核心力量。面对日新月异的科技发展形势，我们必须认清形势，立足甘肃科技发展实际，加快推进科技改革与创新，大幅提升自主创新能力，支撑和推动甘肃经济快速转型发展。本文拟从科技发展全球化的视野，分析甘肃科技发展现状、面临的困境及相应的对策建议和今后发展方向预测。

关键词： 科技事业　发展形势　分析预测　甘肃

---

* 袁凤香，甘肃省社会科学院哲学社会学所副研究员，研究方向为科技哲学；张小鸧，甘肃省科技厅科技情报发展研究所主任，副研究员；许尔君，甘肃省社会科学院政治所所长，研究员。

一 当前国内外科技发展形势分析

(一) 当前国外科技发展形势

当前,世界科技迅猛发展,新兴科技与新兴产业的融合更加紧密,彰显出巨大的变革力量,加快推动全球经济、科技发展进入新的阶段。

1. 世界新科技革命和产业变革加速推进

进入21世纪以来,新一轮科技革命和产业变革正在孕育兴起,全球科技创新呈现出新的发展态势和特征。学科交叉融合加速,新兴学科不断涌现,前沿领域不断延伸,物质结构、宇宙演化、生命起源、意识本质等基础科学领域正在或有望取得重大突破性进展。信息技术、智能技术、生物技术、新材料技术、新能源技术等领域新兴科技与新兴产业迅猛发展,在重塑全球产业体系的同时,也将引发社会生产方式、生活模式的重大变革。商业模式与技术创新深度融合,带动原有产业结构和生产方式发生深刻变化。科技创新链条更加灵巧,技术更新和成果转化更加快捷,产业更新换代不断加快。[①]

2. 以科技创新为核心的国际竞争更加激烈

经济全球化的深入推进加快了创新要素的全球流动步伐,而这些与国际金融危机、欧债危机等突发性全球事件的叠加耦合,使得全球创新格局正发生着新的变化,国际科技竞争也愈发激烈,世界主要国家抓紧制定新的科技发展战略,抢占科技和产业制高点。受

[①] 陈一鸣、刘栋、李宁、彭敏、强薇:《科技创新正改变世界面貌(全球科技创新发展新态势)》,《人民日报》2014年6月14日。

自身发展需求的强烈拉动，以中国、印度、巴西等为代表的新兴经济体不断加强研发投入，正在改变传统的以美日欧为主导的全球研发投入格局，也使新兴经济体在全球创新地理格局中的位置越来越重要。尽管一些新兴经济体近年来在科技创新方面表现出强劲的发展态势，但由于其起点相对较低，与发达国家仍有较大差距。特别是在新兴技术和新兴产业迅猛发展的大背景下，发达国家凭借其在科技创新方面的雄厚基础而在新一轮竞争中抢占先机，巩固其在全球创新版图中的地位。

3. 国际科技交流与合作向纵深发展

随着全球化进程的深入发展，世界正在变得"越来越小"，科技创新活动不断突破地域、组织、技术的界限，科技界的相互联系日益增多，国际科技合作正在日益加深。目前在国际期刊上发表的论文有35%以上是国际合著论文，多数合作的主要动力是科学家自身，自下而上形成的科学网络遍布全球，使得科技从国家走向全球层次。全球研发投入总量突破万亿美元，跨国公司研发投资推动技术、知识、信息、资本、人才等创新资源在全球配置，全球创新中心呈现多极化态势，亚洲日益成为全球创新资源聚集区。脑机智能一体化、大数据等推动创新组织模式日益跨国界、网络化、虚拟化，共建大科学工程、跨国研发中心成为重要合作方式，国际合著论文和专利数量大幅提升，全球近十年三方专利授权量比过去十年增加近1/3。

（二）当前国内科技发展形势

1. 深入实施创新驱动发展战略，支撑引领经济社会全面转型升级的需求更加迫切

我国处于深层次矛盾凸显和"三期叠加"阶段，经济发展进入新常态，依靠要素成本和投资驱动的发展方式已难以为继。同时，迎接人口老龄化挑战，推动新型城镇化和生态文明建设，实现高质量就

业，对科技创新提出了巨大需求。未来五年，安全跨越中等收入陷阱、实现经济社会发展向中高端水平迈进，需要进一步释放科技创新潜能，构建新的国家发展动力引擎。

2. 落实全面深化改革部署，推进科技创新治理现代化的任务更加艰巨

作为全面深化改革的重要内容，科技体制改革进入攻坚克难期，迫切需要从科技改革和经济社会改革两方面同步发力，破除阻碍一切创新的体制机制上的阻碍，全面提升科技创新治理能力和水平。同时，科技创新的广泛应用和深度拓展不断挑战固有利益格局，倒逼经济社会发展领域的深层次改革，迫切需要进一步发挥科技在全面深化改革中的推动作用。

3. 适应国家开放新格局，推动科技全方位开放的战略空间更加广阔

我国全方位、多层次、宽领域的开放新格局逐步形成，特别是实施更加积极主动的开放型战略，深度参与全球治理，推进"一路一带"等开放新举措为科技全方位开放提出了新的更高要求。我国与多数国家的经济科技联系更加紧密，欧美等发达国家与我国开展科技合作的主动性明显提升，广大新兴市场国家和发展中国家为我国科技对外开放提供了新的战略空间。

二 甘肃科技事业发展形势分析

近年来，甘肃科技工作坚持"自主创新、重点跨越、支撑发展、引领未来"的指导方针和建设创新型省份的发展目标，紧紧围绕全省经济社会发展大局，实施重大科技专项，大力实施创新驱动发展战略，扎实推进协同创新，强化企业技术创新，加快科技成果转化，科技事业取得了显著成效，发展形势良好。

（一）发展现状

1. 科技进步水平

2010～2014年，甘肃省科技进步水平在全国排名居第17位至第21位。2010年，达到甘肃科技史上最好水平，增幅达6.31个百分点，增幅一度居全国首位。从总体来看，甘肃科技进步水平已跻身全国中等省份行列（见表1）。

表1　甘肃科技进步水平五个一级指标"十一五"末与"十二五"时期比较

单位：%

名称	2010年		2011年		2012年		2013年		2014年	
科技进步环境	指数	47.53	指数	46.10	指数	40.89	指数	43.50	指数	45.40
	位次	22	位次	21	位次	22	位次	20	位次	23
科技活动投入	指数	47.23	指数	43.52	指数	68.54	指数	43.29	指数	44.34
	位次	18	位次	18	位次	23	位次	20	位次	21
科技活动产出	指数	45.90	指数	44.78	指数	30.55	指数	39.38	指数	40.37
	位次	7	位次	11	位次	15	位次	13	位次	14
高新技术产业化	指数	32.49	指数	31.76	指数	40.40	指数	34.46	指数	44.04
	位次	28	位次	28	位次	27	位次	26	位次	25
科技促进经济社会发展	指数	53.98	指数	59.32	指数	55.21	指数	50.62	指数	57.92
	位次	27	位次	25	位次	23	位次	26	位次	24
综合指标	指数	46.48	指数	46.34	指数	41.74	指数	43.04	指数	47.06
	位次	17	位次	17	位次	21	位次	20	位次	19

资料来源：《2014全国科技进步统计监测报告》。

2014年，在5个衡量科技进步水平的一级指标中，科技活动产出居于全国第14位、西部省区第4位，具有相对优势；科技活动投入居于全国第21位、西部省区第5位；科技进步环境居于全国第23

位、西部省区第7位；科技促进经济社会发展居于全国第24位、西部省区第8位；高新技术产业化居于全国第25位、西部省区第8位（见表1、表2）。

表2 2014年甘肃及西部省区综合科技进步水平及5个一级指标的比较

单位：位次

省份	陕西	重庆	四川	甘肃	内蒙古	宁夏	青海	广西	云南	新疆	贵州	西藏
科技进步环境	8	10	13	23	20	17	16	24	28	26	30	31
科技活动投入	11	15	18	21	20	23	28	25	29	27	26	31
科技活动产出	5	12	11	14	22	24	21	30	20	28	29	31
高新技术产业化	17	4	5	25	26	31	30	9	14	29	19	15
科技促进经济社会发展	17	16	20	24	21	13	14	26	31	18	27	29
在全国总排位	7	10	12	19	20	22	24	27	28	29	30	31
在西部总排位	1	2	3	4	5	6	7	8	9	10	11	12

资料来源：《2014全国科技进步统计监测报告》。

2. 科技改革推进

2014年，科技部批复同意支持甘肃省开展兰白科技创新改革试验区建设试点，挂牌成立张江兰白试验区技术转移中心。设立了20亿元的技术创新驱动基金，充分发挥财政资金的引导放大效应。制订了《兰白科技创新改革试验区条例》，明确试验区管理运行的法律主体,赋予试验区责任主体及各职能部门法定职责和权益。兰白试验区是科技部批复以科技创新为内容的改革试验区,是国家实施创新驱动战略和"一带一路"战略在西部地区的重大布局,将承担起在西部地区营造特色产业环境,打造政策高地,发挥先行先试的作用,探索西部地区发展科技创新的新路径、新模式。

3. 科技支撑能力

启动实施的新能源及设备、新材料、先进装备制造、节能及清洁生产关键技术、动植物高产高效养殖种植技术、农产品精深加工与现代储运技术、人口健康及新药创制、生态建设与环境保护技术集成、民用核技术与装备、公共安全关键技术十个涉及国计民生的科学研究、技术开发重大专项,取得了较好的社会效益。2011~2014年全省登记科技成果达3722项;获得省级科技成果奖励640项、国家科技成果奖励30项;技术市场成交额由2011年的52.6亿元增加到2014年的115.2亿元;2014年,全省高新技术企业工业总产值达603.50亿元,同比增长4.16%。营业收入596.52[①]亿元。科技贡献率已达48%。

4. 科技创新能力

在重离子物理、选择氧化催化、冰川冻土、荒漠化防治、高原气象、草业科学、真空物理、地质勘探等优势领域具备较强的原始创新能力,产生了一批标志性科技成果(见表3),培育了一批有影响的优势学科,培养了一批高层次创新人才和创新团队,为科学前沿探索和解决国家级甘肃省重大科技需求等方面做出了贡献,为全省经济社会发展发挥了强力的支撑和引领作用。

5. 科技创新平台

各类国家级研发平台的研发能力有较大提升,省级科技创新研发平台建设与管理有新的进展。截至2014年年底,甘肃省建有国家实

---

① 资料来源:甘肃省科技厅网站。

表3　2011～2014年甘肃科技成果创新成效

单位：项

年份	2011	2012	2013	2014
国际领先	26	23	16	5
国际先进	139	178	139	21
国内领先	734	773	549	51
国内先进	137	125	100	11

资料来源：甘肃省科技厅网站《科技统计》。

验室1个（重离子加速器国家实验室）、国家重点实验室8个、部级重点实验室29个、省部共建国家重点实验室培育基地2个、省级重点实验室86个；国家工程技术研究中心5个、省工程技术研究中心146个，行业技术创新平台16个，中试基地8个。[1] 这些创新平台对增强甘肃省产业创新能力和核心竞争力发挥了积极作用。

6. 知识产权战略

"十二五"期间，甘肃省制定出台了《甘肃省中小微企业专利权质押融资办法》《关于进一步加强高校知识产权工作的意见》《2014年甘肃省知识产权战略实施推进计划》等政策措施，促进了全省专利权的运用与推广。2011～2014年，甘肃省专利申请受理量从5287件增长到12020件，年均增长35.57%，万人口发明专利拥有量从2010年的0.43件增长到2014年的1.26件[2]（见表4）。知识产权综合效能全面提升。

7. 科技创新投入

从2009～2013年甘肃省R&D经费投入看，甘肃的科技创新投入逐年增长，由2009年的372612.4万元增长到2013年的669193.9万

---

[1] 资料来源：甘肃省科技厅网站。
[2] 资料来源：甘肃省科技厅网站。

元（见表5）。目前，甘肃已建立起以政府引导、企业为主、社会支撑的多元化科技投入体系。

表4 2011~2014年甘肃省专利申请受理、专利授权

单位：项，件/万人，万元

年份	2011	2012	2013	2014
专利申请受理量	5287	8261	10976	12020
专利授权量	2383	3664	4737	5097
万人发明专利拥有量	0.61	0.822	1.06	1.26

资料来源：甘肃省科技厅网站《科技统计》。

表5 甘肃省2009~2013年R&D经费投入情况表

年份	R&D活动单位数（个）	R&D人员（人）	R&D经费内部投入（万元）	其中政府资金（万元）	R&D经费投入强度（%）
2009	353	29490	372612.4	141603.2	1.10
2010	331	30321	415886.3	161542.9	1.01
2011	383	31819	485260.7	171498.4	0.97
2012	428	36762	604761.9	218843.8	1.07
2013	529	37046	669193.9	239586.6	1.07

资料来源：甘肃省科技厅网站《科技统计》。

8. 科技合作领域深入拓展

重点在推进兰白试验区建设、创业孵化等科技服务业发展、兰州国家级文化和科技融合示范基地建设等方面加强合作，推动省、市科技资源紧密结合。按照丝绸之路经济带科技合作的工作安排，在甘肃举办雨水积蓄利用、生物质能源转化、干旱区生态恢复、太阳能应用技术4期发展中国家技术培训班，共培训丝绸之路沿线和非洲国家学员78人。积极推动与以色列、巴基斯坦、吉尔吉斯斯坦等国的务实合作。11家机构被科技部认定为国际科技合作基地，在西部地区名列前茅。

（二）甘肃科技发展面临的困境与挑战

甘肃省科技事业发展虽然取得了一定成效，但分析国内外科技发展形势，甘肃科技发展仍然面临着前所未有的困境与挑战。主要体现在创新要素、创新能力、创新环境等方面。

1. 创新要素不足

甘肃省缺乏具备战略决策能力的企业家和高层次学术带头人，也缺乏高技能的职业技师，甘肃吸引并稳定优秀人才的能力不足，高层次人才流失状况日益严重。《2014全国科技进步统计监测报告》显示，甘肃省每万人中的研发人员平均不足10人，万人R&D研究人员数为5.91人，企业R&D研究人员仅占全社会R&D研究人员的40.99%，研发经费支出占GDP的比重为1.07%，低于全国1.98%[①]的平均水平，创新资源仍然不能满足甘肃省的科技创新需要。

2. 创新能力不强

甘肃省大多数企业核心和关键技术对外依存度高，没有成为行业的"领跑者"或"并跑者"，多数处于"跟跑"阶段。大多数企业产品技术含量偏低，没有形成产业竞争优势，缺乏高、精、尖技术和自主知识产权产品与工艺的创新，科技创新对产业发展的支撑作用比较薄弱。《2014全国科技进步监测报告》显示，甘肃省规模以上企业中开展研发活动的仅占14.69%，接近全国平均水平；研发经费支出仅占企业主营业务收入的0.43%，仅占全国平均水平0.80%的一半多一点，远低于国家要求的1.5%的标准；新产品销售收入仅占主营业务收入的7.21%，与全国平均水平占12.38%相比差距悬殊。许多产品关键技术、大型成套设备和核心元器件依赖进口，地区产业结构趋同化，模仿率先创新者的思路和行为较为普遍，资源型、高耗能、

---

① 资料来源：甘肃省科技厅发展战略研究所。

高污染产业存在重复建设情况。

3. 创新环境薄弱

大众创业、万众创新的氛围不够浓郁，科技事业尚未形成百花齐放的发展局面。目前，甘肃省还没有形成强有力的众创空间支撑体系，工农业创新园区的条件与资源集聚作用没有完全凸显，缺少为小微创新企业成长和个人创业的开放式综合服务平台。创业孵化、知识产权服务、第三方检验检测认证等机构的专业化、市场化改革还在进行中，金融创新对技术创新的助推作用不明显，科技成果使用、处置和收益权，科技人员创业股权激励机制还待完善与推进，特别是知识产权的保护意识没有形成全民意识，影响"创客"群体的规模发展。

三 对甘肃科技事业发展的对策建议

（一）强化企业主体地位，构建产学研协同创新体系

健全技术创新市场导向机制，强化企业技术创新主体地位，激发企业技术创新的内生动力。发挥企业优势，在有研发基础和实力的企业建立国家重点实验室和工程中心，进一步增加面向企业、针对行业关键技术方面的国家重大专项，设立财政专项奖励计划，鼓励企业加强研发。完善中小企业创新服务体系，加快推进创业孵化、知识产权服务、第三方检验检测认证等机构的专业化、市场化改革，壮大技术交易市场。构建开放共享互动的创新网络，建立面向企业特别是中小企业的开放机制。高校及科研院所应找准定位，充分发挥自身特色优势，不断深化与企业合作，协调好与企业之间的权、责、利关系。企业、院所、高校、中介服务机构等创新主体要积极融入产学研协同创新体系。发挥自身优势，积极寻求建立创新联盟，不断提高产学研协同创新能力。

（二）统筹科技创新资源，建立健全创新治理新模式

优化全社会科技创新资源配置是科技创新"提质增效"的基础保障。通过体制机制的创新，不断促进科技人员"解放"，通过平台的打造，促进科研机构能量"释放"，通过政策的引导，促进科技设施"开放"。综合运用财政科技等政策工具，推动创新链、产业链、资金链有机衔接，引导全社会资源向科技创新集聚，鼓励各类社会组织参与科技创新，建立有利于社会各界参与的沟通交流平台，形成科技创新治理新模式，实现从"小投入"到"大投入"转变，形成财政资金、金融资本、社会资本多方投入科技创新的新格局。设立公私合作创新基金，资助公私合作研发与技术转移项目等方式，建立全过程多元投入机制，通过专业化资本运作和精细化项目管理，提升政府投资的引导放大效应，加速高市场潜力和高应用前景的技术研发、服务推广及产业化，形成规模化创新能力，最终实现科技资源的聚集、资源之间的"聚合"、科技向经济的"聚变"。

（三）发挥科技引领支撑作用，推进科技创新与产业发展的深度融合

开展创新型产业创新集群建设，实践创新型产业集群建设的组织方式，探索政府在建设创新型产业集群过程中的作用，统筹资源支持创新型产业集群发展。推进战略性新兴产业科技创新，加强新材料、新能源、生物产业、信息技术、先进装备制造、节能环保、新型煤化工和现代服务业等战略性新兴产业领域的关键共性技术突破和集成应用，加快形成一批重大战略产品和重大工程。推进传统产业技术升级，加快推进高新技术在石油化工、冶金有色、建材、轻纺和食品加工、煤炭等传统产业中的应用，结合重大工程建设和重大成套装备开发，攻克一批关键共性技术，支持企业技术改造，淘汰落后产能。推

进节能减排和资源高效利用，围绕重点产业，加快构建绿色、低碳和可持续的技术体系。推动现代服务业创新发展。加强数字消费、电子商务、文化创意、现代物流、医疗养老等新兴服务业的科技支撑，加快发展科技服务业，促进传统服务业优化升级。加快构建基于网络信息技术的现代服务平台，培育发展新型业态。

（四）深化科技体制机制改革，做大做强高新技术产业

完善高新技术产业发展的工作推进机制，健全高新技术产业园区发展政策体系，推动机制体制创新，加速推进园区二次创业。围绕甘肃省特色明显、优势突出的重点产业打造创新链，整合并引领各类创新资源，构建完善创新体系，提升重点产业整体技术水平与市场竞争力。加强对特色领域中具有发展潜力的科技型中小企业的扶持。鼓励龙头企业采用多种方式，发展专业化配套企业。加快培育战略性新兴产业，在节能环保、新一代信息技术、生物医药、高端装备制造、新能源、新材料等产业领域涌现一批重大创新成果，掌握一批具有国际领先水平的关键核心技术。运用高新技术改造提升传统产业，面向石化、有色、电力、冶金、食品、建材、煤炭等传统支柱产业，开展智能控制、清洁生产、节能降耗等共性技术的研发和推广应用。编制重点产业技术路线图，明确重点研发的领域和需求，以及需要培育的科技型企业、研发平台及服务体系。建设壮大高新技术产业发展载体，形成兰白经济区承接产业转移示范区，以兰白科技创新改革试验区为龙头，以国家高新区为重点，省级高新区和特色产业基地为支撑的高新技术产业带。

（五）创新人才工作体制机制，加强科技创新人才队伍建设

实施创新驱动发展战略，建设创新型省份，核心是创新，关键在人才，尤其是领军人才。近年来，甘肃人才工作取得较大进展，但与

创新发展的需求仍然有较大差距，高层次创新人才缺乏，能够引领科技创新的领军人才尤为缺乏。因此，加强科技创新领军人才队伍建设，已经成为一项十分重要而紧迫的任务。牢固树立人才强省的思想观念，努力营造"尊重劳动、尊重知识、尊重人才、尊重创造"的良好氛围，打通人才流动的壁垒，构筑好选人用人的新机制，实行富有吸引力的分配激励机制，激活现有科技创新人才的现实生产力。构建优化创新型科技人才成长的体制环境，建立完善的人才评价考核、人才选拔、激励分配机制，围绕重点行业着力培养和引进急需的创新型人才。加强科研团队建设，培养和吸纳优秀拔尖人才，培育优秀学术团队，建立一支精干、稳定的科研队伍。学校对引进的优秀拔尖人才，给予一定的科研启动经费、安置费，并提供基本完备的、能够满足其科研工作需要的科研环境与科研条件。

四 甘肃科技发展形势预测

（一）未来甘肃科技发展趋势

1. 新技术、新业态发展加快

2014年，甘肃省历经10年时间第三产业所占比重首次超过第二产业，从总体来看，传统服务业模式依旧占据较大市场份额，新型服务业模式的潜力有待充分挖掘。为推动产业健康快速发展，实现提质增效的目标，必须抢抓创新驱动发展机遇，运用互联网思维，优化生产要素和资源的组织配置。紧跟世界科技发展潮流，围绕减材制造、油气开发、新硬件制造、电动自动汽车、高速轨道交通等前沿技术领域，研发市场竞争前关键核心技术和产业技术标准，形成一批自主知识产权，推动相关产业向全球价值链高端跃升，并催生一批新技术、新产品。通过实现"互联网+"与旅游、商贸、物流、健康、教育、文化、金融等服务业深度融合，催生一批新业态、新商业模式。

2. 科技合作与竞争更加激烈

科技创新与合作将成为区域协作的助推器。西部大开发以来，以发挥各地区比较优势和跨地区联合的甘肃省区域特色经济加快发展，国家在继续实施区域发展总体战略的同时，提出实施"一带一路"、京津冀协同发展、长江经济带三大战略，我国区域发展进入新的优化整合期，为甘肃省进一步开展跨省跨国区域合作创造了更加广阔的空间。西安都市圈、关中经济区、兰州西宁格尔木经济区、呼包鄂榆经济区交通联系日趋密切，区域一体化进程加快，科技进步水平逐渐趋同，科技合作和竞争更为明显。

（二）未来甘肃科技发展将会有哪些突破

1. 战略新兴产业领域

甘肃将在新材料、新能源、生物医药、信息技术、先进装备制造、节能环保、新型煤化工和现代服务业 8 大战略性新兴产业领域取得重大突破。新材料产业，研发新型墙体建筑材料、新型防水材料、微电子和光电子材料、新型功能材料、高性能结构材料、纳米技术和航空航天材料等，都将产生新变化新突破。生物医药产业，将在人用疫苗、动物疫苗、现代中（藏）药、医药原料与中间体、生物医学工程等领域取得重大突破。先进装备制造产业，将在智能化成套装置、专业化通用机械新产品以及电气机械方面取得进展。节能环保产业，将在废弃物资源化处理成套设备、节能型变频电机、新介质节能锅炉、水处理设备、新能源城市环保装备和环境监测仪等领域有较大进展。信息技术产业，将在物联网关键技术、信息网络设备、电子信息产品等方面有较大进展。新能源产业，突出风能、太阳能、生物质能和核能发展，研发系统集成及核心部件制造和半导体照明应用产品。新型煤化工，打造煤气化、焦化，发展氯碱化工与异氰酸酯相结合的系列化工产品链。现代服务业，扶持现代服务业新兴业态，发展节能环保、电子商务、科技服务、保险服务、健康服务、养老服务等产业。

2. 传统优势产业领域

加快推进高新技术在石油化工、冶金有色、建筑建材、轻纺食品、制造业等传统产业中的应用，结合重大工程建设和重大成套装备开发，着力攻克一批关键共性技术，支持企业积极采用节能环保新工艺、新技术、新设备，淘汰落后产能，推进节能减排和资源高效利用。石油化工领域，精细化工、绿色化工、化工新材料和生物化工产业技术进一步提高。冶金领域，研发节能降耗新技术与新设备，开发产品精深加工技术。建筑建材领域，开展非金属材料、新型干法水泥行业的技术创新，促进环保节能建筑材料的研究应用，发展建材工业废弃物协同处置技术。轻纺和食品加工领域，提高食品、塑料、皮革、陶瓷、纺织及其制品等产业的装备和技术水平。装备制造业，提升高端机型设计、产品寿命与可靠性、核心部件与控制系统等创新水平。现代农业领域，提升农业生物工程、现代农业装备、智能农业等关键技术水平。

3. 创意产业催生新业态

创意产业作为席卷全球的浪潮，以其强调创意性为特征，正在成为"新经济"的一种时尚表达，创造着巨大的社会财富。甘肃作为文化资源大省，拥有文化创意产业发展的专业人才，将在促进文化创意产业发展中大有作为。甘肃以华夏文明传承创新区建设为契机，以国家级产业示范基地建设为龙头，以现代艺术为依托，先进的科技为支撑，以兰州、庆阳、金昌、嘉峪关、酒泉、天水为重点，打造融会历史文化沉淀、融合艺术创作交流、艺术品买卖、艺术品展览展示、艺术沙龙营造、三维创作、多媒体研发应用、动漫设计、艺术表演及娱乐、视听艺术鉴赏等于一体的多功能创意产业平台，形成独具特色的产业发展集群。

（三）将会对甘肃经济社会发展的影响

1. 自主创新能力大幅提升

综合科技进步水平大幅跃升，跃升至全国中游水平；全社会研发经费与国内生产总值的比重、财政科技投入占财政支出比重大幅提高；创新人才规模与质量大幅提升，科技投入产出效率提高，知识产权保护意识提高，专利拥有量大幅增加。科技创新实现由全国第四集团向第三集团转变，成为西部重要的科技创新中心，为转型跨越发展奠定坚实基础。

2. 科技促进经济社会发展能力提升

科技与经济社会发展紧密融合，经济发展方式得到较大转变，创新环境得到显著改善，社会生活信息化水平提升，科技进步贡献率达到50%以上。战略性新兴产业新产品销售收入占主营业务收入比重、高技术产业增加值占工业增加值比重大幅提升，均接近全国平均水平。全省技术市场合同成交额增加，规模以上企业研究与发展投入占主营业务收入的比重、企业研究与发展投入占全社会研究与发展投入的比例明显提升，打造一批国内领先的创新性企业、商标品牌和标准。

B.4
甘肃省卫生与计划生育事业发展形势分析与预测

邓慧君*

摘　要： 2015年甘肃省卫生与计划生育事业在改革中前行，稳定完善已经建立的各项改革措施，继续深化新的改革，推动卫生与计划生育事业向前迈进。总体形势向积极健康方向发展，但存在问题仍很多，关键环节改革尚需要继续探索。

关键词： 卫生与计划生育事业　医疗卫生体制　甘肃

2015年甘肃省卫生与计划生育事业在改革探索中继续前进。回顾近年来甘肃卫生与计划生育事业的发展历程，一是建立健全政府主导下的各类社会医疗保障体制。二是探索建立医院公益性运行模式。三是建立基层公共医疗卫生服务体系。四是建立透明便捷安全的药品流通体系，解决医院以药养医问题。五是探索符合市场经济要求和体现劳动价值的医生薪酬制度。六是提高医护人员业务素质、培养职业道德意识。七是根据社会发展进一步完善调整计划生育政策。

党的十八大以后，卫生与计划生育事业进入新一轮改革，一些长期制约医疗卫生事业发展的难点问题引起各级政府的高度关注，2015

---

* 邓慧君，硕士，甘肃省社会科学院政治所研究员，研究领域为西北史、党史党建、改革与发展等。

年中央政府在医药卫生体制和医疗社会保障方面推出两大举措,一是明确提出县级公立医院公益性质,扩大政府投入,取消药物提成,建立运行高效、公平合理、方便稳健的基本公共医疗服务体系的改革目标。二是全面实行大病医疗保险制度,建立大病保险基金,切实解决大病导致的因病致贫、因病返贫问题,提高大病保障水平。这两项改革举措,是中央政府针对医院盈利、大病致贫等社会公众关注的难点热点问题下决心有针对性地推出的改革举措。

县级公立医院公益性改革和提高大病保险水平一直受到各级政府的重视,也在进行这方面的改革。2015年甘肃在继续完善2014年已推行的有效改革举措的基础上,根据中央政府有关改革导向,积极响应,探索适合甘肃特色的改革方案。

2015年3月底,甘肃省医疗卫生事业的基本设立情况是:全省医疗机构总数为27960个(含村卫生室)。其中:医院439个,基层医疗卫生机构25340个(含村卫生室),专业公共卫生机构2042个,其他机构139个。与2014年3月底比较,全省医疗卫生机构增加1541个,其中:医院增加18个,基层医疗卫生机构增加133个,专业公共卫生机构增加1297个,其他机构增加93个。[①]

一 发展形势——巩固发展2014年取得的改革成效,根据中央政府对卫生与计划生育领域的顶层设计,开展新一轮改革

(一)继续探索保障有力、运行平稳、方便快捷的新型农村合作医疗和城镇居民医疗保障制度

2014年年底到2015年年初,全省新型农村合作医疗和城镇居

---

① 甘肃省卫生计生委统计信息中心:《2015年第一季度全身医疗卫生服务情况统计报告》。

民医疗保障制度平稳有序发展。最近三年来，新农合参合人数达到98%，排除一些流动因素和大学生升学等因素，基本上人人都参与了新农合。2015年，新农合人均筹资标准由320元提高到380元，其中，中央财政每人每年补助268元，省级财政每人每年补助102元，市县两级财政每人每年补助10元。继续实行新型农村合作医疗保险的信息化建设。2015年甘肃省城镇居民基本医疗保险人均政府补助标准在2014年人均320元的基础上增加60元，达到年人均380元，政策范围内报销比例达到75%。增加的60元补助标准中，国家补助80%，即48元；省财政补助20%，即12元。①

（二）甘肃省经过两年试点，开始全面推行大病医疗保险

甘肃省在2013年就已经开始大病医疗保险试点。2013年庆阳、定西、金昌三市先行开展城乡居民大病保险试点工作，共覆盖城乡居民511.4万人，筹集资金1.53亿元，符合大病保险报销的患者为25616人，共报销1.053亿元，人均报销4110.7元。根据试点经验和初步取得的成效，2014年12月2日甘肃省人民政府办公厅正式发布《甘肃省开展城乡居民大病保险工作实施方案》（以下简称《实施方案》）。《实施方案》规定从12月12日全面启动全省城乡居民大病保险工作。2015年参加全省城乡居民医保（包括城镇居民医保和新农合）的参保（合）人员，以人均30元标准统筹城乡居民大病医疗保险资金，实行省级统筹，建立大病保险资金账户，实行专账管理。全省"统一筹资标准、统一报销比例、统一实施方案"。大病保险报销在参保（合）患者个人自负达到5000元

---

① 甘肃省人民政府网站：《甘肃省人民政府办公厅关于印发2015年为民办实事实施方案的通知》。

后，实行二次报销。初步制定的补偿基数是0~1万元（含1万元）报销50%；1万~2万元（含2万元）报销55%；2万~5万元（含5万元）报销60%；5万元以上报销65%。大病保险将无第三方责任人的意外伤害也纳入大病医疗保险资金补偿范围，最高报销2万元。为落实分级诊疗，一些能在所在区域二级医院治疗的病种，按照市县级在规定报销比例基础上分别提高5%和10%进行补偿。报销额度上不封顶。

2015年7月24日，国务院办公厅印发《关于全面实施城乡居民大病保险的意见》（国办发〔2015〕57号），根据《意见》规定，凡是城乡居民大病保险的支付比例要达到50%以上，今后还要逐步提高，有效减轻大病患者就医负担。到2017年，建立比较完善的大病保险制度。

甘肃省根据国办大病保险意见以及已经开展的相应改革，为方便城乡居民出院实现基本医保、大病保险、医疗救助之间的衔接，明确规定：患者入院时将参保证明、身份证明、最低生活保障证、特困人员供养证、"一卡通"、银行账户等一并交医院，按照"基本医保、大病保险、医疗救助"流程依次进行"一站式服务"。先走基本医保程序，在基本医保基础上予以大病保险，大病保险费用额度特大的，再予以大病救助。建立强基本、保大病、及时救助的三步医疗保险救助程序。

（三）明确县级公立医院公益性质，开展县级公立医院改革

明确医院公立性质，是卫生事业体系中医疗体制改革的关键。我国医疗体制改革一直举步维艰的主要原因就是，医院公立性质没有明确，医院处于市场和政府双重干预之下。"名不正，言不顺"，医院处于两难之间，也处于多重利益格局之间。2015年5月，国务院先后印发《关于全面推开县级公立医院综合改革的实

施意见》（国办发〔2015〕33号）、《关于城市公立医院综合改革试点的指导意见》（国办发〔2015〕38号），明确县级公立医院的公立性质，探索适合市场经济要求的公立医院运行机制，建立与政府医疗保障相互协调、配合的保障制度，公立医院改革加快提速。

县级公立医院是基层医疗体系的重要一环，既与基层乡镇卫生院联系，又与省市二级、三级医院衔接，承担接诊乡镇卫生院上传患者，又向省市级二级、三级医院转诊患者的任务。在我国分诊治疗中属于二级诊疗机构，其医疗作用十分重要。

2015年甘肃省启动县级公立医院改革，不断优化已经实行的公立医院改革"315"模式（完善监管、补偿、服务三个机制，突出中医药一个特色，达到群众就医费用基本稳定、自费比例下降、报销比例上升、医务人员积极性提高、医疗机构健康持续发展五个目标），建立维护公益性、调动积极性、保障可持续的县级医院运行机制。

（四）进一步建立完善药品供应体系

我国药品集中采购工作先后经历了医院各自采购、第三方中介机构开展以地市为单位的药品集中采购、政府主导以省（区、市）为单位的非营利性省级平台的药品集中采购，再到逐步建立基层基本药物采购新机制等不同发展阶段。

2015年2月28日国务院办公厅发布《关于完善公立医院药品集中采购工作的指导意见》（国办发〔2015〕7号），按照市场在资源配置中起决定性作用和更好发挥政府监督管理的要求，借鉴国际药品采购的通行做法，充分吸收基本药物采购经验，坚持以省（区、市）为单位的网上药品集中采购方向，实行一个平台、上下联动、公开透明、分类采购，采取招生产企业、招采合一、量价挂钩、双信封制、全程监控等措施，加强药品采购全过程综合监管，切实保障药品质量和及时供应。鼓励各地结合实际探索创新，提高医院在药品采购中的参与度，充分尊重医院的业务需求。

实行药品分类采购、改进药款结算方式、加强药品配送管理、规范采购平台建设、强化综合监督管理。根据中央指导意见，甘肃省卫生计生委制定并印发了《关于进一步加强全省药品保障供应体系建设的意见》。该《意见》对全省药品配送、使用、监管等进行了规范及要求，明确规定和调整了公立医院基本药物使用比例和药品配送模式。《意见》还要求，在政府办基层医疗机构全面配备使用基本药物的基础上，全省范围内县及县级以上人民政府、国有企业（含国有控股企业）等所属的非营利性医疗机构应全面配备并优先选择使用基本药物（包含省调整药物），并逐步达到一定配备使用比例。目标是到2015年年底全省三级综合医院（包括中医院）基本药物销售金额占全部药品销售总金额的比例不低于25%，三级专科医院不低于20%，二级综合医院（包括中医院）不低于45%，二级专科医院不低于40%，实行县级公立医院综合改革试点的县级医院不低于50%。同时，鼓励非政府医疗机构也参与实施基本药物制度，积极参与药品集中采购和配送服务。

（五）切实推行分级诊疗工作

分级诊疗是提高基层医疗保障水平、解决三级医院人满为患、规范城镇居民医疗保险和新型农村合作医疗保险以及均衡医疗资源的有效措施。2015年甘肃省继续开展分级诊疗工作，确定分级诊疗病种和补偿原则，调整新农合报销政策。采取了落实二级、三级医院医师多点执业制度，均衡医疗资源，提升基层医疗水平，加强基层医疗机构专科建设等措施。提升县级医院服务能力，通过培训、实习等方式，提高县级医院医护人员业务能力，力争让当地90%的常见病、多发病在县域内得到有效诊治。开展新农合支付方式改革，严格执行新版诊疗项目和药品目录，扩大重大疾病保障范围，加强新农合资金监管，通过医疗保险支付，落实分级诊疗。

（六）稳步推进计划生育事业

继续贯彻执行计划生育工作条例，2015年甘肃省计划生育伤残和死亡家庭不论城乡，从女方年满49周岁起，夫妻每月均可得到300元和500元补助，同时对计划生育失独家庭一次性给予2万元补助。提高计划生育服务管理水平。继续执行《甘肃省人口与计划生育条例》规定的"法定两项奖励优惠"政策，即独生子女父母10元保健费和城镇独生子女父母退休退职1000元奖励费。再次提高计划生育特殊困难家庭扶助标准并将其纳入2015年省委、省政府为民办实事内容。同时及时落实了单独二孩政策，并制定了相应的管理措施。

围绕2015年医改重点工作和"十三五"发展目标，甘肃省在卫生领域开展了以下三项基础性工作，一是推进人口健康信息化平台建设，启动实施居民健康卡工程。二是强化信息应用与服务，完善多个服务平台系统建设。三是加强信息标准和安全管理，确保信息系统安全可靠，数据准确。

同时，重视卫生事业人才培训和专业人员培训工作，举办各类培训班，提高基层医护人员业务能力。如2015年1月8日，开展甘肃省乡村医生中医药知识与技能培训，来自全省各县（市区）的188名乡村医生接受培训。1月20日，省卫生计生委在兰州举办全省食源性疾病监测暨监测方案培训，各级医疗和疾控机构300人参加培训。此外还开展了各种形式的医疗卫生服务培训。

二 发展形势分析

(一)县级公立医院改革存在归属不清问题,制约其改革的有序进行

1. 我国医院系统等级划分混乱,县级医院定位不明确

随着县级医院公立性质改革的推进,医院等级划分成为问题。医院等级划分存在归属交错、政府承担职能模糊不清的状况,严重制约了县级公立医院改革举措的制定。因此,首先应该明确政府主导医院和社会其他各类医院的等级。目前医院等级按照功能、任务、技术力量、所属行政区域以及所属部门划分,政府直接负责的医院有县级公立医院、地市级公立医院、省级公立医院。套用相对级别省级公立医院为三级医院,地市级为二级公立医院,县级也多为二级公立医院。其他有企业和事业单位医院、高等院校附属医院以及军队医院等部门医院,因这类医院多在大中城市,目前将这类医院统称为城市公立医院。各个医院归属不同,经营、规模、人员素质、设备均存在很大差异。这种归属不同会导致2015年5月国务院办公厅先后印发的《关于全面推开县级公立医院综合改革的实施意见》《关于城市公立医院综合改革试点的指导意见》中县级公立医院和城市公立医院的属性出现问题,从而制约公立医院改革的推行。

2. 三级医院人满为患,医疗服务疲于应付

近几年虽然建立了分级诊疗、逐级转诊的医疗保险机制,但是三级医疗仍然承担着医疗重担。甘肃省属几家医院、兰大附属医院、陆军总院、省中医院等三级医院仍然人满为患。由于这些医院缺乏科学合理公平公正的监管,医院逐利理念使医生仍然开大处方,过度治疗,住院病人流水线作业等不公正治疗的现象时有发生。虽然药品限价和规范用药防范了医院以药养医和过度医疗行为,但医院增加医疗

设施检查，以及对住院病人流水式治疗，从另一方面又加重了患者的负担。对医院而言，住院病人越多越好，小病大治疗，难病和一般病住院治疗现象已经很普遍，个别科室还存在争患者的现象。从住院病人身上获取收益成为医院盈利的渠道。另外，住院病人的医疗费用实行封顶，保障有限，导致医院对住院患者的治疗如流水线上作业，快速结束，病人得不到理想治疗，医生也疲于应付。医院自主权有限，政府行政干预太多，医院独立法人资质有名无实，自我改革能力受到制约。

甘肃省因为医疗资源配置不合理问题，导致70%的常见病和多发病本应在县域范围内治疗，却纷纷涌入城市大医院治疗，25%的转外就医患者，花掉了56%的新农合资金，使老百姓看病更难更贵，长此下去，基层医院在萎缩，大医院在盲目扩张，专家疲于应付常见病和多发病。这也同样不利于医学新学科、新技术的发展。

为了解决这种现状，省卫生计生委围绕分级诊疗制定下发了13个系列文件，要求对100种常见病、多发病在县级医院治疗，50种常见病在乡镇卫生院治疗，通过医师多点执业，每年有近1000名副高以上专家下到基层，省级帮扶县级，县级帮扶乡级，筛查大病让大医院治疗，大医院和县级医院建立长期友好合作关系，通过政府合理的宏观调控使甘肃省有限的优质医疗资源得到合理配置。使医生下沉、病人下沉、基金下沉，提升老百姓看病就医的实际报销比例，缓解看病贵、看病难问题。

（二）社会医疗保险水平不均衡，慢性病门诊报销比例低，住院治疗报销比例逐年上升

不管是新农合，还是城镇居民医疗保险或者城镇职工医疗保险，保险费用支出分为门诊费用和住院费用两项，在这两项开支中，各类医疗保险的门诊费用普遍较少，各地报销比例也不尽相同。目前医疗

保险普遍以住院费用的保险为主，住院费用保险比例一般达到50%到60%，职工医疗保险达到80%。由于保险比例差额大，医院更愿意收治住院病人，以至于出现小病大处方，中病住院，大病过度医疗的现象，使患者得不到公平治疗。另外也加大了医疗保险费用的支出压力。以新农合为例，根据省卫生与计划生育委员会2014年的调研数据，2014年全省新农合住院患者平均住院费用为4622元，同比增加了268元。其中乡级、县级和县级以上定点医疗机构次均住院费用分别为1057元、3257元和10883元，与2013年同期相比分别上升47元、143元和500元。受住院患者次均费用过快增长影响，2014年全省住院患者平均费用为4622元，同比增加了268元，仅此一项影响实际补偿水平下滑3.50个百分点；尽管次均住院补偿2621元同比增长了80元，拉动实际补偿水平上升1.84个百分点，但其影响速度和力度均不及前者，两项因素综合影响结果，使得住院病人实际补偿总体水平同比下降1.66个百分点。[①]

（三）医疗保险运行机制需要完善

新农合和城市居民医疗保险监管存在很多漏洞，导致重复计费、乱收费、乱涨价、保险烦琐，尤其异地报销不及时等现象，制约了医疗保险基金的有序运行和合理开支。

2015年推进的大病保险运行机制，尚需进一步探索完善。医院治疗和患者保险无缝衔接机制的缺乏，临床用药、诊疗层次、保障范围、报销比例、报销流程等影响大病保险保障水平的各个因素还不尽合理，共同造成了大病保险工作效率低下。

省级职工医疗保险门诊费用截至目前仍然没有到达账户。这加重了部分慢性病患者的就医负担，也加重了相关报销单位的财务结算压力。

---

① 甘肃省新农合管理中心：《2014年全省新型农村合作医疗运行情况通报》。

（四）医生收入偏低，整体业务水平较低，基层卫生人才队伍建设相对滞后

医护人员是医药卫生体制改革的关键环节，其业务能力关系患者的疾病康复和参保费用的利用效率，可医生业务素质低下，医院分科太细，导致一些疾病的诊断和治疗没有跟踪机制，使患者东奔西跑，四处求医。究其原因，一是医院分科太细，缺乏全科医生，使一些初诊病人以及疑难杂症的诊断受到限制，增加了病人的医药开支。二是没有经过全科训练的专科医生业务素质狭窄，业务能力较差，只局限于对本科室病症的诊断，一旦遇上复杂疾病，便无从下手，医生综合业务素质普遍较低。三是执业医生从业资格考试不规范，一些没有经过严格业务训练的医生过早开始执业医生工作，缺乏临床实习期锻炼阶段，业务能力十分有限。这些都是医患纠纷频繁发生的主要原因。四是医院管理上存在行政化倾向，制约了医生在业务上提高的积极性。五是医院分配机制存在问题，仍然存在大锅饭情况。医术高超的医生收入并不高，收入差距还没有拉开。从社会总体收入看，医术高超的医生收入偏低。

医院为减少劳动力成本，多数医院护士以不负担开支的实习护士为多，导致护理工作漏洞百出。基层医护人员业务素质低下。基层医疗机构受编制限制，很难引进专业技术人员。

三 预测和建议

（一）县级公立医院公益性质的确立，确实能解决基层医疗服务存在的问题，但公立医院归属划分还不合理，应根据不同归属探索不同改革方案

县级公立医疗公益性质的确立，确实能缓解医院为盈利产生的过

度医疗问题。但针对公立医院归属混乱现状，建议明确公立医院定位，首先解决政府直属公立医院的定位问题。其次针对归属不同提出不同的改革方案。而在归属相同的公立医院，因为规模大小不同，也要制定相应的改革方案。同时增强医院自主权利，在用人、职称、收入分配等方面探索各自的管理运营模式。医院和病人之间建立法律和责任关系，公开患者治疗程序和治疗方案，一些治疗过程要透明，提高患者的知情权。

（二）大病医疗保险的良好运行，能有效缓解部分大病患者的经济负担，缓解——因医药体制问题带来的社会负面情绪

大病报销确实提高了医疗保障水平，减轻了患者的医疗负担。大病保险处在探索阶段，尚需进一步完善机制，一要切实加快信息平台建设，尽快实现全省城乡居民医疗保险、大病保险和医疗救助信息有效衔接，方便患者及时报销。二要认真研究大病保险保障水平。从不同层面分析临床用药、诊疗层次、保障范围、报销比例、报销流程等影响大病保险保障水平的各个因素，并使其趋于合理，不断提高大病保障水平。三要加强大病保险考核管理。督促商业保险公司完善软件建设，提高工作效率，确保住院费用能够按标准及时报销，让广大群众切实享受大病保险带来的实惠。加强大病保险基金管理，确保基金安全。四要充分利用各种媒体对大病保险政策及其典型经验进行宣传报道，为大病保险营造良好的社会氛围。

（三）城乡医疗保障体系合二为一

目前，政府医疗保险已经覆盖了社会各个层面，其中城镇居民医疗保险和新型农村合作医疗保险参保人数最多，覆盖面最广，是一项公益性质的医疗保障制度。建议将城乡医保全部统一，合二为一，设置社会保障中心，内设医疗保障处，强化其职能，将城镇和新农合统

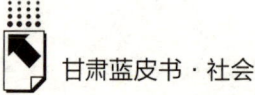

一管理，取消城镇居民和农村居民的保障差额。推进城乡一体化的基本医疗保障制度，中央政府和地方政府以及个人缴费不分城乡，参保费用相同，一律在户籍所在地参加医疗保险。

（四）基本药物行政监管不放松，规范医院用药，方便患者多向选择用药

建立灵活多样的基本药物监管，适当放开基本药物目录；保证医院自主用药的选择权，但要公开药品价格和同类药品的选择价格，告知患者有选择用药的权利。

（五）加强乡镇卫生院和社区医疗服务中心医疗卫生服务能力监管

加强基层医护人员监管。基层医疗服务机构医生应以全科医生为主，凡经过正规国民医学专科以上教育的学生，参加工作后必须经过助理实习三年到五年时间方可获得全科医生职业资格。个体诊所的执业医师也必须有五年到七年的助理医生实习经验，才可获得全科医生职业资格。鼓励县乡两级公立医疗机构与省市三级甲等医院建立合作关系，基层医疗机构从业人员定期到省市医院实习锻炼，提高业务能力，学习最新医疗技术。建立全省医疗信息交流服务平台，对基层患者的一些疑难病例进行网络会诊，提高基层公共医疗服务水平。为业务能力强的医生建立工作平台，由其组建业务团队，开展相关疾病治疗。

社会办医政策的放开使城镇个体私人诊所数量呈上升趋势。应该加强对个体诊所从业人员职业资格的监管，制定收费参考标准，向社会公布。

（六）加强宣传指导，积极推进分级诊疗

推进分级诊疗、医师多点执业，建立有序就医新秩序。各级卫计生行政部门和新农合管理经办机构要加强宣传，分级诊疗工作做得好的地区可以根据实际情况扩增分级诊疗病种，充分发挥医疗资源下沉优势，力争做到门诊病人在县、乡、村三级医疗机构就医比例分别控制在10%、40%、50%左右；住院病人县外就医比例控制在20%以内；新农合基金县域外支付平均比例控制在40%以下。真正建立"小病不出村、常见病不出乡、大病不出县、疑难重病再转诊"的就医新秩序。严格落实重大疾病救治和省市级定点医疗机构即时结报制度。省市级定点医疗机构要积极主动做好50种重大疾病诊治、签约服务及即时结报工作。可以根据定点医疗机构专业学科特点调整和扩增重大疾病签约病种，提高参合农民受益面。实现新农合基本保障、商业保险与民政救助的有效衔接，在省市级定点医疗机构落实重大疾病"一站式"即时结报工作。

（七）探索中国式的家庭医生制度，推行全科医生制度，保证医生收入水平提高

充分发挥医生在医疗卫生体制改革中的关键作用，以医生为核心，建立起家庭医生服务体系，具体方案可在理论上进行先期探讨。三级医院门诊设置全科医生门诊，提高疾病初诊能力。提高医生收入水平，让勤恳工作、业务精良、医德良好的医生的收入保证在职业收入的偏上水平。

B.5
甘肃省人力资源与社会保障
事业发展形势分析与预测

许尔君　袁凤香*

摘　要： 21世纪，我国人力资源与社会保障工作得到了长足发展，但从整体来看，人才队伍的整体规模、素质能力、结构分布和社会保障的范围、水平还很不适应全面建成小康社会及加快建设创新型国家的需要。面对国际人才竞争及社会保障的新趋势和我国经济社会发展的新要求。当前和今后一个时期，我们必须把人才资源和社会保障作为经济社会发展的第一资源摆在突出位置，使我国由人口大国建设成为人力资源和社会保障强国。本文拟从人力资源与社会保障发展全球化的视野，分析甘肃人力资源与社会保障发展的现状、面临的困境及相应的对策建议和今后发展方向。

关键词： 人力资源　社会保障　发展形势　分析预测

人力资源，又称劳动力资源或劳动力，是指能够推动整个经济和社会发展、具有劳动能力的人口总和。人力资源成为现代社会和组织

---

* 许尔君，甘肃省社会科学院政治所所长，研究员；袁凤香，甘肃省社会科学院哲学社会学所副研究员。

的战略资源，一方面它是一种能动资源，即它在经济和管理中起主导作用和处于中心地位。另一方面它发起、使用、操纵、控制着其他资源，使其他资源得到合理、有效的开发、配置和利用；同时它又是唯一起创新作用的因素，它是一个组织系统的动力。社会保障是指国家通过立法，积极动员社会各方面资源，保证无收入、低收入以及遭受各种意外灾害的公民能够维持生存，保障劳动者在年老、失业、患病、工伤、生育时的基本生活不受影响，同时根据经济和社会发展状况，逐步增进公共福利水平，提高国民生活质量。当今世界处于新经济时代，新经济是知识的生产、分配和使用为最重要因素，它区别于工业经济，强调知识和人力资源在生产经营中所占的首要地位，具有创新力的人力资源成为新经济时代的第一资源。社会保障制度则是对新经济时代下的人力资源的补充，它保证了人力资源的合理利用与被调配。只有在认真分析各国人力资源和社会保障发展的趋势下，仔细研究中国人力资源和社会保障发展的基本情况，才能正确看待人力资源和社会保障的国际化潮流，才能够自觉地调整和完善相应的政策与法规，向着顺应人力资源和社会保障、符合经济发展规律的方向推进，就能创造出符合国际通行规则，具有中国特色的人力资源和社会保障制度体系。对此，党的十八届三中全会明确提出"必须更加自觉地把以人为本作为核心立场""以增强党和国家活力、调动人民积极性为目标""建立更加公平可持续的社会保障制度"。近年来，甘肃在经济压力加大、自然灾害频发的情况下，按照省第十二次党代会的决策部署，在扎实推进"3783"主体责任体系、"333科技人才工程"和"555创新人才工程"及"3341"项目工程和"1236"扶贫攻坚行动的基础上，统筹抓好稳增长、促改革、调结构、惠民生各项工作，初步建立起一个与经济发展水平相适应、社会保险制度为重点，社会保障基金为依托，资金来源多渠道、保障方式多层次、权利与义务相对应、管理服务社会化的社保体系，在为促进甘肃经济发展、实现富民兴陇、构建和谐社会、全面建成小康社会中发挥着"安全网"和"减震器"的重要作用。

一 甘肃人力资源与社会保障事业状况分析

（一）甘肃人力资源事业发展状况分析

人力资源是富民兴陇的第一资源。甘肃省委、省政府坚持人才支撑取向，深入实施人才强省战略。省人社厅紧紧围绕全省经济社会发展需求，坚持人才资源优先开发、人才投资优先保证、人才制度优先创新，做到用足用好本土人才和引进吸收急需人才相得益彰、各类管理人才和专业技术人才统筹抓好、培养开发人才和选拔使用人才同步推进，形成人才辈出、人尽其才、才尽其用的良好环境。

一是人力资源市场建设实现创新发展。近年来，甘肃进一步加快市场整合改革，建立健全统一规范灵活的人力资源市场体系，充分发挥市场在配置人力资源中的基础性作用。省人社厅在落实《甘肃省人力资源市场建设规划》的基础上，整合资源建设了省、市、县（区）三级人力资源市场。截至目前，全省投入专项资金94500万元，建设省级市场1个、市级市场14个、县区级市场50个。其中：省级、兰州、张掖、临夏、甘南、金昌、天水、嘉峪关、平凉、酒泉人力资源市场平均建筑面积都在8000平方米以上（见图1）。

二是人力资源服务许可制度日臻完善。省人社厅根据《行政许可法》和《人才市场管理规定》的要求，规范程序，严格审查，认真核实申请机构基本资料，特别是对申请机构的注册资本、从业人员、办公场所等内容进行严格审查，深入现场实地查看，与工作人员面对面交流，准确掌握机构基本状况，会议集体研究审议，20个工作日内做出许可决定，严格把好入口关。截至目前，全省共有人力资

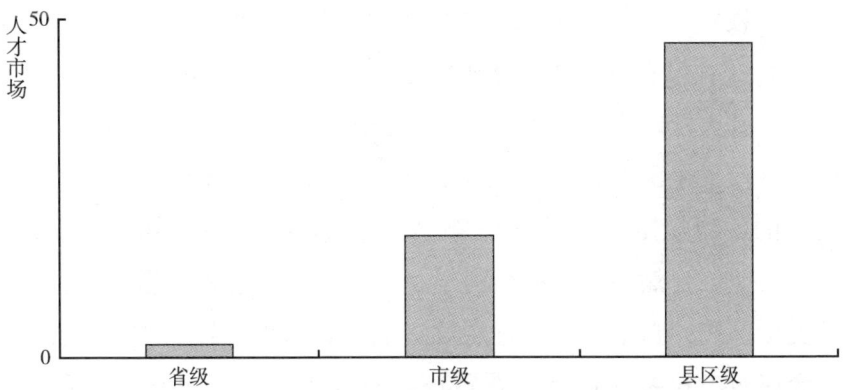

图 1　2015 年甘肃省建设的人力资源市场

资料来源：《省人社厅人力资源工作总结》，2015 年 9 月。

源服务机构 499 家，其中：属于公共人才就业服务性质的有 129 家，国营性质的 28 家、民营性质的 324 家；省直审批 77 家，其中：民营性质 59 家，国营性质 18 家；甘肃年服务产值（包括代收代付款）过千万的人力资源服务机构已近 9 家，个别企业年值超过亿元（见图 2）。

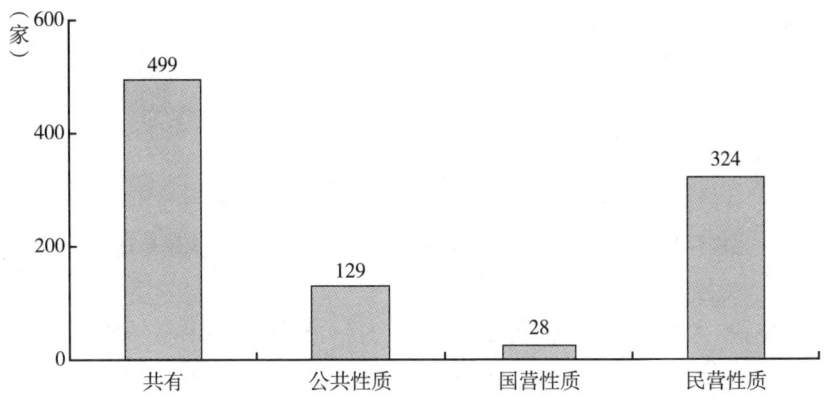

图 2　2015 年甘肃省人力资源服务机构

资料来源：《省人社厅人力资源市场处工作总结》，2015 年 9 月。

三是领军人才队伍建设取得新进展。①切实做好领军人才考核工作。按照《甘肃省领军人才队伍建设实施办法》，2014年3月至2015年2月，省人社厅会同有关部门，对领军人才任期内的德能表现和业绩成果进行了全面考核。考核工作严格按照《甘肃省领军人才考核办法》的各项规定，坚持客观公正、注重实效、鼓励创新原则，分工业、农业、自然科学、社会科学、教育、文学艺术、医药卫生7个领域类别，按照自下而上、逐层逐级的方式组织实施。之后，省政府常务会议对考核结果进行专题审议，省委人才工作领导小组印发文件，面向社会通报考核结果，目前共确定优秀等次的领军人才30名，称职等次人才834名。考核工作结束后，与864名考核等次为优秀和称职的领军人才签订了聘任合同，并颁发了证书（见图3）。

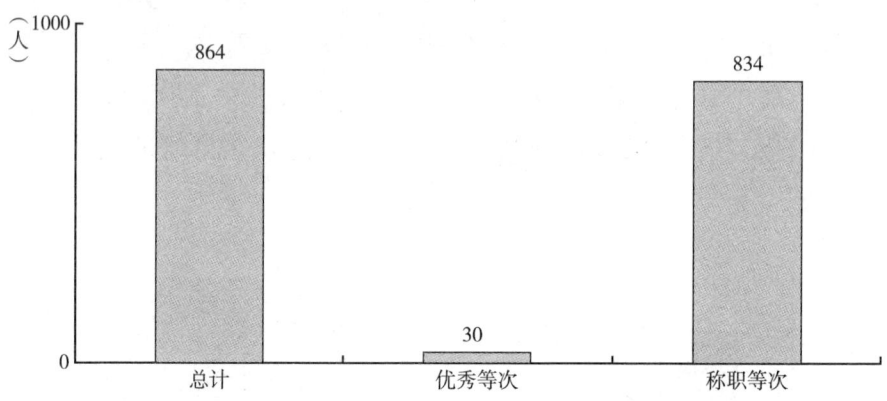

图3　2015年甘肃省领军人才队伍

资料来源：《省人社厅专业技术人员管理处工作总结》，2015年9月。

②领军人才补选工作启动实施。为科学合理使用考核结果，按照省委、省政府要求，将近5年涌现的优秀专业技术人才尽快补充进入领军人才队伍，甘肃省又开展了新一轮领军人才补选工作。2015年6月，印发了《关于开展甘肃省领军人才补充选拔工作的通知》，对领军人才补选工作进行安排部署，明确选拔条件、推荐范围和遴选办

法，按照要求，将近年来甘肃省重点领域、重大项目和获得国家级荣誉奖励，以及新当选院士中的65名优秀专业技术人才补选进入领军人才队伍。甘肃省人社厅对评审材料逐一进行审核，召开专家评审会邀请相关领域的专家对推荐人选业绩进行民主评议。2015年8月27日至9月6日，省委人才工作领导小组会议和省政府常务会议分别对名单进行了审议，之后，进行社会公示，并向各级纪检监察部门征求了意见。③各类专家选拔工作有序开展。2015年为配合"新世纪百千万人才工程"、国务院"政府特殊津贴"和"全国杰出专业技术人才和先进集体"国家级专业技术人才三项评审推荐，省人社厅认真落实人社部关于推荐选拔工作的各项要求，积极组织相关部门、单位开展遴选。先后印发了《关于开展2015年度享受政府特殊津贴人员选拔工作的通知》《关于开展2015年国家百千万人才工程人选推荐工作的通知》《关于开展2015年国家杰出专业技术人才和专业技术人才先进集体推荐工作的通知》等文件，以近几年来取得的专业技术业绩、成果和贡献为主要推荐依据。同时，安排专人对申报材料进行审核，并邀请专家召开评审会对被推荐人选业绩进行民主评议，使其业绩、成果和贡献取得同行专家的认可。

四是组织实施专家服务基层项目。2015年，为配合人社部组织实施的"万名专家服务基层"活动，省人社厅积极与人社部专技司、省卫生厅、省农牧厅、省环保厅、省林业厅以及玉门市政府、西北师范大学、省治沙研究所等部门联系对接、沟通协调，征求活动开展的意见建议，拟定了实施方案，对接落实了专项经费。9月上旬，人社部组织环保领域、卫生领域的12位专家赴省治沙所民勤治沙基地和兰大二院等省内各大医院开展技术指导、学术交流、技术座谈和合作诊疗等活动。9月下旬，省人社厅依托西北师范大学、兰州财经大学组织金融领域专家赴白银市开展专家服务中小企业活动，为中小微企业开展金融知识讲座和政策咨询等活动。11月上旬，省人社厅邀请省社会科学院、西北师范大学有关专家赴玉门市开展了华夏文明传承文化产业专家服务活动。专家围绕红色旅游文化资源开发等内容对玉门市旅游文化人员进行了专题培训和技术讲座。

五是协调推进全省人力资源开发。①省人社厅会同省住建厅、省科技厅、省教育厅、省地税局、兰州市政府等单位，联合制定了《关于支持兰州新区引进高层次人才政策的意见》，从安居、科研、创业、培训、激励、税收、保障7个方面对引进急需紧缺高层次人才给予优惠政策和措施，不断加强新区人才引进和服务力度，打造"人才高地"。②建好"三库一网"。2014年12月，省委、省政府出台《关于加快推进人才工作创新发展的意见》，从人才队伍开发、创新人才发展体制机制、做好人才联系服务工作和强化人才工作保障等方面提出了具体措施。并积极组织实施省内高层次人才数据库的设计开发工作，建好"三库一网"、搭建好人才服务平台。③积极承担相关政策的组织实施工作。近年来，省人社厅积极推动落实《战略性新兴产业发展总体攻坚实施方案》《2014年甘肃省建设国家循环经济示范区工作方案》和《甘肃省节能环保产业发展规划（2014~2020）》，积极完善和创新人才政策，加快实施创新驱动发展战略，推进产业结构升级和经济发展方式转变。

（二）甘肃社会保障事业发展状况分析

1. 职工基本养老保险分析

一是参保人数不断上升，离退休人员逐年增多。近年来，随着经济体制改革的进一步深化，甘肃各级劳动保障部门把改善民生作为全面建成小康社会的落脚点和出发点，采取多种措施积极推进全省社会保险扩面工作，让更多的职工纳入社会保险"安全网"，进而全面提升全省小康社会的含金量。截至2014年年底，全省参加城镇企业职工基本养老保险人数为298.85万，比2013年年底增加了10.45万人，增长了 3.62 个百分点，其中在职职工为 193.96 万人，离退休人员为 104.99 万人，分别比上年增加 5.41 万人和 5.14 万人，增幅分别为 2.87% 和 5.15%（见图 4）。

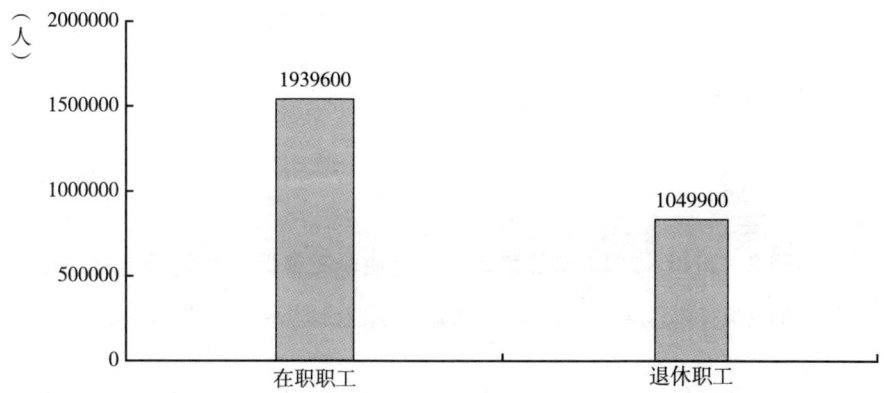

图 4　2014 年甘肃省城镇企业职工参保人数

资料来源：《全省社会保险运行分析建设会议材料汇编》，2015 年 6 月。

比较近 5 年的发展情况，全省参保人员由保障职工向保障全体公民延伸，覆盖范围由固定从业人员向灵活就业人员扩展，保障区域由城市为主向城乡统筹转变，社会保障的范围不断扩大。其特点：一是参保人数稳步增长，在职与退休差距缩小。二是离退休人数增长速度仍快于在职职工人数增长。近 5 年，参保人员、在职职工和离退休人员人数年均增长率分别为 4.65%、2.67% 和 9.43%，离退休人员人数增长率高于在职职工 4.78 个百分点，较上年同期有所下降（见图 5）。

二是调整退休人员待遇，降低赡养养老负担。人口老龄化不仅是老年人口占总人口的比例不断提高的过程，也是基本养老保险赡养率不断提高的过程。近年来，随着社会老龄化的日趋加重和历史遗留问题的影响，甘肃省的赡养率和养老负担系数进一步降低。根据人力资源和社会保障部、财政部《关于调整企业退休人员基本养老金的通

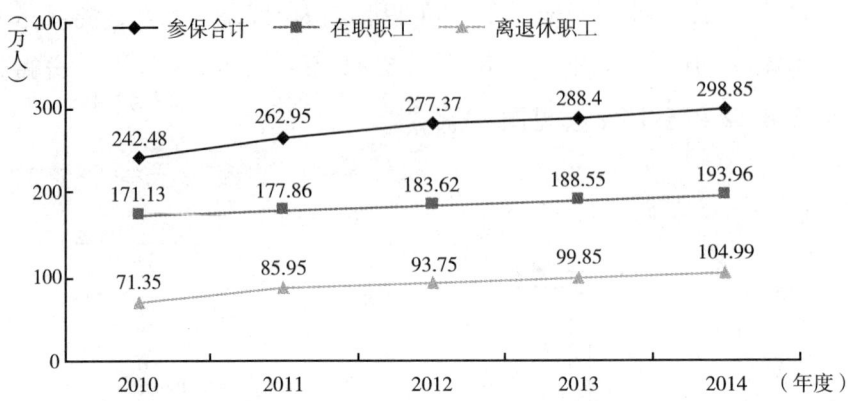

图 5　2010~2014 年甘肃省城镇企业职工参保人数增长情况

资料来源：《全省社会保险运行分析建设会议材料汇编》，2015 年 6 月。

知》（人社部发〔2014〕7 号）精神，甘肃制定了《关于做好 2014 年调整企业退休（职）等人员基本养老金有关问题的通知》（甘人社通〔2014〕110 号），截至 2014 年年末，全年办理退休人数为 69976 人，本期死亡 20497 人，全年净增 49479 人，较 2013 年均有所减少（见图 6）。

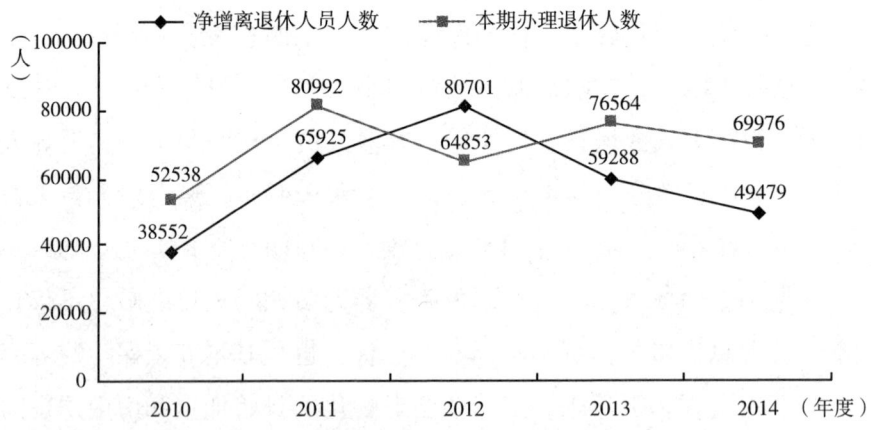

图 6　2010~2014 年甘肃办理退休人数情况

资料来源：《全省社会保险运行分析建设会议材料汇编》，2015 年 6 月。

受老龄化因素影响，近年来退休人数继续保持增长态势，增长幅度持续高于在职人数，导致赡养率降低至1.85。同时，全省职工负担系数提高到0.54，仍高于0.5的警戒线。

三是保证职工利益最大化，非正常退休比例降低。我国人口老龄化的显著特点是"未富先老"，老龄化速度快、老年人口数量大。近年来，甘肃省在一些企业产品价格大幅下跌、实施有计划减产、现金流极度紧缺、企业运行举步维艰的形势下，千方百计地保证了职工的根本利益最大化，有效降低了非正常退休比例。截至2014年年末，办理退休人数为69976人，其中正常退休65890人，病退、特殊工种和提前退休4086人（见图7），比上年减少706人，非正常退休比例由上年的6.68%降至5.84%，较上一年度有所减少。

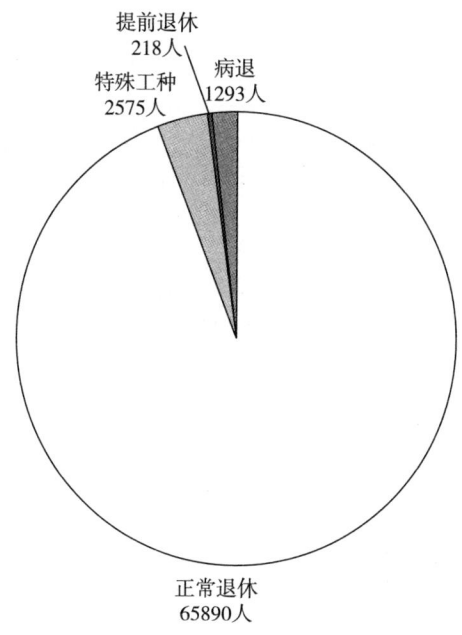

图7　2014年甘肃办理退休人数

资料来源：《全省社会保险运行分析建设会议材料汇编》，2015年6月。

四是养老金收入出现稳步增长态势。养老保险基金是我国养老保险制度的主要实现手段,是为兴办、维护和发展养老保险事业而储备的专项基金,主要用于退出社会劳动后的老年人的基本生活。2014年,全省城镇企业职工基本养老保险基金收入 2971967 万元,比 2013 年同期增加 400525 万元、增长 15.58%,较 2010~2014 年年平均增长 15.88%的水平略低。基金支出 2579103 万元,比 2013 年同期增加 338894 万元、增长 15.13%,低于 2010~2014 年年平均 20.64%的增长率。基金当期结余 392864 万元,累计结余 3592038 万元,同比增长 12.28%,2010~2014 年年平均增长 20.59%,结余增速放缓(见图 8)。

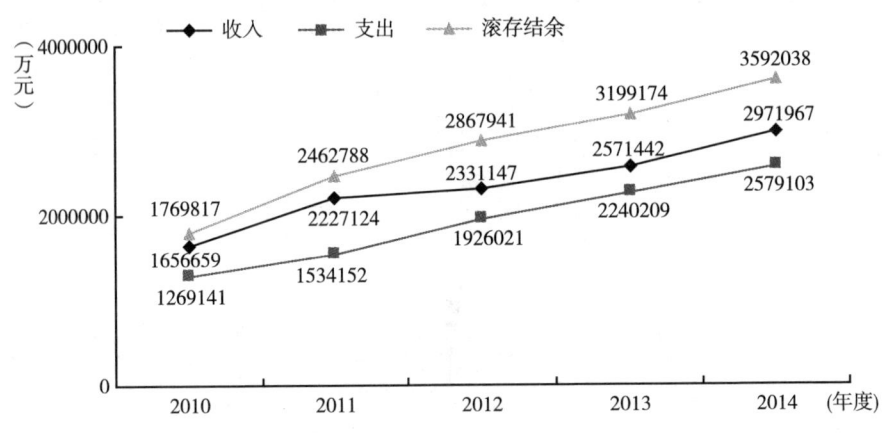

图 8　2014 年甘肃养老金收入增长情况

资料来源:《全省社会保险运行分析建设会议材料汇编》,2015 年 6 月。

2. 社会失业保险运行分析

一是参保人数呈小幅回升态势。2014 年,全省参加失业保险人数达 1624739 人,其中企业参保人数为 1215878 人,占全省参保总人数的 74.84%,同比增加 52926 人、增长 4.55%;事业单位参保人数为 398437 人,占全省参保总人数的 24.52%,同比减少 45345 人、降低 10.22%；其他单位参保人员为 10424 人，占参保人数的 0.64%，同比减少 13304 人、降低 56.07%（见图 9）。

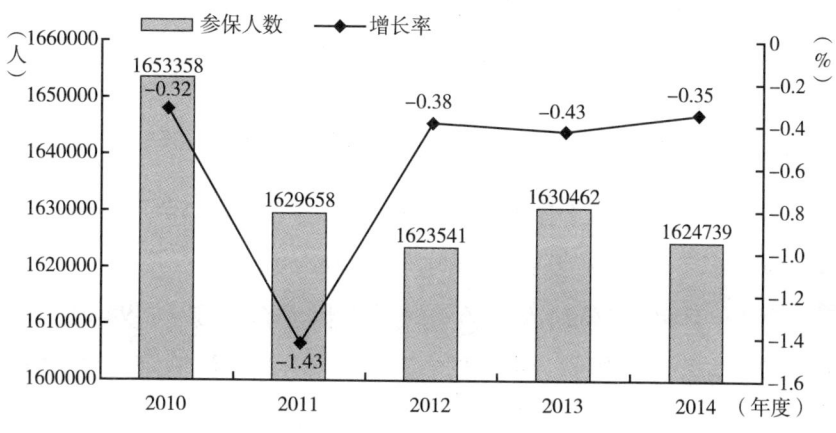

图 9　2014 年甘肃失业保险情况

资料来源：《全省社会保险运行分析建设会议材料汇编》，2015 年 6 月。

从图 9 可看出，2010～2014 年全省失业保险参保人数呈先降后增再降的变化趋势，2010 年参保人数为 5 年来的峰值。2010～2012 年，参保人数呈下降趋势，年均增长率为 -0.71%；2012～2013 年参保人数呈上升趋势，涨幅为 0.43%，2013～2014 年参保人数呈下降趋势，降低 0.35%。近年来失业参保人数逐年下降的原因为：①甘肃省国有老企业较多，近年来退休、死亡人员大幅增加。②参保单位和个人重养老、医疗保险轻失业保险的状况仍普遍存在。③机关、事业单位不愿参保或参保积极性不高。

二是失业人员的基本生活得到有效保障。近年来，甘肃省充分发挥失业保险保障失业人员的基本生活，预防失业，促进就业的基本功能，严格执行《甘肃省实施〈失业保险条例〉办法》，2014 年 4 月，又下发了《关于调整提高全省失业保险金发放标准的通知》（甘人社通［2014］133 号），适时调整提高全省失业保险金发放标准。从 7

月1日开始,将全省失业保险金发放标准调整提高到一类区983元/月、二类区917元/月、三类区851元/月、四类区799元/月。此次调标后,全省失业保险金月平均水平达到887元,比上年增加80元,增长10%,此标准高出目前全国平均水平49元。同时,还对符合享受失业保险待遇条件的,积极缴纳领取失业保险金期间的基本医疗保险费,保障了失业人员的基本生活。

三是基金收入平缓增长、支出平缓下降。2014年,全省失业保险基金收入为166208万元,同比增加18358万元、增长12.42%。2010~2014年年均增加17.71%;失业保险基金支出18794万元,同比减少7659万元,降低28.95%。2010~2014年年均降低29.15%;基金累计结余615255万元,同比增加147414万元、增长31.51%。2010~2014年年均增加38.70%(见图10)。

四是基金结余快速增长,保障能力增强。截至2014年,全省失业保险基金累计结余615255万元,首次突破60亿元大关。2010~2014年年均增长38.70%,高于基金收入20.99个百分点。基金结存率持续走高,连续4年高于70%以上,2014年达到最高值

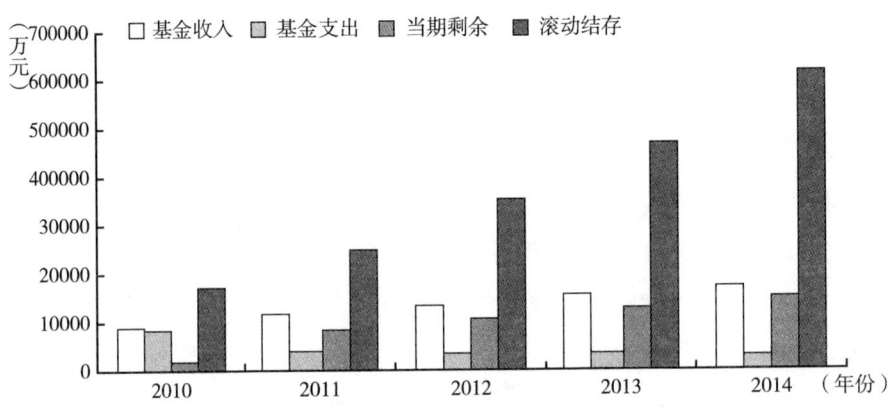

图10 2014年全省失业保险基金收入支出情况

资料来源:《全省社会保险运行分析建设会议材料汇编》,2015年6月。

88.69%。按全省2014年失业金发放的最高标准983元计算,甘肃省现存失业保险基金可为60750人支付103个月的失业保险金;按2014年失业保险基金月均支出2204万元计算,可支付392个月(见表1)。

表1 2014年全省失业保险基金结余情况

单位:人,万元

项目	基金滚存结余	参保人数	领取人数	领取人数占参保人数(%)	各地实际失业金领取标准	按各地实际标准计算可支付月数	按我省983元计算可支付月数	按我省平均828元计算可支付月数
甘肃省	615255	1624739	60750	3.74	828	122	103	122
省直	82455	69260	0		0			
甘肃农垦	4259	15398	179	1.16	844	282	242	287
兰州市	231018	572732	39695	6.93	906	64	59	70
嘉峪关市	25148	53791	1008	1.87	929	268	254	301
金昌市	25781	72794	949	1.30	940	289	276	328
白银市	32416	119955	5902	4.92	851	65	56	66
天水市	13070	143650	2766	1.93	801	59	48	57
武威市	18240	64761	1888	2.92	695	139	98	117
张掖市	19046	70041	1903	2.72	696	144	102	121
平凉市	22716	86901	1497	1.72	894	170	154	183
酒泉市	18256	65175	1023	1.57	889	201	182	216
庆阳市	49762	82628	329	0.40	537	2817	1539	1827
定西市	17495	83802	1175	1.40	804	185	151	180
陇南市	18209	46972	1524	3.24	699	171	122	144
临夏州	15990	41078	255	0.62	755	830	638	757
甘南州	12912	28059	531	1.89	917	265	247	294
甘肃矿区	8482	7742	126	1.63	934	721	685	813

资料来源:《全省社会保险运行分析建设会议材料汇编》,2015年6月。

从基金收支情况和5年平均增长率看，2010~2014年失业保险费收入年均增长16.62%，失业保险基金年均支出降低29.15%，保险费收入5年年均增长率大于基金支出5年年均增长率45.77个百分点。虽然甘肃省出台了调剂失业保险结余作为小额担保贷款基金和为失业人员缴纳医疗保险费等扩大失业保险基金支出范围的相关政策，但基金结余5年年均38.71%的增长率，远远高于五年基金收入年均增长速度，基金支出结构极不合理。

3. 医疗保险待遇运行分析

一是参保扩面工作不断扩大。截至2014年年底，全省城镇职工基本医疗保险参保人数3025965人，较上年同期增加55444人，同比增长1.87%。其中，在职职工参保人数为2063577人，较上年同期的2065815人减少2238人，同比减少0.11%；退休人员参保人数为962388人，较上年同期的901411人增加60977人，同比增长6.76%（见图11）。

二是医疗保险基金渐趋增加。2014年，全省城镇职工基本医疗保险基金收入831034万元，同比增加126679万元、增长17.99%，

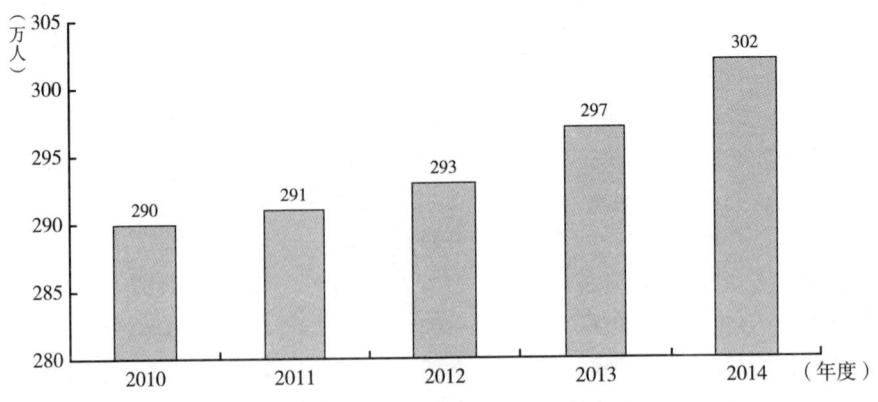

图11　2014年全省医疗保险参保情况

资料来源：《全省社会保险运行分析建设会议材料汇编》，2015年6月。

2010~2014年年均增长25.06%；基金支出758228万元，同比增加86859万元，增长12.94%，2010~2014年年均增长31.23%；基金累计结余716422万元，同比增加71398万元、增长11.07%，2010~2014年年均增长19.29%（见图12）。

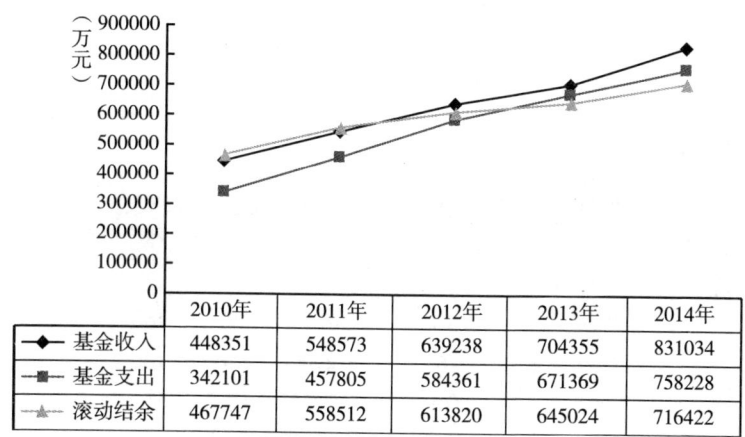

图12　2014年全省医疗保险基金收支情况

资料来源：《全省社会保险运行分析建设会议材料汇编》，2015年6月。

三是基本医疗保险基金支撑能力增强。2014年，全省城镇职工基本医疗保险基金累计结余716422万元，同比增加71398万元、增长11.07%（见表2），2010~2014年年均增长19.29%。全省城镇职工基本医疗保险剔除财政补贴可支付月数为13个月，可支付月数最高的是金昌市为42个月，最低的是临夏州为4个月，各统筹地区基金支撑能力悬殊。

四是单位缴费划入个人账户比例较高。2014年，全省城镇职工基本医疗保险单位缴费划入个人账户比例为40.22%，远高于国家规定的"30%左右"水平，过高的个人账户划入比例降低了统筹基金共济能力（见图13）。

4. 工伤保险待遇运行分析

一是工伤保险覆盖面逐步扩大。2014年，甘肃省紧紧抓住机关

表2 2014年全省医疗保险基金支撑情况

单位：万元

	2014年滚存结余	2014年剔除财政补贴结余	2014年基金支出	滚存结余可支付月数	剔除财政补贴可支会月数
省本级	158682	158682	99704	19	19
兰　州	166245	166244	219645	9	9
嘉峪关	15049	15049	24810	7	7
金　昌	38485	38281	10902	42	42
白　银	59454	58739	41068	17	17
天　水	27086	27086	42641	8	8
武　威	33025	33025	26497	15	15
张　掖	24371	24371	24981	12	12
平　凉	27516	27516	20762	16	16
酒　泉	34169	34169	29065	14	14
庆　阳	29092	29059	26257	13	13
定　西	25357	25357	33614	9	9
陇　南	40441	40441	26576	18	18
甘　南	25070	24920	17615	17	17
矿　区	5731	5731	3741	18	18
临　夏	6649	6649	21757	4	4
合　计	716422	715319	669635	13	13

资料来源：《全省社会保险运行分析建设会议材料汇编》，2015年6月。

事业单位参保这条主线，努力推动服务业行业、小微企业参加工伤保险工作，使工伤保险参保人数达到175.13万人，同比增加7.41万人，增长4.42%。其中事业单位参保42.26万人；农民工参保40万人（见图14）。

二是基金收支管理日益规范。2014年工伤保险基金收入72288万元，同比增加11331万元，增长18.59%；工伤保险基金支出60771万元，同比增加9072万元，增长17.55%；工伤保险基金期末滚存结余106102万元，同比增加11516万元，增长12.17%（见图15）。

甘肃省人力资源与社会保障事业发展形势分析与预测

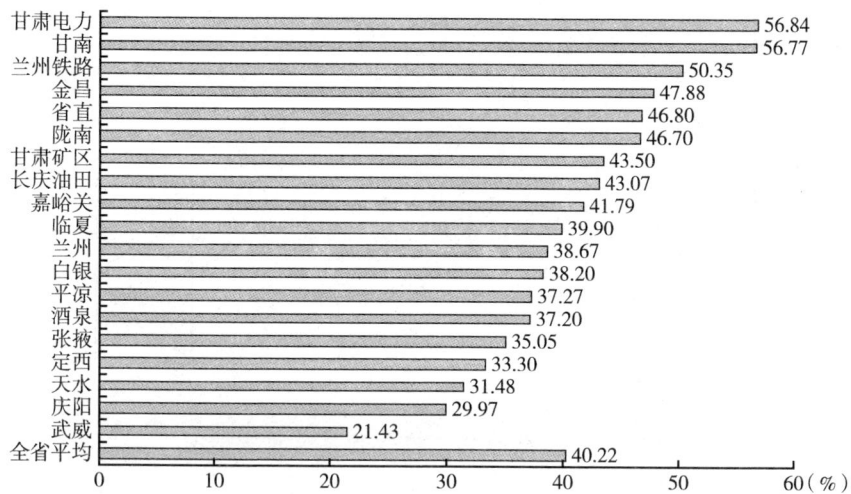

图 13　2014 年全省医疗保险基金单位缴费划入个人账户情况

资料来源：《全省社会保险运行分析建设会议材料汇编》，2015 年 6 月。

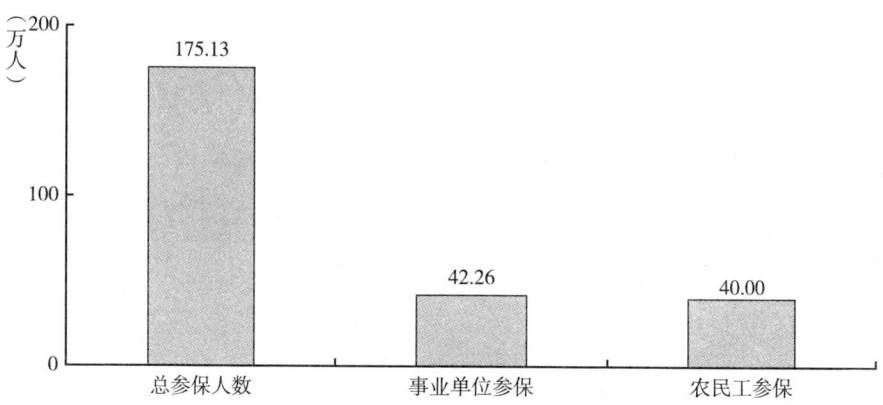

图 14　2014 年全省工伤保险参保情况

资料来源：《全省社会保险运行分析建设会议材料汇编》，2015 年 6 月。

三是积极推动省级统筹工作。在甘肃省市级统筹工作全面完成的基础上出台省级统筹的相关政策。全省已有 8 个市州将工伤保险基金进行上解，共上解省级工伤保险基金财政专户 7858 万元。目前甘肃

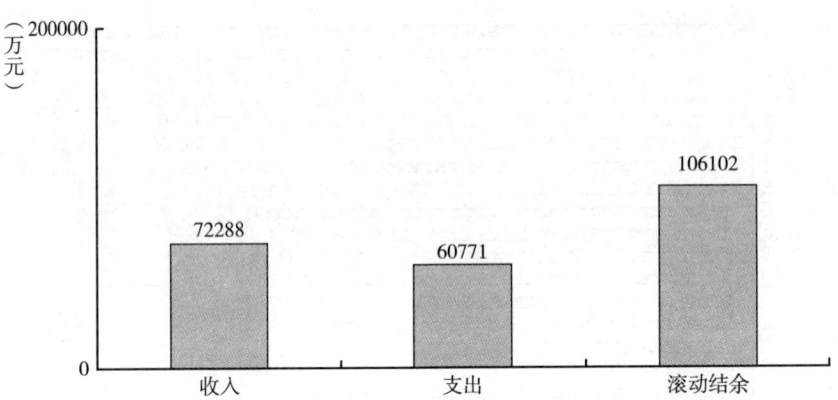

图 15　2014 年全省工伤保险基金收支情况

资料来源:《全省社会保险运行分析建设会议材料汇编》,2015 年 6 月。

省实行封闭管理的兰州铁路局等 6 家行业企业中已有 4 家打破了封闭运行模式将工伤保险基金纳入省级统筹管理。将分散管理的工伤保险基金纳入省级社会保障基金财政专户,拟定了《甘肃省原行业(企业)工伤保险经办办法》《关于行业(企业)职工基本医疗工伤生育保险基金拨付审核有关问题的通知》,进一步规范了行业(企业)社保基金实行省级"收支两条线"管理的拨付和使用管理。

四是工伤保险经办能力全面提升。2014 年 7 月甘肃省出台了《甘肃省工伤康复管理暂行办法》(甘人社通〔2014〕25 号),并采取积极措施提升经办能力。①全面加强行政效能建设。通过规范受理文书、规范业务程序、规范办结期限的"三规范"措施,强化了工作人员的责任意识。②积极贯彻落实"一法一条例",为省直 680 多家行政事业单位等进行了工伤保险法规制度培训,提高了省直工伤保险经办能力。③结合工伤保险条例颁布 10 周年,举办系列宣传活动,提高了全社会遵法守法意识和工伤保险新法规的知晓率。

5. 生育保险待遇运行分析

一是参保人数同比增加。截至 2014 年,全省生育保险参保

143.7万人,同比增加8.64万人,增长18.62%。其中,女性参保54.78万人,同比增加3.23万人,增长6.27%,占生育保险参保人数的38.12%。五年年平均增长率为6.4%。2014年,省本级机关事业单位纳入生育保险,使得参保人数迅速增长,扩面工作成效显著(见图16)。

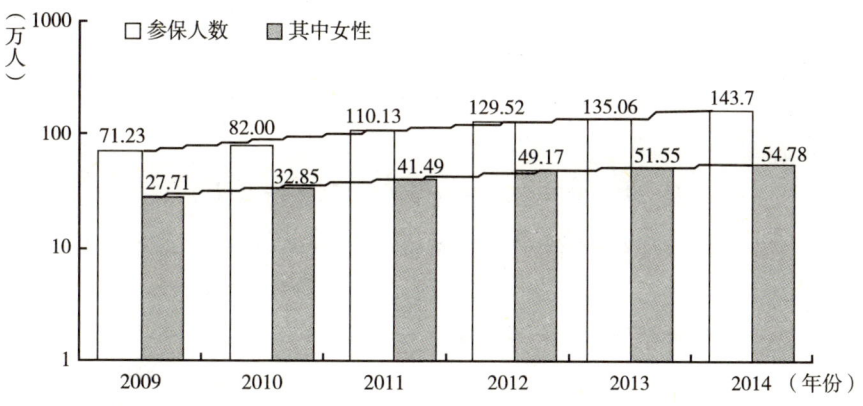

图16　2014年全省生育保险参保情况

资料来源:《全省社会保险运行分析建设会议材料汇编》,2015年6月。

二是生育保险享受待遇逐年提高。2014年,生育保险享受待遇3.93万人次,同比增加0.62万人次,增长19.25%(见图17),其中,参保女职工生育2.76万人,占享受待遇人次的70.23%(顺产人数占生育人数的56%,占享受待遇人数的39.41%,较上年增长1.71%)。享受医疗待遇2.83万人次,享受津贴待遇1.09万人次。

三是生育保险基金同比收支大幅增加。2014年,全省生育保险基金收入40018万元,同比增加8968万元,增长28.88%,2010~2014年年均增长43.22%;基金支出25101万元,同比增加4622万元,增长22.57%,2010~2014年年均增加51.99%;基金累计结余66644万元,同比增加14930万元,增长28.87%,2010~2014年年均增加37.60%。

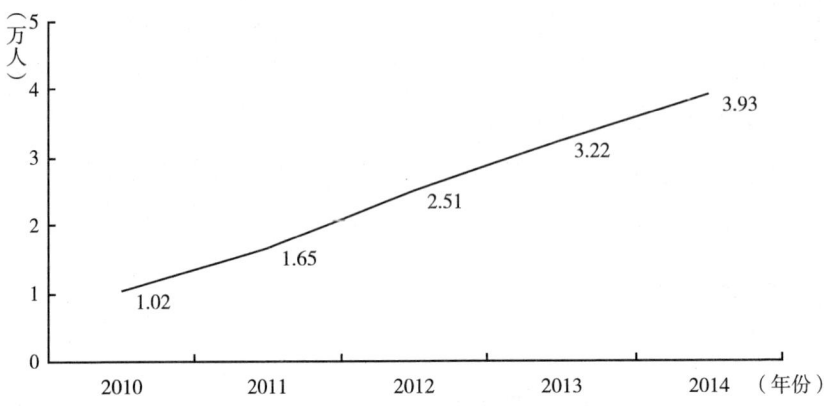

图 17　2014 年全省生育保险享受待遇情况

资料来源:《全省社会保险运行分析建设会议材料汇编》,2015 年 6 月。

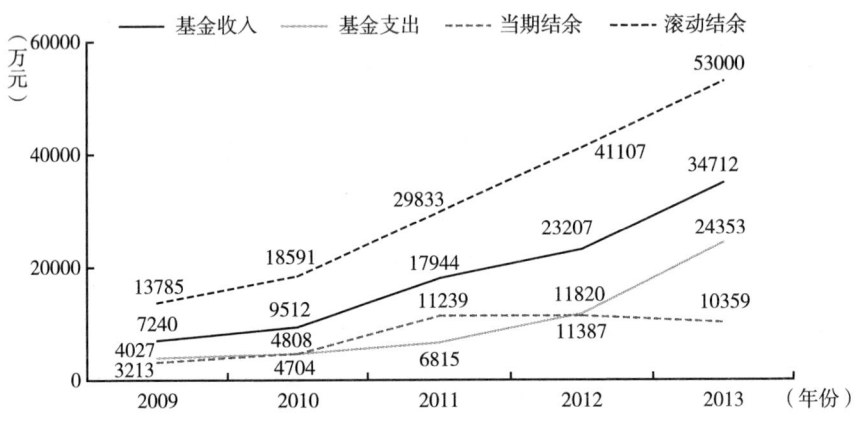

图 18　2010~2014 年全省生育保险收支情况

资料来源:《全省社会保险运行分析建设会议材料汇编》,2015 年 6 月。

四是生育保险业务发展态势良好。近年来,甘肃生育保险业务发展态势良好。第一,保险公司积极加大与计划生育协会合作力度,依托电台、电视台、报纸杂志、网络等媒体平台,组织开展形式多样、丰富多彩的宣传活动,加大对计生险业务的宣传引导力度。第二,保险公司依托村、社的计生专干人员,以乡镇为单位,组建社区代理站和集市宣传点,全面负责本乡镇的计划生育保险代办和宣传工作。第三,针对不同风险保障需求,保险公司为计划生育家庭和人群设计提供有针对性的产品方案。目前该险种已覆盖全省,截至2014年年底,已实现保费收入118.47万余元,赔付金额86.67万元,赔付率达73.16%。第四,出台新的生育保健服务办法。根据甘肃省人口形势发生的重大变化,群众的服务需求不断提高,为加快推进计划生育服务和管理改革,更加注重人文关怀,更加注重利益导向,更加注重宣传引导,更加注重依法行政,甘肃省又制定了《甘肃省生育保健服务证制度改革实施办法》。

二 甘肃人力资源与社会保障事业发展面临的问题分析

(一)甘肃人力资源事业发展面临的问题分析

甘肃省人才在全社会总人口中的比例为7%左右,人力资本存量低于全国平均水平,名列全国倒数第四位,人力资源质量仅相当于上海、北京的1/3左右。

一是人才总量不足。据资料显示,甘肃省拥有各类高级专家级人才仅2310人左右。中科院院士、工程院院士16人;在专业技术资源方面,甘肃省拥有专业技术职称的人才为69.47万人,占人才总量的82.52%。二是创新人才不足。据中国社会科学院调查统计,目前,甘肃省人才规模综合指标在全国居24位,科学家和工程师人数居21位,科技人员和研发人员居22位,人才资源的有效供给不足。三是适用人才不足。由于普遍存在重学历、轻技能的倾向,以学历、职称来框定人才,使得一些掌握工艺技能,能在日常生产实践中解决实际疑难问题的人员被排斥在人才队伍之外。四是后备人才不足。据统计,甘肃省每10万人口中拥有大专以上学历的人仅3214人,比全国平均水平少近千人,在西北五省区位居倒数第一;每万名就业人口中具有本科和研究生学历的,分别为156人和10人,远远低于全国的平均水平。

(二)甘肃社会保障事业发展面临的问题分析

1. 职工基本养老保险运行面临的问题

一是省级统筹制度还不完善。甘肃省企业职工基本养老保险省级统筹实现了制度、标准、管理体制、基金调剂使用的统一,但在信息的共享和统收统支上还不能统一。二是基本养老保险费费率偏高与支付缺口的矛盾突出。目前,企业普遍反映社会保险费缴费负担过重,特别是企业职工基本养老保险缴费率较高,致使企业运营成本较高、竞争力下降,强烈要求降低基本养老保险缴费率。三是特殊工种审批工作有待进一步规范。一方面,随着企业管理和生产的变化,出现了企业从事特殊工种人员档案材料无连续记载、不规范、材料较新等问题,档案审核难度较大,可能存在个别企业或参保人员弄虚作假的问题。另一方面,个别市州、县区在审核特殊工种上,自身还存在把关不严的问题。

2. 社会失业保险运行面临的问题

一是失业保险促进就业再就业的制度缺失。近年来,甘肃省失业保险制度,过多地强调保障失业人员基本生活,对促进就业再就业并未做出制度安排,致使各地失业保险基金大量结余。二是失业保险稳定就业和预防失业的功能没有得到有效发挥。目前按照国家应急政策,甘肃省出台了一系列利用失业保险基金稳定就业和预防失业的调控措施,降低失业风险,稳定就业岗位,进而稳定职工队伍,防止规模性失业,但这些都是应急措施,并非长效机制。三是失业保险金统筹层次不高。全省失业保险基金统筹层次还较低,抗风险能力弱。在基层经办机构建设上，不少地方人员少、经费不足、办公手段落后等现象还较为突出，还不能适应失业保险事业发展形势和所担负任务的需要。

3. 医疗保险待遇运行面临的问题

一是大病筹资水平不高。截至目前，我国大病医保制度在全国已经惠及2亿多人群，而甘肃省的大病筹资水平并不是很高。由于大病筹资和保障水平的总体不高，部分重病患者参保后个人负担仍然较重。医疗保障范围以住院为主，常见病、多发病的门诊医疗费用统筹推进缓慢。二是异地就医问题突出。随着人们生活水平的不断提高，参保者要求寻求更好的治疗效果，可甘肃省在异地就医方面的问题还很突出。特别是部分异地安置退休人员反映就医报销不便，需要垫付医药费用，一些退休人员要求享受居住地医疗保险待遇。三是基本医疗保障制度尚不完善。一些机制性问题尚未得到有效解决，缺乏稳定的参保缴费、基金调节、待遇调整等机制，福利化倾向与"兜底"不到位并存。

4. 工伤保险待遇运行面临的问题

一是参保覆盖面不全。目前实行的工伤保险制度，虽覆盖了企业、社会团体和非企业化管理的事业单位及个体经济组织，但还没将党政机关纳入参保范围。二是工伤保险待遇制度调整、基金支撑能力减弱。新修订的《工伤保险条例》扩大了工伤保险适用范围、认定范围，大幅度提高了工伤保险待遇，增加了基金支出项目。但甘肃省涨幅较大的支出项为伤残待遇和工亡待遇，导致部分市州工伤保险基金收支不平衡，基金缺口大。"老工伤"的纳入也导致部分市州及行业基金收不抵支，如白龙江林管局2014年工伤保险收入160万元，工伤保险待遇支出300万元，其中有240多万元用于"老工伤"的待遇支出。延续性较差，工作中对政策的把握不到位，更谈不上积极主动地进行参保扩面工作了。

5. 生育保险待遇运行面临的问题

一是生育参保人数少。据《甘肃省国民经济和社会发展统计公报》显示，截至2014年年底，甘肃参加生育保险的人数为143.7万人，这与《中国妇女发展纲要》确定的"完善城乡生育保障制度，覆盖所有城乡妇女"的目标还相距甚远。二是生育行为很大程度上未得到完全保障。一些企业歧视女性的招聘行为、辞退怀孕女工的违法行为仍然存在。很多在职女性在工作过程中往往陷入"要位子"还是"要孩子"的两难选择。三是生育基金运行管理方式不尽科学合理。现行的由社保经办机构回拨给企业，职工由企业领取的支付方式不尽合理；甘肃省目前生育医疗费用存在着两种支付方式：实报实销方式和一次性的定额支付方式。这两种方式各有弊端，难以给妇女生育费用提供切实可行的保障。

三 推进甘肃人力资源与社会保障事业发展的对策建议

（一）推进甘肃人力资源事业发展的对策建议

一是进一步提高依法行政能力和水平。要培育实力雄厚具有较强竞争力的人力资源服务机构，促进民营人力资源服务机构的规范化、品牌化、网络化。二是积极推进人力资源市场网络平台建设。要将全省人力资源市场信息网络纳入甘肃大就业信息系统，促进流动人员跨地区就业，提高人力资源配置效率实现人力资源优化配置全程信息化。三是围绕项目开发人才。要紧紧围绕重点行业、重要领域和重大项目推进人力资源开发，将石油化工、有色冶金、煤化工、装备制造、农产品加工、新能源等领域作为专业技术人才队伍建设的重点，重点做好兰州新区开发建设和循环经济示范区、华夏文明保护传承和创新发展示范区、国家生态屏障建设保护与补偿试验区的人才培养服务工作。

(二)推进甘肃社会保障事业发展的对策建议

1. 努力提高基本养老保险水平

一是加快做好机关事业单位养老保险改革。要改革现行机关事业单位工作人员退休保障制度,落实机关事业单位养老金并轨政策,逐步建立独立于机关事业单位之外、资金来源多渠道、保障方式多层次、管理服务社会化的养老保险体系。二是进一步完善基本养老保险省级统筹制度。目前,甘肃省级统筹的推进工作仍是短板,要按照基础养老金全国统筹的基本要求,做好养老保险省级统筹的规范和完善工作。三是优化经办服务。要以全省"五险合一"的信息平台建设为契机,着力推动本地数据资源整合,拓宽经办平台,把财务纳入平台集中管理,提升社保经办管理能力。有计划地开展业务培训系列活动,提高职工的业务知识,强化社保业务经办能力,全面提升业务服务水平。

2. 不断推进失业保险调控工作

一是逐步实现城乡服务均等化。要以逐步实现城乡居民基本权益平等化、城乡公共服务均等化为切入点,按照统筹城乡就业和基本建成覆盖全省城乡居民社会保障体系要求,着力解决好农民工参保及享受待遇、失业保险保障失业人员基本生活和促进就业与稳定就业问题。二是确保基金安全高效使用。高度重视失业保险基金审计检查中发现的问题,切实加以整改,防微杜渐。加强内控制度建设,不断优化失业保险业务经办流程。加强监督检查,规范财务管理和会计核算,规范基金收支结算和银行账户管理,强化基金日常监管,确保基金安全。三是提高失业动态监测工作水平。充分考虑行业分布、企业规模、所有制分布等区分方式,增加监测企业数,更换不符合监测条件的企业。

3. 加大医改重点工作的推进力度

一是加强基金征缴工作。加大医改力度，加强基金征缴工作，坚持权利义务对等原则，全力做到应收尽收。二是大力推进异地就医直接结算。依托社会保险信息系统，全面开展省内在兰异地就医结算服务，加快建设全省异地就医结算平台，解决全省参保人员异地就医中的"垫支"和"跑腿"问题，方便参保人员及时享受基本医疗保险待遇。三是积极推进医疗保险城乡统筹。要打破城乡界限，建立统一的城乡居民基本医疗保险制度。四是全面推进和完善居民大病保险制度。全面实施城乡居民大病保险制度，健全重特大疾病保障机制。五是着力解决重特大疾病参保人员个人负担过重问题。按照基金"以收定支、收支平衡、略有结余"的原则，积极探索建立重特大疾病保障机制。

4. 进一步做好工伤保险工作

一是建立合理的伤残待遇机制。要结合甘肃省经济社会发展实际，科学、合理地测算伤残津贴、供养亲属抚恤金的调整标准，建立工伤保险伤残待遇确定和调整机制。二是不断提高工伤保险待遇水平。为保障工伤人员及工亡职工供养亲属的基本生活，要不断提高工伤人员伤残津贴、生活护理费、供养亲属抚恤金待遇标准，促进工伤保险待遇稳步、合理增长，同时解决好不同群体之间工伤待遇平衡问题。三是大力推进建筑施工企业依法参加工伤保险。要以推进建筑施工企业农民工参加工伤保险为重点，进一步扩大工伤保险覆盖面，全面开展工伤保险经办工作。对农民工参加工伤保险的登记要降低门槛，不能实行捆绑操作；对项目已竣工但正在治疗的参保职工，保障其医疗待遇。

5. 提高生育保险社会化管理水平

一是不断扩大生育保险覆盖范围。将所有用人单位，包括机关、事业单位、企业、社会团体、民办非企业单位、基金会、律师事务所、会计师事务所等组织中的从业女性均纳入保险范围，按现行规定为职工及时办理生育参保登记并足额缴纳生育保险费。二是确定合理的基金收缴比例。对基金的收缴和使用进行科学的调查和测算，确定合理的收缴比例，为企业减轻负担。三是实现生育费用即时刷卡结算。要进一步简化办事程序，通过委托定点医疗机构审核有关生育保险材料，将生育保险津贴直接划入参保人医保关联账户的方式，免去参保人员在生育前到生育保险经办机构进行预登记。四是生育保险费用由用人单位缴纳。生育保险费用要由用人单位缴纳，个人不必缴费。

四 人力资源与社会保障事业发展形势分析与预测

联合国发布的《2015世界经济形势与展望》指出，随着新技术和新的商业模式的不断涌现，全球人力资源服务市场面临着史无前例的大变局，在新兴和发展经济体中，劳动力市场进入者的数量正在以极快的速度增加。而发达经济体中，劳动力市场进入者的增速相对平缓。相对富裕的发达国家和地区人口增长扁平化，雇佣增速降低。发展中经济体面临着庞大的人口增长，所创造的就业机会却增速缓慢和严重不足。近年来，越来越多的中国企业接受了现代人力资源管理理论，开始清晰地划分人力资源管理的职能，并在招聘人员、薪酬制度、绩效管理、岗位编制、劳资关系等方面进行了一系列变革，使之更加符合全球化浪潮对人力资源管理的要求。与此同时，随着中国社会的深刻变化，如人口老龄化、进出口贸易的繁荣、销售行业的兴起等，对人力资源管理的发展产生了深远影响。预计在今后相当长的一段时间，人力资源管理还将不断发展，在宏观职能上将实现管理方式信息化、系统化和正规化；在微观管理上将进一步创新思路，贴合实际，做到科学、人性化和可持续发展。国际劳工组织发布的《2015年世界就业与社会展望》报告指出：在众多发达和发展经济体中，各国政府一直推行社会保障和劳动力市场相结合的政策组合。在全球供应链促进经济增长的同时，也需要实施国际劳工标准，提升就业和社会保障。因此，国际劳工组织有必要推出积极的劳动力市场政策，包括提高技能、培训和教育，以确保用其他就业机会来弥补因技术进步和供应链的全球化而丧失的工作机会。当前，我国已进入工业化、城市化的中期发展阶段，实现城乡一体化成为发展的新要求，人民生活进入大众消费阶段，国民教育进入大众教育阶段，社会保障进入构建覆盖全民体系的新阶段。据我国社会保障改革与发展战略，到2020年基本建立覆盖城乡居民的社保体系；至2050年，建立城乡一体化的多层次的社保体系，并随着经济发展，保障水平逐步提高，实现保障对象全民化，保障方式多样化，筹资渠道多元化，管理服务社会化，并最终全面确立能够免除全体国民后顾之忧、带给人民长久幸福的健全完备的社会保障体系，为全面建成小康社会提供和谐、稳定的保障网。近年来，甘肃在经济压力加大、自然灾害频发的情况下，扎实推进"3783"主体责任体系、"3341"项目工程和"1236"扶贫攻坚行动，虽初步建立了一个以目标管理为基础，以关键业绩指标（KPI）为核心内容，建立规范的、适应市场经济的、系统的战略人力资源管理体系及与经济发展水平相适应，以社会保险制度为重点，资金来源多渠道、保障方式多层次、权利义务相对应、管理服务社会化的社保体系框架。但是，我们还需清醒地认识到，甘肃省经济社会发展和政府工作中还存在着不少矛盾和问题，同时国内外形势发展变化使我们面临着诸多新的挑战和风险。为与全国同步进入全面小康社会、建设幸福美好新甘肃，我们必须建立起一套人事管理体系，包括薪酬、绩效、素质测评、培训及招聘的人力资源管理体系和覆盖城乡居民的社会保障体系，体现公平正义的价值观。人力资源管理在其具体的制度设计上必须特别注意建立以绩效为中心的薪酬福利管理体系确保人才的"归属感"，建立以人为本的人性管理体制保障人才的"创造力"，建立规范化人力资源机制致力人才竞争机制的"市场化"，建立创新的契约化用工方式着眼人力资源的"国际化"，加大培养员工的技能开发与能力塑造组织的"能力基因"，建立员工职业生涯规划机制铸就员工的"目标感"，建立"企业的核心能力体系"深化企业竞争优势，建立企业政工文化强化员工的"认同感"，合理授权尊重人才才能发挥的"成就感"。社会保障事业在其具体的制度设计上必须特别注意保障弱势群体，保障其基本的生存权利、就业权利、医疗权利、住房权利等，帮助弱势群体渡过生存困难，维护社会和谐稳定。在创新思路、完善措施的基础上，逐步建立一个与社会经济发展水平相适应的资金来源多渠道的、保障方式多层次的、管理和服务社会化的、制度统一规范的、持续可靠的社会保障体系。必须努力在可及性上下功夫，逐步解决不同群体保障水平差别过大的问题，逐步解决城乡之间制度分割的问题，难以衔接的问题，逐步解决社会保障区域间难以转移的问题，以此推动城乡一体化发展，走出一条符合甘肃实际、具有区域特色的发展路子。

总之，人力资源和社会保障改革与发展必须以党的十八届三中、四中全会精神为指针，从制度和管理入手，人力资源需紧扣社会战略规划目标和社会文化的要求，规划人力资源体系，使人力资源管理真正成为社会发展战略的核心内容，成为实现区域战略目标的重要支撑和保证。社会保障需以保障和改善民生为重点，从自下而上到自上而下，从被动配套到主动建设，从试点先行到逐渐扩展，从单项改革到综合改革，从双轨并存到全面建设新制度，建立具有中国特色的城乡一体化的社保制度和体系，最终实现全体公民生有所靠、学有所教、业有所就、劳有所得、病有所医、老有所养、住有所居的美好愿望。

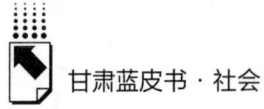

参考文献

《中共中央关于全面深化改革若干重大问题的决定》,人民出版社,2013。

高巍:《关于完善人力资源市场服务体系建设的思考》,《人力资源管理》2015年第7期。

王丹:《基于岗位匹配的人力资源管理策略》,《企业改革与管理》2015年第3期。

杨文举:《引入人力资本的绿色经济增长核算:以中国省份经济为例》,《财贸研究》2015年第2期。

唐莉:《当前我国民生问题的现实挑战和对策》,《四川工程职业技术学院学报》2015年第1期。

曲杰:《社会保障体系下降低企业用工风险的基本策略》,《企业改革与管理》2015年第10期。

B.6
甘肃省城乡居民生活质量分析与预测

冯乐安*

摘　要： 随着社会治理创新的不断推进，以及全面建成小康社会的现实要求，人们越来越关注生活质量话题。本研究从甘肃省实际出发，结合已有研究成果，采取以客观生活质量为主要内容，考察大数据背景下，甘肃省城乡居民生活质量的总体状况，分析全省城乡居民在收入水平、就业状况、生活消费品、汽车拥有量等方面的基本情况，总结成绩，发现不足，预测未来趋势，并提出相应的对策建议。

关键词： 生活质量　居民收入　消费水平　甘肃

一　研究背景

随着现代化进程的不断加快，世界范围内的生活质量研究从20世纪中期开始进入了一个快速发展的新阶段。我国自20世纪70年代末开始的改革开放，在带来巨大的社会结构转型和社会变迁的同时，也引发和促进了社会学、经济学、统计学、心理学等多个学科对生活质

---

* 冯乐安，甘肃省社会科学院助理研究员，主要研究方向为应用社会学、人口社会学。

量问题的关注和探索。形成了一个既关系到中国小康社会建设目标,也关系到广大城乡居民日常生活水平和幸福状况的重要研究领域。

国内的生活质量研究始于20世纪80年代初期,是伴随着中国社会的改革开放逐步发展起来的。进入21世纪以来,国内的这一领域研究发展得非常迅速。2002年以前的生活质量研究,无论是探讨客观生活质量的内容,还是探讨主观生活质量的内容,基本上都是采用"生活质量"的概念。到了2002年以后,出现了生活质量、生活满意度,以及主观幸福感三方面研究并存的局面。特别是直接对主观幸福感的研究,在最近的两三年中更是超过了以"生活质量"为题的研究。

国内有关客观生活质量的研究较多地集中在指标体系的建构及运用上。比较普遍的情形是,不同研究者根据自己的理解,构建一套在维度、指标以及合成方式、权重等方面均不完全相同的指标体系。同时,研究者采用自己的指标体系来对所关注的不同群体、不同地区进行生活质量的比较和排序。在主观生活质量的研究方面,则出现了以"生活满意度"为研究对象和以"幸福感"为研究对象的两大分支领域。由于这两个分支领域的内容都与人们的主观感受密切相关,研究中所采用的方法也比较接近。

总体来看,近30年来国内客观生活质量的研究与主观生活质量的研究在所涉及的范围上都有了明显的拓展,特别是对主观生活质量的研究更是朝着专门的生活满意度和幸福感两个相对独立的方向前进了一大步。但是,相比之下,生活质量研究中的第三个方向,即将客观生活质量与主观生活质量结合起来进行的研究,则尚无大的进展。[1]

---

[1] 风笑天:《生活质量研究:近三十年回顾及相关问题探讨》,《社会科学研究》2007年第6期。

生活质量研究，在当前越来越受到人们的注意，对这一主题进行探讨，具有一定的理论价值和现实意义。甘肃地处西北内陆，经济发展相对滞后，社会建设任务繁重。随着社会治理创新的不断推进，以及全面建成小康社会的现实要求，人们开始越来越关注生活质量的议题。对城乡居民生活质量进行考察，既体现了应用研究的现实关照，也具有十分重要的现实影响。

本研究从甘肃省的实际出发，结合已有研究成果，拟以客观统计指标为分析内容，主要考察大数据背景下，甘肃省城乡居民生活质量的总体状况。具体方法是，分析全省城乡居民在收入水平、就业状况、生活消费品、汽车拥有量等方面的基本情况，总结成绩，发现不足，预测未来趋势，并提出相应的对策建议。

二 甘肃省城乡居民生活质量现状与发展趋势预测

（一）城乡居民收入水平与发展趋势

自2013年以来，甘肃省城乡居民收入水平不断提高。其中，2012年全省城镇居民人均可支配收入为17156.9元，2014年全省城镇居民人均可支配收入增长到20804元，年均增长率为10.1%；2012年全省农村居民人均纯收入为4506.7元，2014年全省农村居民人均纯收入增长到5736元，年均增长率达12.8%（见图1）。

最新统计数据显示，2015年上半年全省城镇居民人均可支配收入达11243元，同比增长9.3%，增速比一季度回落1.3个百分点。其中，工资性收入增长9.4%，经营净收入增长12.5%，财产净收入增长11.1%，转移净收入增长6.7%。全省农村居民人均可支配收入为2985元，同比增长11.6%，增速比一季度回落0.8个百分点。其

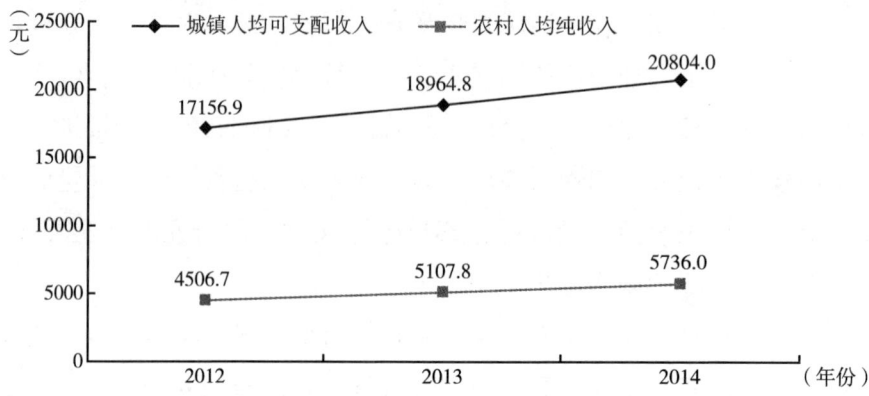

图1 近三年甘肃省城乡居民收入状况

除特别说明外，本文所采用的数据均出自《2012年甘肃省国民经济和社会发展统计公报》《2013年甘肃省国民经济和社会发展统计公报》《2014年甘肃省国民经济和社会发展统计公报》，由笔者整理而来。

中，工资性收入增长12.6%，经营净收入增长17.2%，财产净收入增长27.9%，转移净收入增长4.2%。①需要注意的是，上述数据是2015年上半年的统计数据。预计2015年全年，全省城镇居民人均可支配收入将达到22000元左右，全省农村居民人均纯收入将达到6000元左右。

可以看出，在过去的三年内，面对严峻复杂的国内外经济形势和艰巨繁重的改革发展稳定任务，甘肃省牢牢把握稳中求进工作总基调。随着国家支持、各级政府努力以及全省人民群众的辛勤劳动，一系列"调结构""惠民生"战略的实施，甘肃省城乡居民的收入水平稳步提升。在2016年，甘肃省将继续深化改革，营造开放的发展环境，千方百计地保障民生。可以预见的是，甘肃省城乡居民的收入水平将继续稳步提高，年均增长率继续保持在10%以上，城乡居民收入水平和生活条件将进一步改善。

---

① 资料来源：甘肃省统计局编《2015年上半年全省国民经济运行情况》。

（二）城乡居民就业状况与发展趋势

从2012年至2014年，甘肃省城乡居民就业状况继续提升。其中，2012年全省城镇就业人口492.7万人，2014年全省城镇就业人口增长到539.1万人，增加了46.4万人；2012年全省农村就业人口998.9万人，2014年全省农村就业人口减少到980.8万人，减少了18.1万人（见图2）。尽管农村就业人口数量有所减少，但是就业人口总量仍然保持增长。

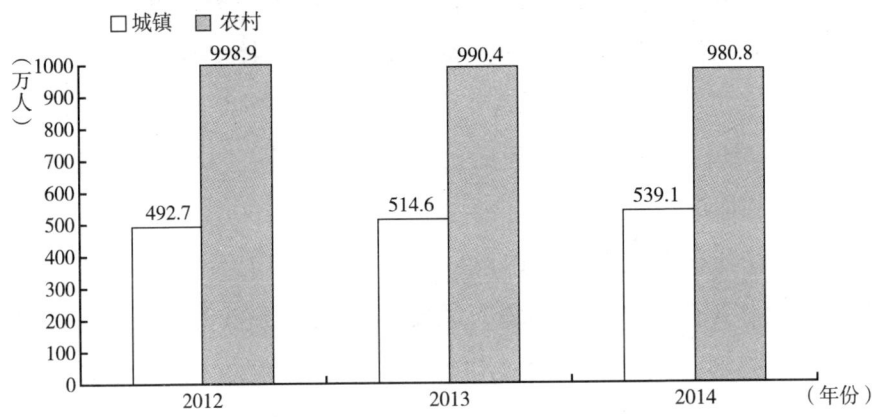

图2　近三年甘肃省城乡居民就业状况

这表明，全省就业结构正在深入调整，农村就业人口总量在减少，并不必然意味着农村外出务工人员的减少。因为随着新型城镇化战略的有序推进，农民市民化的步伐不断加快，带动了城镇就业人口数量的持续上升。从当前实践来看，未来甘肃省就业市场将继续延续这种发展态势。城镇就业人口将不断增加，农村就业人口将持续减少。这既是新型城镇化要努力达成的目标，也是新型城镇化带来的重要改变。

（三）城乡居民生活必需品消费情况与发展趋势

为了详细反映甘肃省城乡居民生活必需品消费水平，本文选择了近年来全省居民在粮油、食品、服装、家用电器等方面的消费情况进行分析。2012年，全省居民在粮油、食品、饮料、烟酒方面的消费金额为67.5亿元，2014年增长到143.3亿元，是生活消费品领域增长最快的一类消费品，年均增长率高达56.1%。古人云：民以食为天。粮油、食品类生活必需品消费水平的快速增长，一方面充分表明全省居民收入水平不断提升，生活质量显著改善；另一方面，也表明全省居民开始注重饮食质量，更加关注自己的身体健康和生活体验。

2012年，全省居民在服装、鞋帽、纺织品等方面的消费金额为49亿元，2014年增长到66.9亿元，年均增长率达18.3%。这显示，全省居民在服装方面的消费金额稳步增加，居民的衣着替换率逐渐提高，衣着品质显著改善。2012年，全省居民家电方面的消费金额为18.4亿元，2014年增长到27.2亿元，年均增长率为23.9%（见图3）。众所周知，家用电器可以快速提升生活便捷程度，增加生活舒适感，改善生活体验。家用电器消费水平的不断提高，反映出全省居民生活质量持续向好的发展趋势。统计数据表明，截至2015年上半年，全省粮油、食品类零售额同比增长57.4%，饮料类增长15.6%，烟酒类增长11.8%，服装类增长7.7%。①

随着科学技术的快速发展，人们的衣食住行正在发生巨大的变化。可以预见的是，由于消费水平和消费观念的不断变化，甘肃省城乡居民的生活质量也将进一步改善。在食品领域，可供选择的食品和加工花样越来越多，更有营养、口感更佳的食品逐渐被摆上百姓餐桌；在服装领域，穿着体验更加舒适，季节区分度更大的衣服琳琅满

---

① 资料来源：甘肃省统计局编《2015年上半年全省国民经济运行情况》。

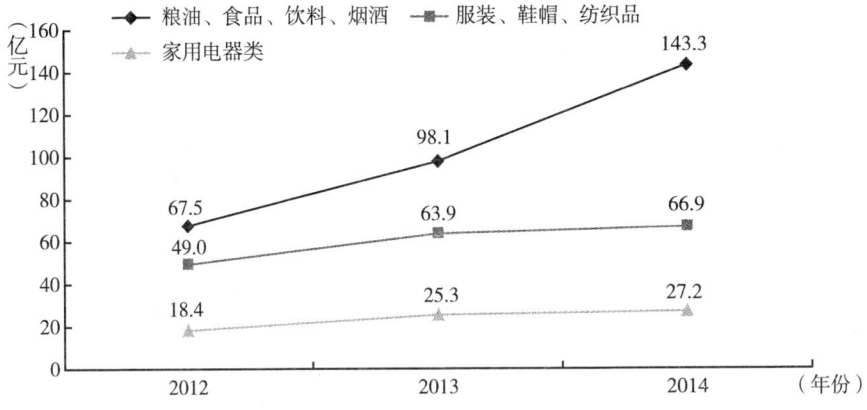

图3 近三年甘肃省居民生活必需品消费情况

目;在家电领域,智能化程度更高,功能更加多样化的电器迅速普及到城乡居民家庭。

(四)城乡居民汽车数量变化与发展趋势

众所周知,我国是一个发展中大国。相比西方发达国家,我国的人均汽车拥有量还处于相对较低的水平。近年来,随着经济的快速发展,我国的汽车拥有量也在迅速增长。这一特点在甘肃省也表现得十分明显,2012年全省汽车总量为128.9万辆,2014年年底已经增加到185.3万辆。其中,私人汽车数量从2012年的109.9万辆增长到2014年的163.4万辆。特别需要指出的是,私人轿车数量大幅增加,从2012年的45.7万辆增长到2014年的73.3万辆,年均增长率高达30.2%(见图4)。最新统计数据表明,2015年上半年,全省汽车类商品零售总额增长4.5%。[①]

在21世纪初,私人轿车的普及率还比较低,一向被认为是社会中上阶层的标志。这些年,随着生活质量的持续提高,汽车逐渐成为

---

① 资料来源:甘肃省统计局编《2015年上半年全省国民经济运行情况》。

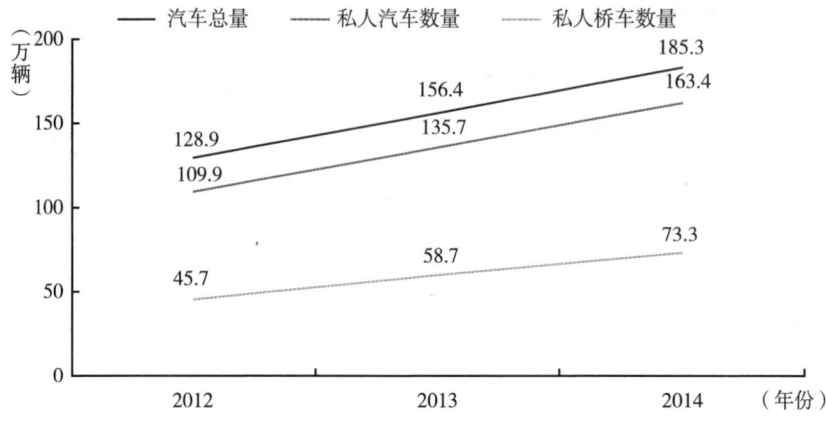

图4 近三年甘肃省居民汽车拥有量

大众消费品，这也反映出全省居民生活条件明显改善，生活质量稳步提升的基本局面。从目前的发展趋势来看，未来全省汽车数量，特别是私人轿车数量还将快速增长，预计年均增长率将继续保持在30%左右。

三 甘肃省城乡居民生活质量存在的不足

（一）城乡居民收入差距依然明显

进入21世纪以来，全国居民收入的基尼系数就超过了0.4，迄今这个趋势没有得到明显遏止。许多人认为，在市场经济条件下，收入差距是市场竞争的结果，或者反映的是人力资本的差异，因此并不值得大惊小怪。这种观点忽略了政府公共政策在收入分配中应有的作用。在市场经济条件下，收入分配必须兼顾公平与效率，特别是现实中许多收入差距产生于机会不均等，因此不能简单地将其看作经济现象。[1]

---

[1] 蔡昉：《缩小收入差距政府责无旁贷》，《中国党政干部论坛》2010年第6期。

长期以来，我国一直实行城乡有别的二元分隔体制，阻碍了城乡经济社会的发展。从增加收入的格局来看，"焦点在城市，难点在农村"的状况一直没有得到改善。自党中央提出构建和谐社会以来，加强和创新社会治理的议题多次被提上各级政府的议程。其中，如何缩小城乡居民收入差距成为一个重要议题。

近三年来，虽然甘肃省农村居民人均纯收入的年均增长率（12.8%）比城镇居民人均可支配收入的年均增长率（10.1%）高2.7%。但是，2015年的最新统计数据显示，农村居民人均纯收入依然较城镇居民人均可支配收入低15068元。尽管城镇居民人均可支配收入与农村居民人均纯收入的统计方法和统计口径有所区别，但是两者差别如此之大，也从一个侧面显示出当前城乡居民的收入差距依然较大。

（二）城乡居民就业不均衡持续存在

当前，随着户籍制度改革的逐步推进，在就业准入方面的限制已基本打破，但农村劳动力在就业机会、就业报酬、就业服务和就业权益等方面，仍与城镇居民存在很大差别。突出表现在以下几个方面：一是农村劳动力进城只能从事城镇居民不愿从事的职业、工种，如一些苦、累、脏的工作。二是农村劳动力转移城镇就业后，子女就学、经济适用房制度和社会保障等城市劳动者可享受的福利，仍因城乡户籍的差异而不能与城市居民同等享有。三是同工不同酬，在同一部门从事相同的工作，城乡劳动力的工作报酬总是存在差异。四是对农村劳动力的就业服务（如免费就业培训、信息咨询、职业指导和职业介绍等），未引起足够重视。这些问题，严重制约了农村劳动力的有效转移和转移后在城镇就业的稳定性与积极性。

同时，农村劳动力整体文化素质不高，缺乏专业技能，限制了他们就业机会的获得，促使他们只能选择从事简单劳动，如从事繁重的体力劳动。而简单劳动偏低的报酬，又反过来抑制了农村劳动力实现就业的热情，导致"有事无人干，有人无事干"的结构性矛盾依然突出，从而为统筹城乡就业带来了很大的困难。

不仅如此，在电力、石油、银行等高利润行业和部门，就业岗位的非市场化情况较为严重，甚至存在严重的垄断现象，许多职位只录用本单位职工子弟。这不仅不利于这些国有企业的长足发展，也与国有企业的公有性质严重不符，扭曲甚至损害了群众对这些企业甚至是主管政府部门的正确认识，应该引起社会各界的广泛关注。

（三）城乡居民生活消费品结构仍不合理

近年来，甘肃省城乡居民生活必需品的消费水平逐年上升。2014年，全省居民在粮油、食品类的消费额度高达143.3亿元。但是，值得注意的是，全省居民生活消费品的结构并不十分合理。在2014年，全省居民烟、酒类的零售额高达34.2亿元，占整个粮油、食品类消费额度的23.9%。

当前，随着居民健康意识的不断觉醒，人们逐渐减少了对烟、酒的消费。尽管如此，仍然需要警醒的是在全省居民生活必需品消费过程中，还存在着较大比例的烟、酒等危害身体健康的消费品，消费结构不合理的现象依然较为普遍。

（四）城乡公共交通状况有待完善

数据分析显示，近三年来，全省汽车数量以年均增长21.9%的速度快速增长。汽车数量，特别是私人汽车数量的大幅增加，在给广大居民带来时间效率和生活便捷性的同时，也引发了一系列的社会、环境问题。

首先的是大城市的交通拥堵问题，这在省会城市兰州表现得最为突出。近年来，兰州市的汽车数量大幅度增加，再加上兰州市特殊的地理位置，堵车已经成为兰州最为严重的"城市病"之一，给广大市民的生活和出行带来一定的困难。另外，大气污染、噪音干扰、停车困难等相关问题，也严重影响到广大居民的生活质量。

（五）人口老龄化考验正在到来

随着我国人口老龄化进程加快，老年人口占总人口的比重越来越高，而老年人养老服务问题将成为重大的社会问题之一。当前我国仍然以家庭养老为主，机构养老服务供给不足、比重偏低、质量不高等问题较为普遍，不能适应老龄化社会日益多元化和复杂化的养老需求。

统计数据显示，甘肃省65岁及以上的老人以年均10.8%的速度不断增长。伴随着医疗条件的不断改善，人们的预期寿命不断增加，全省老龄化的趋势将不断增强。老年人的养老、照料以及由此引发的一系列问题，将给老年人、广大家庭、政府部门以及全社会带来巨大的挑战。

四 提升甘肃省城乡居民生活质量的对策建议

（一）调整收入分配以减小城乡居民收入差距

有学者指出，解决收入差距扩大的问题，政府责无旁贷。这需要下决心改革收入分配制度，也需要运用一系列公共政策手段加以综合治理。当前，解决收入差距问题的总体思路应该是遵循市场经济基本原则，对现行若干造成城乡分割的体制进行制度创新，以改变城乡之间的资源配置格局，形成城乡统一的市场，促进包括劳动力在内的生产要素的自由流动，减少农村剩余劳动力数量，获取由市场配置资源的高效率。

在具体措施方面，包括提高教育公平性，防止贫困代际遗传；实施积极就业政策，保障公平就业、体面就业和充分就业；健全劳动力市场制度，保护劳动者权益，构建和谐劳动关系；建立充分覆盖的社会保障体系，为各类居民的基本生活提供安全网。与此同时，政府在解决收入分配问题时，要找准自身的领域，保持履行职能的适度性，不能越俎代庖，更不能以损害市场配置资源的基础性作用为代价。[1]

（二）改革就业机制以增加社会活力

就业是民生之本，安国之策，关乎整个社会的稳定和发展。十八大报告指出：要推动实现更高质量的就业，实施就业优先战略和更加积极的就业政策。有必要将就业工作的重要性进一步强化，使其上升为社保领域乃至政府工作的重要内容之一。在一些重要的产业发展、项目论证、招商引资、合作洽谈的工作中，应该吸纳就业部门的工作人员参与讨论，使得经济增长与促进就业能够协调发展。

我们也注意到，当前技术型产业工人的缺口较大，职业技术学校毕业生的就业率高于高校毕业生。因此，建议适当扩大和优化职业技术学校招生比重。同时，普通高校要根据市场对人力资源的需求，推进课程改革，使教学和人力资源需求相契合。另外，应该加强农村外出务工人员的基本技能培训，使农村劳动力的就业技能逐渐提升。最后，要下决心推进垄断型国有企业的用人机制改革，这不仅仅是要解决一部分人的就业岗位的问题，而且是要通过改革释放出积极的就业信号，使普通群众意识到，通过自身努力也会有获得良好就业岗位的机会。从长远来看，要努力实现就业机会的均等化，破除人为设置的制度性障碍，通过社会各界的共同努力，共建一个让每个劳动者都活出尊严的和谐社会。

---

[1] 蔡昉：《缩小收入差距政府责无旁贷》，《中国党政干部论坛》2010年第6期。

（三）倡导健康生活以鼓励理性消费

进入21世纪以来，中国社会转型升级的总体目标就是建设现代化社会。所谓现代化，主要是指伴随工业化进程而实现的由传统农业社会向工业社会的变化。工业化不但带来了经济领域的变化，也造成政治、社会、文化等相关领域的一系列连锁反应和变化。因此，现代化所导致的社会变迁不是局部的，而是全方位的、总体性的、结构性的。毋庸置疑，它也带来了消费领域的变化。① 在现代化的众多内容中，消费现代化是其中一个重要的方面。

因此，下一步要对民众继续加强健康生活理念的培育。不仅要加大宣传力度，在社会上形成良好的舆论氛围，使健康的生活理念深入人心。同时，要形成具有梯度的消费品价格，引导居民理性消费。对生活必需品的价格要严格控制，保证居民基本的生活需求；对于烟、酒等产品，要进行价格调控，适当引入税、费以加大消费成本，从而使居民生活消费品结构更为合理。

（四）提升公共服务以改善出行状况

来自发达国家的已有经验表明，改善公共交通状况是缓解出行难与交通拥堵的有效措施。在欧洲和美国等地，由于地广人稀，人口密度较小，为了方便出行，私人汽车的普及率相当高。而我国的基本国情是，人口密度较为集中。尤其是在大城市，人口高度集中。在这种现实情况下，很多人为了便于出行、购物、送小孩上学等，购置了私人汽车。

究其原因，还是公共交通的发展较为滞后，不能满足居民的出行需要。因此在未来，应该大力加强公共交通的规划和建设，积极推进

---

① 王宁：《消费系统现代化——一个扩大消费的社会学视角》，《中山大学学报》（社会科学版）2009年第6期。

公共服务均等化建设，使居民出行的便捷程度与环境的可承载力协调发展。

（五）健全社会保障体系以面对老龄化社会

老龄化是我国人口发展的基本态势，且很难通过政策措施进行调控，只能阶段性地调整和缓解。未来我国将面临严重的养老问题，有学者甚至提出"养老危机"的概念。尽管大部分老年人习惯于居家养老，但是随着传统家庭功能的不断退化和外移，居家养老的困难和挑战越来越大，满足老年人的医疗、餐饮等需求的功能也越来越需要专业化的机构来分担和完成。

从理性的角度来看，养老是全社会共同的责任。政府养老机构的功能和责任都是有限的，不可能解决所有问题。对我国这样一个地区差异大、经济水平低、社会建设慢的发展中大国，养老的任务还很繁重。甘肃地处西北内陆地区，面临着十分繁重的发展任务。发展养老、医疗等社会保障事业，依然存在着不少困难。这就要求在加大政府扶持力度的同时，还要引入社会力量，更需要全社会的成员积极参与，只有将养老事业以及社会保障体系建设不断推向前进，才能将人口老龄化带来的负面影响降到最低。

参考文献

甘肃省统计局、国家统计局甘肃调查总队：《2012年甘肃省国民经济和社会发展统计公报》，《甘肃日报》2013年3月12日。

甘肃省统计局、国家统计局甘肃调查总队：《2013年甘肃省国民经济和社会发展统计公报》，《甘肃日报》2014年3月20日。

甘肃省统计局、国家统计局甘肃调查总队：《2014年甘肃省国民经济和社会发展统计公报》，《甘肃日报》2015年3月16日。

B.7 甘肃省环境保护事业形势分析与预测

冯乐安*

摘　要： 甘肃地处西北内陆,对全国的生态环境系统起着至关重要的作用。在过去的一年,甘肃省的环境保护取得了新的成绩。为了系统呈现甘肃省环境保护事业取得的成效,正视存在的问题和不足。本文将在充分吸收其他学科研究分析的基础上,结合甘肃实际,主要运用环境社会学视角开展研究,注重环境保护的社会建构性。本文将近期的环境监测数据进行比较,并结合2015年上半年的最新监测结果,对甘肃省环境保护事业的发展状况进行全面呈现,并对甘肃省环境保护事业的发展趋势预测提供相应的理论依据。

关键词： 环境保护　环境监测　环境问题　甘肃

一　研究背景

当代中国社会正处于从传统向现代加速转型的历史时期。在社会发展的这一特定阶段,作为社会问题之一的环境问题,也具有鲜明的

---

* 冯乐安,甘肃省社会科学院助理研究员,主要研究方向为应用社会学、人口社会学。

社会特征。2013年1月，生活在北京的市民第一次认识到空气中弥漫的白雾不是自然现象，而是一种严重的空气污染物"霾"，人们开始对空气质量表现深切关注。

环境问题是个跨学科的问题，自然科学、工程技术学科、人文社会科学对环境问题的分析视角各有不同。即使是在社会科学内部，经济学、政治学与社会学的分析视角也是不一样的。经济学认为，环境保护的关键在于转变以能源、原材料工业为重点的资源导向型发展模式，大力发展以资源的高效利用和循环利用为核心，以减量化、再利用、资源化为原则，以低消耗、低排放、高效率为基本特征的循环经济。

政治学考察了我国各个阶段发展的政策因素对环境带来的压力，分析了经济体制的转轨、政府发展经济政策的导向、城市农村的二元社会结构等制度因素对生态环境的重要影响，指出能源开发过程中出现生态环境问题的原因是不同利益主体的博弈，要依照法律原则调整好利益关系格局，谋求环境保护在国家宏观政策上的有力支持。

从社会学的角度来分析环境问题，可以有几个最基础的视点。一是人类社会与环境关系之间的失调所导致的环境问题。社会学更加注重结构性制约，更加注重分析人们行为背后的制度因素。二是环境问题具有社会建构性。在此意义上，特定环境问题的呈现也是一种社会建构的结果，社会学非常关注这种社会建构的过程、机制与社会影响。①

甘肃地处西北内陆，对全国的生态环境系统起着至关重要的作用。但长期以来，在干旱少雨的恶劣气候条件以及不合理开发等多种因素的共同作用下，甘肃的生态系统非常脆弱，环境污染日趋严重。由环境问题引发的社会矛盾和群体性事件时有发生，严重妨碍了社会经济的有序发展。例如，2014年"4·11"兰州自来水苯污染事件，

---

① 洪大用：《环境社会学的研究与反思》，《思想战线》2014年第4期。

一度引起市民的恐慌，不仅超市内的矿泉水、饮料被抢购一空，就连货架上的牛奶也都全部售罄。

本研究将在充分吸收其他学科研究分析的基础上，结合甘肃实际，主要运用环境社会学视角开展研究，注重环境保护的社会建构性，从具体实践、取得成效、存在问题、对策建议、趋势预测等方面入手，对甘肃的环境保护形势进行深入分析。

在过去的一年，甘肃省的环境保护取得了新的成绩。其中，8个市州政府所在地空气质量达到国家二级标准。建成67个重点流域水污染防治项目，强化固体废物污染防治，列入国家规划的重金属污染重点治理项目有26项建成运营。但是，由于生态环境脆弱、经济结构转型、人口资源局限等因素的综合作用，甘肃的环境保护仍然面临巨大的难题。因此，对甘肃省环境保护事业发展现状和存在的问题进行全面深入的研究，具有重要的现实意义。

二 甘肃省环境保护事业具体实践

2015年，甘肃省认真贯彻习近平总书记系列讲话精神，全面落实党的十八届三中、四中全会精神，积极推进"十大任务、五项措施"工作，围绕改善环境质量，确保环境安全，强化污染综合防治，扎实推进污染减排工作，全省环保工作取得积极进展。

甘肃省环境保护工作全面落实省委、省政府的决策部署，紧密围绕全面建成小康社会，全面深化改革，全面推进依法治国等重大战略，主动适应经济发展新常态，以改善环境质量为主线，精细管理，精准发力，确保全省环境保护事业迈上新的台阶。

（一）高度关注环境保护事业的重要性

第一，加大环保检查力度。按照"谁污染、谁治理，谁破坏、谁恢复"的原则，进一步落实企业污染治理主体责任、各级政府及相关职能部门环境监管主体责任。

第二，分级组织实施。采取"省级督察、市县监管、企业负责"的工作机制，省级负责环境保护大检查的督导，对重点企业进行抽查；市县负责组织大检查任务的落实；企业负责组织开展自查和整改工作。

第三，统一查处标准。对各类恶意环境违法行为，发现一起，严肃查处一起，依法从重处罚；涉嫌环境污染犯罪的，及时移送公安机关依法追究刑事责任；对监督检查不力，不履职尽责的，由监察部门追责。

另外，重视制定环保规划。环境保护规划是事关环境发展的纲领性指导文件，决定着未来环境保护工作的方向和走势，作用和意义尤为重大。甘肃省环境保护部门高度重视环保规划的制定，积极开展《甘肃省"十三五"环境保护规划》编制工作。力求规划编制科学合理，突出指标目标可达、可控、可分解、可考核，认真谋划重大工程、重大项目，推动环境质量持续改善，按照"开门编规划"的原则，高标准严要求地推进规划编制工作。

（二）不断强化环境保护应急能力建设

第一，重视自身能力素质培养，提高工作效能。全省各级环境保护部门高度重视业务能力的培养，始终坚持以"实事求是、精益求精、无私奉献、尽职尽责"的作风和"大气做人、严谨做事"的态度投入工作学习当中，不断研习环境保护业务能力，切实增强应急管理工作效能。

第二，强化应急联动机制建设，完善部门合作。各级环境保护部门重视加强与公安消防、气象、安监和交通运输等部门的深入联系，通过省级层面的密切协调，不断将"信息互通、资源共享、协调有序、优势互补"的理念渗透基层,有效提升基层环保部门的救援处置能力和环境应急水平,及时预防和妥善处置各类突发环境事件。

第三,增强环境风险管理能力,预防突发环境事件发生。甘肃省环境保护应急中心及各地方环保部门重点围绕以环境隐患排查督察、突发环境事件应急预案体系建设和重点节假日、敏感时期环境应急管理工作为重点,切实做好突发环境事件事前管理,不断减少和降低各类环境风险,有效控制突发环境事件发生。

(三)运用科技力量助推环保工作进步

由于多种原因,甘肃省环境保护工作面临生态恢复任务重,节能环保产业起点低、规模小,科技水平相对较低的发展困境。加快发展节能环保产业,有利于甘肃省产业升级,解决高耗能、高排放问题,推动群众生活方式和消费模式加快向简约适度、绿色低碳、文明健康的方向转变。为此,甘肃省不断加大政策扶持力度、加强科技创新和产业化,在高效煤粉锅炉、高效节能电机、高效太阳能热水器等领域形成具有国内先进水平的技术、装备和产品,使甘肃省节能环保产业明显改观。

与此同时,甘肃省积极引入先进技术和设备,助力环境保护以及环境监察工作。例如,2015年8月以来,甘肃省环境监察局充分发挥科技引领作用,会同武威市、张掖市、酒泉市环保局,对河西走廊武威、张掖、酒泉3市的重点区域进行了空中巡查。运维管理人员现场进行了卫星定位、路径设置、数据回传、起降着陆、照片分析等应用操作,环保部门业务人员对航拍视频和照片进行了比对分析,普遍认为无人机航拍效果明显,能够进一步提高环境执法人员对企业排污情况的直观分析判断能力,有效延伸了环境监管的深度和广度,为今后环境监管能力建设迈上新台阶奠定了基础。

（四）调整思路适应环保工作新常态

近年来，随着经济社会的快速变迁，环境保护事业出现了新特点、新情况和新任务。面对新的形势，甘肃省各级环境保护部门直面问题，积极调整工作思路，努力适应环境保护工作新常态。

一是清醒认识面临的形势和任务。新法颁布实施以来，各级政府高度重视，各级环境执法部门狠抓落实，全国各地连续查处了一批环境违法大案要案，引起了社会各界广泛关注。然而，部分违法企业和个人，为了获取巨大的经济利益，不惜铤而走险，动用各种手段，隐瞒污染环境的事实，加大了环保部门的工作难度。面对这类问题，全省各级环保部门保持了清醒认识，有针对性地制定了应对措施，推进了环境保护工作的有效进展。

二是牢固树立敢作为的理想信念。思想决定行动，行动决定过程，过程影响结果。对于个别偷排偷放、部分企业私自关停环保设施、一些企业随意处理危险废物等环境违法行为，各级环保部门对发现的环境违法行为，对照"按日连续处罚、查封扣押、限产停产、行政拘留"等新规定进行处罚，起到了震慑作用，彰显了"零容忍、全覆盖"、重拳出击、铁腕治污的决心。确保了《环境保护法》、国务院《关于加强环境监管的意见》和"四个"办法落地生根，还人民一个天蓝、水绿、空气清新的生态环境。

三是持续巩固检查督察良好态势。在天津瑞海国际物流有限公司危险品仓库爆炸事故发生后，省环保厅立即印发《关于进一步加强全省石化行业环境安全大检查的紧急通知》，安排部署全省开展石化行业环境安全大检查专项行动。要求各地环保部门认真调查企业环评审批、环保"三同时"制度的执行、环境应急预案的编修、环境安全管理制度建立以及环境风险防控措施落实等情况，切实做到问题早发现、早解决，及时消除环境风险隐患，保障环境安全。

三 甘肃省环境保护事业取得的成效

为了全面系统地呈现甘肃省环境保护事业取得的成绩，正视存在的问题和不足。本文将近期的环境监测数据进行比较，并结合2015年上半年的最新监测结果进行分析，从而可以更好地分析甘肃省环境保护事业的发展状况，并对甘肃省环境保护事业的发展趋势预测提供相应的科学依据。

（一）水环境方面

1. 河流水质

2014年，在全省重点监测的15条河流中，25个河段的49个河流断面，水质为优的有26个，比2013年增加了5个；水质为轻度污染的2个，比上一年减少了3个[①]（见表1）。2015年7月的监测数据显示，15条河流中，黄河、大夏河、洮河、渭河、金川河、黑河、北大河、白龙江8条河流水质为优；泾河、蒲河、石羊河3条河流水质为良好；湟水河、马莲河、石油河3条河流水质为轻度污染；山丹河水质为重度污染。[②]

2. 水库水质

2014年，在全省监测的17座水库中，水质为优的有12座，比2013年增加了1座。最新的数据表明，2015年7月，全省监测17座水库，水质均达到功能类别。其中党河、黑山湖水库水质为Ⅰ类，优于功能类别。与2014年同期相比，西营、黄羊、双塔、巴家嘴水库水质由Ⅱ类变为Ⅲ类，水质均有所下降；其余水库水质均无明显变化（见表2）。

---

① 除特别说明外，本文数据全部由《2014年甘肃省环境状况公报》《2013年甘肃省环境状况公报》相关资料整理得出。
② 资料来源：甘肃省环境保护厅编《甘肃省环境质量月报》，2015年7月。

表1 2013~2014年全省主要检测河段水质状况对比表

水域类别	河段名称（断面）	水质监测状况 2013年	水质监测状况 2014年	2014年水质评价	主要污染指标
Ⅱ	黄河兰州段（扶河桥、新城桥）	Ⅱ	Ⅱ	优	—
Ⅱ	黄河甘南段	Ⅱ	Ⅱ	优	—
Ⅱ	黄河临夏段	Ⅱ	Ⅱ	优	—
Ⅱ	洮河临洮段（玉井）	Ⅱ	Ⅱ	优	—
Ⅱ	金昌金川河（北海子）	Ⅱ	Ⅱ	优	—
Ⅱ	玉门石油河（豆腐台）	Ⅱ	Ⅱ	优	—
Ⅲ	黄河兰州段（包兰桥、什川桥）	Ⅲ	Ⅲ	良好	—
Ⅲ	黄河白银段	Ⅲ	Ⅱ	优	—
Ⅲ	大夏河甘南段	Ⅱ	Ⅱ	优	—
Ⅲ	大夏河临夏段	Ⅲ	Ⅲ	良好	—
Ⅲ	洮河临洮段（洮园桥）	Ⅱ	Ⅱ	优	—
Ⅲ	湟水河兰州段	Ⅳ	Ⅳ	轻度污染	化学需氧量、氨氮
Ⅲ	渭河陇西段	Ⅲ	劣Ⅴ	重度污染	氨氮、化学需氧量、生化需氧量
Ⅲ	渭河天水段	劣Ⅴ	Ⅴ	中度污染	氨氮、生化需氧量、总磷
Ⅲ	泾河平凉段	Ⅲ	Ⅲ	良好	—
Ⅲ	白龙江武都段	Ⅱ	Ⅱ	优	—
Ⅲ	武威石羊河	Ⅲ	Ⅲ	良好	—
Ⅲ	金昌金川河（迎山坡）	Ⅱ	Ⅱ	优	—
Ⅲ	黑河张掖段	Ⅱ	Ⅱ	优	—
Ⅲ	北大河嘉峪关段	Ⅰ	Ⅱ	优	—
Ⅲ	北大河酒泉段	Ⅲ	劣Ⅴ	重度污染	氨氮、生化需氧量
Ⅲ	庆阳蒲河	Ⅲ	Ⅱ	优	—
Ⅳ	庆阳马莲河	Ⅴ	Ⅴ	中度污染	六价铬、化学需氧量
Ⅳ	张掖山丹河	劣Ⅴ	劣Ⅴ	重度污染	生化需氧量、总磷、高锰酸盐指数
Ⅳ	玉门石油河（西河坝桥）	Ⅳ	Ⅳ	轻度污染	

注：河段水质状况以各断面污染物的浓度均值进行评价。

表2 2015年7月全省主要水库水质状况

名称	功能类别	2015年7月水质		2014年同期	
		类别	水质状况主要污染物	类别	水质状况主要污染物
刘家峡	Ⅱ	Ⅱ	优	Ⅱ	优
南营	Ⅱ	Ⅱ	优	Ⅱ	优
金川峡	Ⅱ	Ⅱ	优	Ⅱ	优
皇城	Ⅱ	Ⅱ	优	Ⅱ	优
党河	Ⅱ	Ⅰ	优	Ⅱ	优
月牙泉	Ⅱ	Ⅱ	优	Ⅰ	优
黑山湖	Ⅱ	Ⅰ	优	Ⅱ	优
桑科	Ⅱ	Ⅱ	优	Ⅱ	优
崆峒	Ⅲ	Ⅱ	优	Ⅱ	优
红崖山	Ⅲ	Ⅲ	良好	Ⅲ	良好
西营	Ⅲ	Ⅲ	良好	Ⅱ	优
黄羊	Ⅲ	Ⅲ	良好	Ⅱ	优
鸳鸯池	Ⅲ	Ⅲ	良好	Ⅲ	良好
解放村	Ⅲ	Ⅲ	良好	Ⅲ	良好
双塔	Ⅲ	Ⅲ	良好	Ⅱ	优
巴家嘴	Ⅲ	Ⅲ	良好	Ⅱ	优
赤金峡	Ⅳ	Ⅳ	轻度污染	Ⅳ	轻度污染

资料来源：《甘肃省环境质量月报》，2015年7月。

3.城市饮用水源地水质

2014年，全省地市中，除天水市甘谷县、秦安县总硬度、硫酸盐超标，其他市、县城市集中式饮用水源地均水质达标。相比2013年，总硬度超标的市县减少了2个，城市饮用水源地水质进一步改善和提高。

（二）空气质量方面

1.城市空气质量

2014年，全省14个地级市空气质量达到《环境空气质量标准》

（GB3095－1996）二级标准的有8个，天水、张掖、平凉、庆阳、定西、陇南、临夏、合作市空气质量为二级，占57.1%；兰州、嘉峪关、金昌、白银、武威、酒泉市空气质量为三级。与2013年相比，值得注意的是，空气质量为二级的城市比2013年减少了2个。兰州、白银、张掖、酒泉、临夏、合作市污染综合指数有所下降，空气质量有所改善；嘉峪关、金昌、天水、武威、平凉、庆阳、定西、陇南市污染综合指数有所上升，空气质量有所下降（见表3）。

表3 2013~2014年全省14个城市空气质量状况对比表

城市	年度	二氧化硫		二氧化氮		可吸入颗粒物		市空气质量
		平均值	空气质量级别	平均值	空气质量级别	平均值	空气质量级别	
兰州	2014	0.029	达标	0.048	达标	0.126	超二级	三级
	2013	0.033	达标	0.035	达标	0.153	超二级	三级
嘉峪关	2014	0.032	达标	0.030	达标	0.133	超二级	三级
	2013	0.030	达标	0.022	达标	0.093	达标	二级
金昌	2014	0.059	达标	0.020	达标	0.118	超二级	三级
	2013	0.061	超二级	0.025	达标	0.103	超二级	三级
白银	2014	0.055	达标	0.022	达标	0.122	超二级	三级
	2013	0.052	达标	0.027	达标	0.124	超二级	三级
天水	2014	0.028	达标	0.032	达标	0.066	达标	二级
	2013	0.026	达标	0.027	达标	0.067	达标	二级
武威	2014	0.034	达标	0.035	达标	0.120	超二级	三级
	2013	0.025	达标	0.025	达标	0.074	达标	二级
张掖	2014	0.025	达标	0.019	达标	0.079	达标	二级
	2013	0.024	达标	0.020	达标	0.088	达标	二级
平凉	2014	0.028	达标	0.041	达标	0.100	达标	二级
	2013	0.021	达标	0.031	达标	0.079	达标	二级
酒泉	2014	0.018	达标	0.032	达标	0.127	超二级	三级
	2013	0.025	达标	0.027	达标	0.141	超二级	三级

续表

城市	年度	二氧化硫		二氧化氮		可吸入颗粒物		市空气质量
		平均值	空气质量级别	平均值	空气质量级别	平均值	空气质量级别	
庆阳	2014	0.032	达标	0.026	达标	0.069	达标	二级
	2013	0.023	达标	0.017	达标	0.075	达标	二级
定西	2014	0.025	达标	0.031	达标	0.091	达标	二级
	2013	0.024	达标	0.025	达标	0.060	达标	二级
陇南	2014	0.015	达标	0.021	达标	0.058	达标	二级
	2013	0.014	达标	0.012	达标	0.067	达标	二级
临夏	2014	0.034	达标	0.029	达标	0.094	达标	二级
	2013	0.047	达标	0.040	达标	0.091	达标	二级
合作	2014	0.013	达标	0.015	达标	0.063	达标	二级
	2013	0.010	达标	0.013	达标	0.065	达标	二级
标准	二级	0.06		0.08		0.10		
	三级	0.10		0.08		0.15		

注：年均值按照年二级标准进行评价。

2015年7月，全省14个地级市中除嘉峪关、平凉、酒泉、兰州未达到国家二级标准外，其余城市均达到国家年二级标准。各城市环境空气质量综合指数由高到低排序为：天水、定西、临夏、白银、武威、张掖、庆阳、甘南、兰州、嘉峪关、平凉、酒泉、陇南、金昌（见表4）。

表4 2015年7月全省14个城市空气质量优良天数排名表

排名	城市	优	良	轻度污染	中度污染	重度污染	严重污染	优良天数	
								天数	优良天气比例(%)
1	天水	1	30	0	0	0	0	31	100.0
2	定西	3	28	0	0	0	0	31	100.0
3	临夏	2	29	0	0	0	0	31	100.0

续表

排名	城市	优	良	轻度污染	中度污染	重度污染	严重污染	优良天数 天数	优良天气比例(%)
4	白银	10	20	0	0	1	0	30	96.8
5	武威	5	25	0	0	0	0	30	96.8
6	张掖	1	29	0	0	0	0	30	96.8
7	庆阳	2	28	0	0	0	0	30	96.8
8	甘南	4	26	1	0	0	0	30	96.8
9	兰州	0	28	3	0	0	0	28	90.3
10	嘉峪关	0	28	3	0	0	0	28	90.3
11	平凉	0	28	3	0	0	0	28	90.3
12	酒泉	1	27	2	0	0	0	28	90.3
13	陇南	2	26	0	0	0	0	28	90.3
14	金昌	0	27	3	1	0	0	27	87.1

资料来源：《甘肃省环境质量月报》，2015年7月。

2. 沙尘天气

2014年全省共发生沙尘天气38次，较2013年增加7次；系统性沙尘天气10次，与2013年基本持平。4月23日至27日发生的系统性沙尘天气影响强度最大、范围最广。全年发生沙尘天气次数最多的地区是敦煌、民勤，各发生22次。

（三）城市声环境质量方面

2014年，全省城市区域声环境平均等效声级范围在48.1~55.0分贝，嘉峪关市平均声级值低于50分贝，声环境质量为好，其他城市声级值为50.1~55.0分贝，声环境质量较好。

全省道路交通声环境平均等效声级范围在63.4~69.7分贝，兰州、白银、张掖、酒泉和临夏市大于68.0分贝，声环境质量为较好，其余9城市声级均值低于68.0分贝，声环境质量为好。全省城市道路交通噪声共监测758.7公里,其中超过70分贝的路段长度为201.6公里,占监测路段总长度的26.6%。

(四)生态环境方面

1. 森林

2014年,全省林地面积为1042.65万公顷,占全省土地总面积的23.18%。其中:全省森林面积507.45万公顷,森林覆盖率11.28%。全省活立木总蓄积量24054.88万立方米,森林蓄积量21453.97万立方米。

2. 气候

2014年,全省年平均气温为8.7℃,较常年偏高0.6℃。年平均气温最低中心在乌鞘岭,为0.8℃,最高中心在文县,为15.5℃。全省平均降水量为420.2mm,较常年偏多5%,为近三年最少。酒泉市中北部为38~100mm,酒泉南部,张掖、武威、白银、兰州、定西、天水中西部和陇南市北部为100~500mm,平凉、庆阳、临夏、甘南、天水东部和陇南市东南部为500~736mm。年降水量最少中心在瓜州县为38.7mm,最多中心在正宁县为736.1mm。

全省累计出现日最高气温≥32℃高温日数比常年偏多,为近两年最多。出现时段为4~9月,集中出现在夏季,主要出现在酒泉、张掖、武威、兰州、白银、定西、平凉、庆阳、天水、陇南和临夏州,其中敦煌市全年累计出现日数最多(54天),其次为瓜州县(41天),其余大部分地方为6~33天。

(五)主要污染物排放方面

2014年,全省废水排放量为65973.23万吨。其中,工业废水排放量为19742.25万吨,占29.92%;城镇生活污水排放量为46208.55万吨,占70.05%;集中式治理设施废水排放量为22.43万吨，占0.03%。工业废水中，化学需氧量排放量为8.86万吨，氨氮排放量为1.18万吨；城镇生活污水中，化学需氧量排放量为14.41万吨，氨氮排放量为2.08万吨。与2013年相比，全省工业废水排放量有所减少，但是城镇生活污水排放量有所上升。

2014年，全省工业废气排放量达12290.35亿立方米。全省二氧化硫排放量达57.56万吨，其中，工业二氧化硫排放量47.70万吨，生活二氧化硫排放量9.86万吨；全省氮氧化物排放量达41.84万吨，其中，工业氮氧化物排放量27.96万吨，生活氮氧化物排放量1.62万吨，机动车氮氧化物排放量12.26万吨；全省烟（粉）尘排放量34.58万吨，其中，工业烟（粉）尘排放量26.09万吨，生活烟（粉）尘排放量7.64万吨，机动车烟（粉）尘排放量0.85万吨。

四 甘肃省环境保护事业面临的问题

（一）环保基础设施较差

甘肃地处西北内陆地区，由于地理环境的制约，经济发展一直处于相对落后的水平，"迟发展效应"表现得十分明显。所谓"迟发展效应"，指的是由于迟发展导致发达地区经济更加发达，不发达地区更加落后的惯性作用。[1] 正是因为"迟发展效应"的影响，甘肃省经济社会的发展受到了很大的制约，这在环境保护工作方面体现得较为明显。

例如，有的基层政府对生态环境保护工作不够重视，环保设施建设仍然比较落后。主要体现在：污水处理技术落后，环保硬件设施缺

---

[1] 徐建华、岳文泽、鲁凤：《中国西部地区的迟发展效应、后发优势及创新对策研究》，《地域研究与开发》2002年第3期。

乏，居民生活垃圾处理难以跟上，造成环境污染逐步加剧。同时，各类企业逃避环保责任，控污设施薄弱。有的企业虽有治污设施，但长期闲置，没有正常运行。有的企业甚至私设排污口，偷排现象严重，不少工厂烟尘污染严重。

（二）投入污染治理资金不足

相比内地发达地区，甘肃省的经济发展较为滞后，导致很多地方财政收入相对较少，企业利润相对较低。这就使各类基础设施建设受到很大制约，各种公共服务面临不小挑战。尽管这些年来，全省各级地方政府和各类企业不断加大资金投入，但是跟发达地区相比，这里的污染治理资金还十分有限。

在公共财政投入方面，由于资金限制，造成各地环境保护设施相对落后，环境保护技术创新不足，环境保护人才严重缺乏，导致各类环境问题比较突出，环境保护工作较为被动。在企业投入方面，各类企业对环境保护的意识还较为淡薄，基础设施建设的资金投入不多。致使大量的污水、废气、粉尘等未受到严格的处理和控制，影响了环境保护的成效。

（三）政府环境保护职能薄弱

第一，环境保护管理不到位。目前，在街道、乡镇一级的基层政府组织中，并没有设立环境保护的相关职能部门，很多地区也没有专职的工作人员。很多专门的环境保护工作，只能由一些临时抽调的工作人员来完成。各级基层政府的环境保护工作也没有明确的规划目标，特别是基层环境规划往往流于形式。

第二，相关部门工作不协调。环境保护工作是一个系统工程，涉及多个部门，需要相互协调。而在当前的实践中，由于各个部门通常各管一摊，有机的工作内容被条块分割。如环境、水利、农业、交通

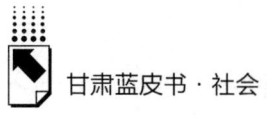

等部门都有相关的业务工作，职责有所交叉，管理效果不佳。

第三，环保宣传工作不深入。环境保护宣传工作需要多部门协同推进，既需要各级政府和环保部门的积极行动和指导，也需要各类媒体的热情参与和支持。从当前情况来看，各级政府及环境保护部门对环境保护的宣传力度还略显单薄，一些宣传活动流于形式，方法方式过于简单。同时，相关媒体基于商业利益的考量，较少关注环保宣传和公益倡导，这些方面都亟待调整和加强。

（四）环境污染向农村蔓延

长期以来，我国农民的科学文化素质相对较低，缺乏科学种田知识。在农作物生产和田间管理过程中，为了提高产量和减轻劳作负担，过多地使用农药、化肥，使农村的土壤和水质污染不断加剧。同时，由于农用物资的不科学使用和处置，如农膜及各种塑料废弃物，难以降解，对土壤及农作物危害很大。

另外，农民生活垃圾处理已经成为一个普遍难题。一直以来，农村的传统生活习惯仍然没有改变，污水乱排、垃圾乱倒、畜禽乱放、死畜乱扔的现象依然普遍存在。有的村庄习惯把垃圾清运到村边，却不做任何处理。之所以形成这种问题，一方面是因为农民环保意识较弱。另一方面也折射出农村环境保护工作的紧迫性。

五 甘肃省环境保护事业发展对策及趋势预测

（一）要从发展的角度理性看待甘肃省的环境保护问题

环境保护是一项长期的事业，因此在推进环保事业的进程中，要妥善处理好发展和保护的问题。当前，伴随着"史上最严"《环保法》的出台和实施,一部分基层政府官员的发展积极性受到影响,在个别地方甚至出现了要环保就不要发展的思想。从长期来看,这些都是非常不利于环境保护事业发展的。

进入21世纪以来,从发达国家的实践经验来看,发展与保护已经告别了互相对立的时代,进入互相促进的时代。实践表明,要想更好地推动环境保护事业的进步,发展就是不可回避的重要议题。在发展中保护,在保护中发展,已经成为各国应对环境问题的有效措施。当前,甘肃省在推进环境保护事业的过程中,也要协调好保护和发展的关系。特别是基层政府,要千方百计地通过经济社会发展成就带动环境保护事业发展。从而在生态环境不断改善的有利局面下,继续推进经济社会平稳健康发展。

要清醒认识到,加快发展是解决环境保护问题的根本措施。当前和今后一个时期,发展依然是我们解决前进道路中各种矛盾和问题的根本方法。2016年,甘肃省各级政府的中心工作离不开发展,环境保护事业的进步同样离不开发展。

(二)要通过社会建设促进生态建设从而推进环境保护事业发展

人们通常认为,环境保护事业更多地在于制度建设、法律制定、措施执行、生态恢复等内容。然而,随着经济社会的不断发展,在推进生态建设的同时,社会建设的重要性也越来越受到人们的关注。当前,在各级政府的积极推动下,环境保护意识逐年提高,治污减排的力度不断加大,生态涵养区的规模持续增加。然而,需要注意的是,在生态建设不断进步的同时,与环境保护相关的社会建设进程却举步维艰。

在甘肃,上述情况表现得较为明显。例如,日常生活中的垃圾分类制度,公共活动中的低碳环保理念等,并未很好地发挥作用。因此，当前在重视生态建设的同时，更要注意社会建设的协同发展。具体包括：环保理念的培育，节约习惯的养成，废物利用的措施，生态文明的倡导等。使生态建设与社会建设协调发展，共同进步。只有通过社会建设更好地促进生态建设，才能将环境保护事业推向新的发展阶段。

在未来一段时间里，加强社会建设依然是改善生态环境的有效途径。要进一步强化社会治理，使社会建设的速度更快，脚步更稳，从而更好地促进生态建设，实现社会建设与生态建设的协同发展。

（三）要深刻理解环境问题的解决是一个缓慢而长期的过程

在过去很长一段时间里，我国政府对领导干部的考核内容都是以GDP的增长为主。为了追求GDP的高速增长，各级地方政府采取了较为粗放的发展方式，导致经济社会发展跟生态环境不相适应、不相协调的趋势越来越突出。人们逐渐感受到水和空气的质量逐年下降，并开始影响到自己的身体健康。

可以说，环境状况的不断恶化是一个不断累积的过程。正是因为前些年过于重视经济发展速度，而忽视了环境保护和生态建设方面的工作，才造成了环境状况的恶化。显而易见，甘肃省的环境保护事业的发展和生态环境的改善也需要一个较长时期的转变和调整。这就要求省内各级政府要着眼长远，精心谋划，充分意识到环境保护事业的长期性和艰巨性，以更加坚定的决心和更加坚韧的耐性推进各项环境保护事业稳步发展。

在今后的环境保护工作中，长效治理是需要坚持的基本方向。要强化认识，凝聚共识，努力克服急于求成、急功近利的思想，以更加务实的态度和更加有效的措施来应对环境问题，最终达到生态环境的根本好转。

（四）要不断强化应急能力建设以更好应对突发环境危机

进入 21 世纪以来，社会发展的不确定性不断增强，西方社会学家称之为"风险社会"。德国著名社会学家乌尔里希·贝克认为，人类社会正在从工业社会迈入风险社会，风险社会的突出特征是社会中的风险是人为制造的结果，风险具有不可控和不可预见性。[①] 2015 年，天津港"8·12"爆炸重大安全生产事故，再次对我国各级政府应对突发环境危机的能力发出了严峻的挑战。

在甘肃省，近年来突发环境危机事件也时有发生。例如，2014 年"4·10"兰州自来水苯超标事件，引起市民的集体恐慌，造成了较为负面的影响。当前，各级政府和环保部门应当提高认识，深刻反思，从突发事件中汲取经验教训，增强对风险的防范意识。同时，要加强对环境安全的监管，强化对潜在隐患的排查，适当开展应对突发危机事件演练，争取将环境危机的风险化解到最小，进而保障人民群众的生命、财产、健康和安全。

可以预见的是，应对突发危机将成为未来环境保护事业的常态化工作。这并不表示，未来生态环境必然会进一步恶化，而是由于社会的快速发展、多元化和不确定性所决定的，突发环境危机的可能性会大大增加。因此，在加强环境保护事业的同时，更要注重对危机的预防和控制，以常态化的工作机制努力应对突发性的危机事件。

[①] 乌尔里希·贝克：《从工业社会到风险社会》，王武龙编译，《马克思主义与现实》2003 年第 3 期。

B.8
甘肃省新常态下的就业形势分析与预测

刘徽翰*

> **摘　要：** "经济新常态"标志着中国经济进入新的历史阶段，对甘肃同样具有特殊的意义。作为民生之本的就业，必然受到"经济新常态"的影响。根据2015年上半年的统计数据，甘肃省的就业情况也出现了一些新趋势、新特征。通过分析就业情况，我们仍然要从产业结构升级、政策落实、扶持小微企业发展、重点关注大学生和农民工就业、完善就业服务体系等方面着手，切实做好就业工作，确保就业稳定。
>
> **关键词：** 甘肃　经济新常态　就业

一　新常态与甘肃经济发展

2014年5月习近平总书记在河南考察期间首次提出了"新常态"一词。中国经济社会发展进入新常态意味着经济步入下行周期，结构调整和产业升级压力增大，持续近30年的高速发展将逐步进入中高

---

* 刘徽翰，法学硕士，甘肃省社会科学院哲学社会学研究所助理研究员，主要研究方向为社会学理论和社会问题。

速阶段。与此同时,众多产能过剩、能源消耗过多、污染环境较重的行业和产业都将面临整体转型和彻底调整。而以外贸加工出口和劳动力密集型产业为主要支柱的地区及企业将面对残酷的"关停并转"风潮。中国经济新常态主要包括以下四个特征。

(一)速度减缓

改革开放以来,中国经济经历了30多年的持续高速增长,创造了人类历史上的"中国奇迹",但如此长时间的高速增长并没有跳出经济发展的自然规律。事实上,中国经济发展至今,也确实到了一个放慢脚步、调整节奏的时间节点。虽然从30多年的年均两位数增速(每年10%以上)变成了每年7%~8%的中高速,但作为当今世界第二大经济体,拥有无限发展潜力的中国,有能力、有信心应对增速放缓的"新阶段、新状态"。

(二)结构优化

伴随着经济的持续发展,中国社会也经历着深刻的转型。由经济发展带动并影响的社会发展为中国经济的结构优化创造了巨大的弹性空间和市场潜力。中国社会的城镇化、工业化脚步不断加速,人民生活水平和生活质量不断提高,居民收入稳步增长意味着今后的中国经济结构将发生重大的变化。产业结构方面,第三产业将成为推动经济发展的主体产业;需求结构方面,消费需求特别是个性化、国际化的消费需求将成为主流;区域结构方面,城乡之间的差距逐步缩小,特大城市和中小城市将成为未来发展的主力;收入分配结构方面,居民收入占比上升,资产性收入将逐步增多。

(三)动力多元

高耗能、高投入、高污染的产业将逐渐被淘汰,低能耗、环保化、创新型的产业将成为新的主力产业。其中，技术含量高、创新能力强、资本密集型的工业企业和生产性服务企业将是今后推动经济发展的主要动力。

（四）挑战增多

中国经济已进入国际市场多年，随着参与国际市场竞争程度的深化和竞争范围的扩大，面临的挑战和困难也越来越多。经济增长速度由高速进入中高速，必然会引出和暴露一些曾经被高速度掩盖的结构性问题，多年积累的矛盾也必将逐步显现。世界经济的持续低迷和主要国家经济贸易政策的变动，将会对中国经济发展带来更多不可预知的挑战。

作为内陆欠发达省份的甘肃，近年来经济发展速度和居民收入增速一直居于全国前列。虽然2015年上半年经济增长速度首次跌至个位数（8.0%），但在全国仍然属于增速较快的省份（见表1）。

表1 部分省份2015年上半年经济增长情况

单位：%

省　份	一季度GDP增速	上半年GDP增速	2015年目标增速
重　庆	10.70	11	10
贵　州	10.40	10.70	10
天　津	9.30	9.40	9
江　西	8.80	9	9
湖　北	8.50	8.70	9
福　建	8.50	8.60	10
安　徽	8.60	8.60	8.50
湖　南	8.40	8.50	8.50
江　苏	8.40	8.50	8
浙　江	8.20	8.30	7.50
新　疆	6.90	8.20	9

续表

省　份	一季度 GDP 增速	上半年 GDP 增速	2015 年目标增速
云　南	7.20	8	8.50
广　西	7.60	8	8
甘　肃	7.80	8	8
四　川	7.40	8	7.50
青　海	7.50	7.90	8
山　东	7.80	7.80	8.50
河　南	7	7.80	8
广　东	7.20	7.70	7.50
海　南	4.70	7.60	8
宁　夏	7	7.40	8
陕　西	6.90	7.30	10
上　海	6.60	7	无
北　京	6.80	7	7
河　北	6.20	6.60	7
西　藏	10		12
内蒙古	7		8
吉　林	5.80		6.50
辽　宁	1.90	2.60	6
山　西	2.50		6
黑龙江	4.80		6

资料来源：笔者根据中新网数据整理。

甘肃省统计局发布的《2015 上半年全省国民经济运行情况》显示，"上半年，甘肃全省实现生产总值2612.88 亿元，同比增长8.0%，增速比一季度提高0.2 个百分点。其中：第一产业增加值186.68 亿元，增长5.0%；第二产业增加值1111.99 亿元，增长8.1%；第三产业增加值1314.21 亿元，增长8.2%。"[1] 其中农业生

---

[1] 甘肃省统计局：《2015 年上半年全省国民经济运行情况（新闻办发布稿）》，http：//www.gstj.gov.cn/wwww/HdClsContentDisp.asp？Id=30533。

产形势良好。夏粮总产量322.8万吨，同比增长4.0%，蔬菜种植面积和产量实现"双增长"。牛羊存、出栏率同时增长，生猪存、出栏率双双下降。工业经济平稳运行，全省规模以上工业企业增加值达798.6亿元，同比增长7.6%。重工业、轻工业均实现增长，其中重工业增长8.2%，增速较轻工业多出4个百分点。有色、机械、食品等重点支柱行业增速高于全省平均水平，石化、电力、冶金、建材和煤炭行业增速低于全省平均水平。其他主要指标方面，固定资产投资增速回升，进出口总值持续下降，消费品市场稳中趋缓。居民消费价格总水平涨幅高于全国同期水平，居民收入继续增加，全省城镇居民和农村居民可支配收入同比分别增长9.3%和11.6%，达到了11243元和2985元，但增速低于一季度水平。从上述数据可以看出，甘肃经济的主要指标依然保持着较好的增长态势，但其中一些数据显示主要产业结构和产业增长点已发生了变化，这些变化符合"经济新常态"的特征。由此我们可以判断，甘肃经济发展已经进入了"新常态"。

二 新常态下的甘肃就业概况

由于就业和经济发展之间一般存在时间上的"滞后"现象，所以经济发展的变化并不一定同时表现在就业状况上。甘肃省统计局公布的2015年上半年甘肃省就业数据显示，[1]上半年甘肃省整体就业形势基本稳定。一是城镇新增就业人数持续增长，全省城镇新增就业29.6万人，同比增长9.2%，已经完成了年初新增城镇就业人数40万目标的74%。二是企业岗位失业动态监测态势稳定。上半年全省

---

[1] 本节所涉数据均来自甘肃省统计局人口处发布的《2015年上半年甘肃省就业形势基本稳定》一文，详细内容参见http://www.gstj.gov.cn/www/HdClsContentDisp.asp?Id=30605。

监测的644户企业43.12万个用工岗位中,环比净减少1288个,流失率仅为0.3%,属于正常范围。三是全省各类人力资源市场通过人才招聘会、网络、报刊等多种渠道和多种形式,上半年已达成意向性就业协议4.31万份。四是全省"四上企业"① 就业人员二季度末为140.82万人,同比减少0.59万人,下降0.4%;环比增加11.36万人,增长8.1%。人数基本保持稳定。五是2015年1季度全省登记失业率为2.14%,2季度全省登记失业率为2.08%,均完成了登记失业率控制在4%以内的目标。六是截至5月底,共输转城乡富余劳动力445.3万人,完成年度目标任务的89.1%,其中就近就业259.9万人,完成年度目标任务的99.9%;创造劳务收入370.7亿元,完成年度计划的43.1%。七是截至5月底,省内应届高校毕业生签订就业协议的达55473人,签约率为42.21%,同比提高10.09个百分点。同时实施了大学生创业引领计划,从年初至5月底,累计为1558名高校毕业生发放创业担保贷款1.12亿元。启动了2015年民营企业招聘周暨大学生就业创业政策宣传专项活动,共有310家企业参加招聘,共提供岗位7000多个。八是由省就业、教育、卫计、农牧、财政、旅游、体育等多个部门协调统筹,继续实施2015年普通高校毕业生就业民生实事项目和5个基层服务项目,即"大学生村官""三支一扶""进村(社区)""特岗教师""志愿服务西部计划"5个项目。目前已完成招考公告发布、组织报名、人员信息审核等工作,全省报名人员笔试工作也于2015年7月11日顺利完成。

除了从总体上概述2015年上半年甘肃省就业情况之外,我们还结合全省人力资源市场职业供求状况数据对目前甘肃就业的分类情况做了一个比较详细和直观的描述。甘肃人力资源市场职业供求状况信

---

① "四上企业"是现阶段我国经济统计系统的专用称谓。"四上企业"是指规模以上工业企业、资质等级建筑业企业、限额以上批零住餐企业、限额以上服务业企业等这四类规模以上企业的统称。

息是甘肃省就业服务管理局对全省12个地级市（兰州、嘉峪关、金昌、白银、天水、酒泉、张掖、武威、定西、陇南、平凉、庆阳）上报的人力资源市场职业供求状况的汇总信息。其中所统计的数据为各市公共职业介绍机构和就业服务机构采集和提供的供求信息，均为当期有效数据。我们用这个数据来分析甘肃省就业市场需求和就业群体特征应该是比较真实和有效的。①

（一）供求总体人数

2015年第一季度，全省12个地级市通过人力资源市场共招聘各类人员14万人，进入市场的求职者为12万人，求人倍率为1.2，②总体上呈现求过于供的局面（见表2）。

表2　供求总体人数

	需求人数(人)	求职人数(人)	求人倍率(倍)
本期有效数	139734	116266	1.20

资料来源：甘肃就业网，http：//www.gssjyw.com。

（二）产业、行业劳动力需求状况

从产业结构来看，2015年第一季度，第一、第二、第三产业需求人数所占比重分别为7.18%、29.51%、63.31%（见表3）。目前第三产业依然是甘肃吸纳劳动力的主体，同时也是各类人员就业和再就业的主要渠道。

---

① 资料来源：《甘肃省2015年一季度人力资源市场职业供求状况信息》，http：//www.gssjyw.com/ws - 2003302 - c0002_ 26 - cn/news_ 1821. shtml。
② 求人倍率 = 需求人数/求职人数，表明人力资源市场中每个岗位需求所对应的求职人数。如0.8表示10个求职者竞争8个岗位。

表3 按产业分组的需求人数

	需求人数(人)	需求比重(%)
第一产业	10035	7.18
第二产业	41232	29.51
第三产业	88467	63.31
合 计	139734	100.00

资料来源：甘肃就业网，http://www.gssjyw.com。

从行业需求看，2015年第一季度，人员需求数量大的行业仍然是制造业、建筑业、住宿和餐饮业、批发和零售业、居民服务和其他服务业等这些传统的生活类服务行业。这5个行业的需求人数占总需求的58.34%，其用人需求比重分别为10.60%、12.40%、12.90%、14.40%和8.04%（见表4）。由此可见，这5个行业是本季度就业需求增加的重要领域，同时也可能是职业标准要求最少、门槛最低的行业。

表4 按行业分组的需求人数

	需求人数(人)	需求比重(%)
农、林、牧、渔业	9708	6.95
采矿业	4370	3.13
制造业	14812	10.60
电力、燃气及水的生产和供应业	4281	3.06
建筑业	17328	12.40
交通运输、仓储和邮政业	5938	4.25
信息传输、计算机服务和软件业	5719	4.09
批发和零售业	20126	14.40
住宿和餐饮业	18023	12.90
金融业	3308	2.37
房地产业	3001	2.15
租赁和商务服务	9906	7.09

续表

	需求人数(人)	需求比重(%)
科学研究、技术服务和地质勘查业	834	0.60
水利、环境和公共设施管理业	2194	1.57
居民服务和其他服务业	11230	8.04
教育	2231	1.60
卫生、社会保障和社会福利业	2751	1.97
文化、体育和娱乐业	3016	2.16
公共管理与社会组织	958	0.69
国际组织	0	0
合　计	139734	100.00

资料来源：甘肃就业网，http://www.gssjyw.com。

（三）用人单位需求状况

从用人单位看，企业用人占主体地位，所占比重达86.95%。内资企业用人需求占79.62%，其中私营企业和有限责任公司的用人需求量较大，比重分别为22.24%、22.84%。国有、集体企业的用人需求比重为5.51%；港、澳、台商投资企业的用人需求比重仅为0.23%。机关、事业单位用人需求的比重仅为4.08%（见表5）。这一方面说明甘肃经济的外向性和开放性仍有待提高，另一方面也表明在当前社会分层愈加明显的大背景下，职业壁垒已经成为阶层分化最主要的表现形式。

（四）职业供求状况

从各类职业的需求状况来看，商业和服务业人员、生产运输设备操作工是用人需求的主体，所占比重分别为30.20%、18.93%，二者合计占全部用人需求的49.13%。从求职情况看，求职人员相对集中的也是商业和服务业人员、生产运输设备操作工，所占比重分别为24.97%、17.48%，二者合计占总求职人数的42.45%（见表6）。

表5 按用人单位性质划分的需求人数

	需求人数（人）	需求比重（%）
企业	121496	86.95
内资企业	96736	79.62
国有企业	2340	1.93
集体企业	4349	3.58
股份合作企业	3469	2.86
联营企业	2182	1.80
有限责任公司	27746	22.84
股份有限公司	15482	12.74
私营企业	27016	22.24
其他企业	14152	11.65
港、澳、台商投资企业	280	0.23
外商投资企业	2222	1.83
个体经营	22258	18.32
事业	3331	2.38
机关	2379	1.70
其他	12528	8.97
合　计	139734	100.00

资料来源：甘肃就业网，http://www.gssjyw.com。

表6 按职业分组的供求人数

	需求人数（人）	需求比重（%）	求职人数（人）	求职比重（%）	求人倍率（倍）
单位负责人	5348	3.83	4219	3.80	1.14
专业技术人员	17281	12.37	12016	10.82	1.28
办事人员和有关人员	13833	9.90	14443	13.00	0.89
商业和服务业人员	42200	30.20	27732	24.97	1.35

续表

	需求人数	需求比重（%）	求职人数（人）	求职比重（%）	求人倍率（倍）
农林牧渔水利生产人员	12798	9.16	6609	5.95	1.66
生产运输设备操作工	26452	18.93	19409	17.48	1.22
其他	21822	15.62	14814	13.34	1.31
无要求	—	—	11822	10.64	—
合　计	139734	100.00	111064	100.00	—

资料来源：甘肃就业网，http://www.gssjyw.com。

（五）求职人员构成状况

在所有求职人员中，在业、在学、退休求职人员很少，但失业人员（包括新成长失业青年、就业转失业人员、其他失业人员）所占比重达59.74%，其中新成长失业青年29122人，占26.04%，而这个群体之中，应届高校毕业生占比超过了50%，就业转失业人员的比例也值得重视，这表明相当一部分就业人员的就业稳定性不高（见表7）。

表7　按求职人员类别分组的求职人数

	求职人数（人）	求职比重（%）
新成长失业青年	29122	26.04
其中:应届高校毕业生	15047	51.67
就业转失业人员	17437	15.59
其他失业人员	20250	18.11
在业人员	2700	2.41
下岗职工	5758	5.15
退休人员	2101	1.88
在学人员	3277	2.93
本市农村人员	24062	21.52
外埠人员	7118	6.37
合　计	111825	100.00

资料来源：甘肃就业网，http://www.gssjyw.com。

（六）招聘、应聘条件状况

1. 性别

从需求方即用人单位对劳动者的需求看，92.56%的用人需求对求职者的性别有明确要求，其中，对男性的需求比重为52.42%，对女性的需求比重为40.14%。从供给方即求职者的性别结构看，男性的求职人数多于女性，占56.75%。从供求状况对比看，男性的求人倍率为1.20，女性的求人倍率为1.20（见表8）。

表8 按性别分组的供求人数

	需求人数（人）	需求比重（%）	求职人数（人）	求职比重（%）	求人倍率（倍）
男	73244	52.42	65980	56.75	1.20
女	56085	40.14	50286	43.25	1.20
无要求	10405	7.45	—	—	—
合 计	139734	100.00	116266	100.00	—

资料来源：甘肃就业网，http://www.gssjyw.com。

2. 年龄

从用人单位对求职人员的年龄要求来看，93.56%的用人需求对劳动者的年龄都有所要求。16~34岁的劳动力需求构成了单位用人需求的主体，占总需求的66.87%（见表9）。从以上两个指标来看，尽管政策和舆论层面一直宣传"就业公平"和反对就业歧视，但在现实需求中，男性相对女性，在就业市场上仍然占据优势地位。

3. 文化程度

从用人单位对求职人员的文化程度要求来看，90.56%的用人需求对求职者文化程度有要求，其中用人需求为高中的占总体需求的33.57%，用人需求为初中及以下的占总体需求的20.29%，而用人

表9 按年龄分组的供求人数

	需求人数（人）	需求比重（%）	求职人数（人）	求职比重（%）	求人倍率（倍）
16~24岁	41623	29.79	31420	27.02	1.40
25~34岁	51805	37.08	41760	35.92	1.32
35~44岁	27956	20.01	27393	23.56	1.10
45岁以上	9327	6.68	15693	13.50	0.67
无要求	8993	6.44	—	—	—
合计	139704	100.00	116266	100.00	—

资料来源：甘肃就业网，http://www.gssjyw.com。

需求为大专及以上文化程度的达36.70%，是所有用人需求中对文化程度要求最高的，这表明甘肃劳动力市场的"文凭取向"正变得愈加突出。

表10 按文化程度分组的供求人数

	需求人数（人）	需求比重（%）	求职人数（人）	求职比重（%）	求人倍率（倍）
初中及以下	28351	20.29	30848	26.53	1.03
高中	46915	33.57	42609	36.65	1.21
其中：职高、技校、中专	28387	60.51	26680	62.62	1.17
大专	32928	23.56	29321	25.22	1.24
大学	18201	13.03	12938	11.13	1.52
硕士以上	150	0.11	550	0.47	0.39
无要求	13189	9.44	—	—	—
合计	139734	100.00	116266	100.00	

资料来源：甘肃就业网，http://www.gssjyw.com。

4. 技术等级或职称

从用人需求对技术等级要求来看，对技术等级有明确要求的占总需求人数的41.94%，主要集中在职业资格五级、职业资格四级和初级专业技术职务这些中低技能资质（见表11）。由此可见，目前甘肃劳动力市场的求职者技术等级和职业资格普遍较低，求职者对于提高职业资格和技术能力的现实压力不够，供求双方的"技术含量"仍然处在初级阶段，创新驱动的结构转型任重道远。

表11 按技术等级分组的供求人数

	需求人数（人）	需求比重（%）	求职人数（人）	求职比重（%）	求人倍率（倍）
职业资格五级（初级技能）	19871	14.22	13221	11.37	2.20
职业资格四级（中级技能）	8916	6.38	6253	5.38	2.12
职业资格三级（高级技能）	3797	2.72	3538	3.04	1.77
职业资格二级（技师）	2471	1.77	1737	1.49	2.12
职业资格一级（高级技师）	1381	0.99	1815	1.56	1.46
初级专业技术职务	13035	9.33	11060	9.51	1.88
中级专业技术职务	7861	5.63	4954	4.26	2.28
高级专业技术职务	1273	0.91	793	0.68	2.30
无技术等级或职称	—	—	72895	62.70	0.70
无要求	81129	58.06	—	—	—
合 计	139734	100.00	116266	100.00	—

资料来源：甘肃就业网 http://www.gssjyw.com。

三 新常态下的甘肃就业形势分析及存在的问题

（一）当前全省就业状况基本保持稳定，城乡居民就业态势良好

随着"经济新常态"的不断发展和深化，甘肃产业结构也将不断优化调整。从当前数据看，全省农业在国民经济中的比重持续走低，工业尤其是以石油、化工、钢铁、有色、机械等为主的重工业在经济发展中仍然发挥着重要支撑作用，服务业发展势头良好。农业虽然经济总量小，但吸纳了大部分农村人口就业，工业对劳动力的需求极为有限，而且对性别和年龄及学历要求较为"苛刻"，服务业吸纳就业人数虽然逐年增加，但"尚未达到就业总量的四分之一"[①]。

（二）就业总量压力居高不下

从2010~2015年上半年的统计数据看，目前甘肃省经济已进入从高速增长转入中速增长的转折期。企业用工需求和用工结构也由于产业转型和承接产业转移等原因处在深度调整阶段。第三产业发展相对滞后，传统行业比重依然较大，直接有效解决新增就业人口的办法不多，全社会吸纳就业能力明显不足。另外，以高校毕业生和新失业群体为代表的两大就业群体，就业需求大、就业期望高、技能经验缺乏，与市场需求和岗位要求仍有着较大差距，且矛盾短期内难以彻底解决。

（三）技术型就业需求大、供给少，劳动力的供给结构矛盾突出

甘肃的职业技术教育和技能培训发展相对滞后，同时技术人才培养和输送与市场需求联系不紧密。当前，输出转移的劳动力主要集中在技术含量低、附加值不高的体力型职业。随着经济新常态下产业结构调整和转型升级的现实需要以及相关产业政策的实施，对于此类劳动力的需求将越来越少，今后在劳动力市场上低端劳动力的"就业难"和高端劳动力的"用工荒"现象将十分普遍并持续存在。

---

① 包东红、杨澍：《当前宏观经济背景下甘肃省就业形势分析》，《甘肃日报》2014年11月24日。

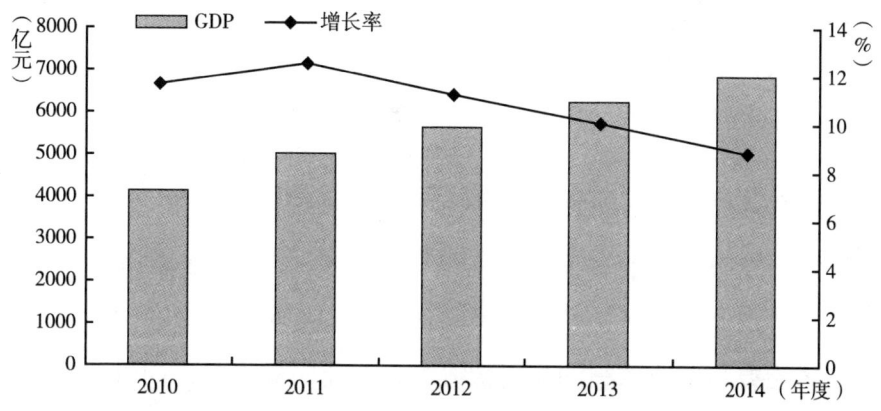

图 1　甘肃省 2010～2014 年国民生产总值及增长率

（四）就业人员灵活就业比例持续升高，就业稳定性较差

灵活就业、企业吸纳和自主创业分别是近年来省内新增就业和失业人员再就业的主要途径。由于灵活就业的形式主要为小时工、临时工和季节工，岗位流动性大，易受季节性、周期性影响，而灵活就业人员的文化程度普遍偏低，技术能力不足，因此，其工资水平和社会保障水平普遍较低，就业质量不高，就业稳定性难以保障。

（五）就业人员创业热情高涨，但多为小微型企业且生存能力不足

在"大众创业、万众创新"全民创业行动的推动下，甘肃省内自主创业队伍不断发展壮大。但总体上看，创业企业仍集中在传统生活类服务行业且大多数为小微企业。大中型企业、在省内外有影响力和品牌知名度的高新技术企业少。自主创业企业的生存能力、可持续发展能力和抵御市场风险能力严重不足，适应省内经济社会发展实际、符合市场需求和拥有产业优势、地方特色的创业模式依然在探索

尝试过程中。值得欣慰的是，近年来随着工商登记制度和税费改革的不断深入，小微企业已经成为吸纳城镇就业的新增长极。全省新增城镇就业和农村富余劳动力转移就业主要集中在小微企业。

（六）新兴产业发展势头良好，但容纳就业空间有限

在"十二五"期间甘肃省加大了对新材料、清洁能源和生物医药等特色产业和新兴优势产业的扶持力度。这些行业普遍需要具备相当技术能力和专业水平的高层次人才，就业门槛很高，同时这些行业技术含量高、自动化程度高，吸纳就业人员的空间有限。

从就业的重点群体来看，应届高校毕业生就业压力大，就业形势严峻。今年省内高校毕业生数量已经超过13万，就业难度明显增加，长线专业和基础性学科的毕业生就业异常困难。造成甘肃省高校毕业生就业难的原因除了传统的高校学科建设不合理、专业设置与市场需求脱节、人才培养、开发和创新模式不完善之外，也与目前学生职业规划意识淡薄、就业期望值增高、就业实习机会缺乏等有关。除此之外，越来越多的毕业生"有业不就"和"在家啃老"等现象也日益增多。

农民工就业形势总体稳定，但新生代农民工就业亟须重视。甘肃省吸纳农民工就业最多的三大行业分别是建筑业、制造业和服务业。目前本省农民工就业的主要特点有二：一是绝大多数农民工文化水平低、技术能力差、劳动者权益保护意识弱、劳动者维权能力不足。二是农村富余劳动力转移日益呈现向省内回流和就近就业的趋势。总的特征依然是总体数量过剩和结构性矛盾并存。

新生代农民工主要指"80后""90后"农民工，他们与第一代农民工相比，就业观念明显不同。一是就业偏好明显。当前绝大多数新生代农民工选择就业时仍然集中在技术要求不高、门槛相对较低的劳动力密集型产业（制造业和服务业），但是对于其中"脏、累、

险"的重体力劳动又比较排斥。二是就业期望高。多数人融入城市的意愿较强,渴望从事更加高端的职业并且有较为理想化的职业愿景。三是对薪酬福利期望较高。新生代农民工的消费需求大、消费欲望高、消费个性化强,他们对于自己的工资报酬、福利待遇和社会保障水平要求明显较高。四是就业稳定性差。新生代农民工职业选择较为随意,转换职业和岗位较为频繁,其中主动辞职和频繁跳槽的现象较为普遍。五是竞争力较弱。因为绝大多数新生代农民工学历层次低、工作经验少、技术能力不足,加之社会整体劳动生产率提高,新技术应用速度加快、应用范围扩大,技术对于人力的替代效应愈加明显,新生代农民工的就业压力越来越大,就业形势更加严峻。

四 对策建议

(一)加快产业结构转型,夯实就业基础

一是发挥甘肃特色产业优势,不断增强特色优势产业对就业的带动和吸纳作用。深挖就业岗位潜力,力争使产业发展与人才培养使用协调同步、顺利接轨。适当延长产业链,积极提升下游产业对就业的吸纳能力,使上下游人力资源能够互相流通和共享。二是积极调整产业结构,大力发展吸纳劳动力最多的第三产业。特别是要积极推进生产性服务业的发展,提高对专业技术人才的招聘条件,积极吸引省内外高科技人才,不断优化人力资源结构,实现人才的合理配置。积极推动生活类服务业转型升级,培育新型消费产业、引导和拓展多元消费领域,从而扩大就业空间。

(二)支持中小企业发展,拓展就业空间

一是继续为中小企业创造更加宽松的生存环境。简化各类行政审

批事项，减免针对中小企业的行政收费，开放更多的中小企业准入领域，适当降低中小企业准入标准，允许和支持中小企业采用更加灵活的出资方式和经营方式。二是增强中小企业生存能力和可持续发展能力。进一步完善中小企业金融服务体系，加大对中小企业财政专项扶持和金融支持力度。建立健全中小企业公共服务体系，为中小企业提供信息咨询、企业管理、市场开发、技术创新等服务，增强中小企业的可持续发展能力。对初创的中小（微）企业加强生存能力和市场前景的分析与指导，提高其成活率和抵御市场风险能力。三是强调企业的社会责任，运用税收优惠以及低息贷款等方式支持和鼓励中小企业吸纳和安置就业。

（三）抢抓区域发展机遇，积极拓宽就业领域

积极把握"丝绸之路经济带"、"华夏文明传承创新区"以及"国家生态安全屏障功能区"建设的历史机遇，结合甘肃实际，大力支持和发展环境保护、生态建设、物流交通、文化旅游等相关产业，实行重大产业项目建设和劳动力就业一体规划、整体推进的战略，结合产业发展和地方实际，增加产业配套工作岗位，积极拓宽就业领域。

（四）狠抓政策落实，提升大学生就业质量

高度重视高校毕业生就业工作，继续将其放在首要位置。一是要认真落实全省大学生基层就业项目，整合政府、学校及社会多方力量，扩展就业领域和渠道，千方百计为高校毕业生创造就业岗位。二是创新就业服务形式和理念、提高就业服务能力，增加学生就业、实训和技能培训等内容，提高大学生的实用技能水平。积极引导大学生在校期间积极参与社会生活，增进他们对于社会的认识了解，加强他们的自我保护意识和维权意识。三是积极转变学生和家长的就业观念，加强对学生的责任意识教育，鼓励高校毕业生积极就业、积极创

业。四是进一步做好就业公平工作。创造良好的就业环境，加强对人才市场的监督管理，规范企事业单位用工信息和资质，防止就业和招聘歧视。

（五）强化技能培训，提高劳动者素质

一是结合甘肃实际，认真贯彻落实《国务院关于加快发展现代职业教育的决定》，加快建设以就业为导向的职业教育培训体系。二是加强农民工职业技术教育，全面提升劳动者就业能力。依托基层劳务工作站、劳务中介组织开展劳务输转相关知识培训，不断提高农民工的职业技术能力。加强对新生代农民工的心理教育和心理干预，合理调整他们的心理期待，提高他们适应社会的能力。逐步建立起专业化、技术型的劳务输出队伍，力争做到人人带证输出、个个持证上岗，使农民工特别是新生代农民工"出得去、干得好、留得住"。

（六）完善就业公共服务体系，提升就业服务能力

一是继续加大财政投资力度，进一步加强各级各类公共就业服务平台和培训机构建设，改善服务平台的设施条件和人员待遇。二是加强公共就业服务机构工作人员队伍建设，定期开展业务培训和职业资格审定，提升基层就业服务平台的工作能力和效率。三是推进公共就业服务体系标准化、规范化建设，制定全省统一的公共就业服务标准，科学确定服务范围、服务内容和服务流程，为服务对象提供标准、规范、优质的公共就业服务。四是推进人力资源信息网络建设，多方搜集、综合分析、整体利用就业信息。做到有针对性地制定就业服务方案，提高就业服务能力的科学性、有效性，引导人力资源的合理流动。

B.9
甘肃省社会组织参与公共服务的能力分析与预测

宋文姬 李 蓉*

摘 要: 近年来,甘肃省对社会组织管理体制进行深入改革,各类社会组织迅速发展,为积极参与公共服务供给提供了更大的发展空间。但是,甘肃省社会组织由于自身能力的诸多不足,以及受现行的社会组织管理体制等外部因素制约,在参与公共服务提供过程中还面临诸多挑战。提升社会组织自身的建设能力,理顺政府与社会组织在公共服务供给领域的关系,加大经济投入力度,是社会组织扩大参与范围、提高参与水平的必然选择。

关键词: 甘肃省 社会组织 公共服务

2014年,党的十八届三中全会《关于全面深化改革若干重大问题的决定》提出"创新社会治理体制"的执政理念,带来了社会治理理念的重大转变。《决定》更强调了政府与社会的"双向互动"和社会治理多元参与的特点。关于社会组织,《决定》提出了承接部分政府公

---

* 宋文姬,甘肃省社会科学院实习研究员,主要研究方向为政治社会学、城市社会学;李蓉,甘肃省社会科学院实习研究员,主要研究方向为政治学。

共产品供应的社会职能,因此,了解当前甘肃省社会组织参与公共服务现状并消除制约全省社会组织参与公共服务供给的因素,对于促进甘肃省社会组织健康发展,整合多方资源创新社会治理模式具有现实意义。

一 甘肃省社会组织参与公共服务概况

(一)概念界定

社会组织,主要是指伴随着社会转型,由身处社会不同阶层的公民独立自发建立的,以非营利性、非政府性和社会性为主要特征的各种组织形式及其网络形态。作为独立于政府之外的,具有自发性质的民间组织,其主要资金来源是各类慈善募捐或组织会费,专门提供政府及企业难以充分提供的社会服务和公共产品,具有公共性或准公共的性质。在我国,按照不同的组织属性,将社会组织划分为社会团体、基金会、民办非企业单位三大类。公共服务,是政府为满足社会公共需要而提供的产品与服务的总称,[1] 其基本特征包括公共性、公益性及公平性。公共性决定了公共服务的供给主体具有唯一性、排他性,只有政府是其唯一的供给主体。但是,伴随经济的迅速发展,公众的社会需求不再单一,对公共服务提出了新的要求。增加公共服务供给的措施主要包括拓宽公共服务供给渠道,通过市场向社会组织购买公共服务。社会组织自身所具有的非营利、灵活、亲民等特点决定了其在参与公共服务中不以追求利润最大化为目标,并且能灵活地对服务对象的需求做出弹性反应。值得一提的是,社会组织的独特优势在于它的人文价值,激发和培养公民的社会责任感。

---

[1] 李军鹏:《公共服务学——政府公共服务的理论与实践》,国家行政学院出版社,2007。

（二）甘肃省社会组织参与公共服务现状

1. 社会组织数量增加、涉域广泛

社会组织在公共服务领域参与供给，覆盖面及能力与政府相比并不成熟，然而随着公共服务均等化的不断推进，社会组织已经成为公共服务建设过程中必不可少的力量，且取得了显著成效。近年来，甘肃省社会组织发展迅速，规模不断扩大，截至2014年，甘肃省民政部门登记的社会组织共有14610家，其中社会团体11259家，民办非企业3308家，基金会43家（见图1）。同时，甘肃省社会组织分布领域不断拓展，类型趋于多元化，已经由传统的行业领域向文化服务、心理咨询、环保、社会福利、特殊群体服务、防灾减灾、公益慈善、法律服务等诸多领域拓展，形成了门类齐全、覆盖面广的社会组织体系。社会组织在促进甘肃省经济发展、繁荣社会事业、参与公共管理、开展公益活动等方面都发挥了重要作用。

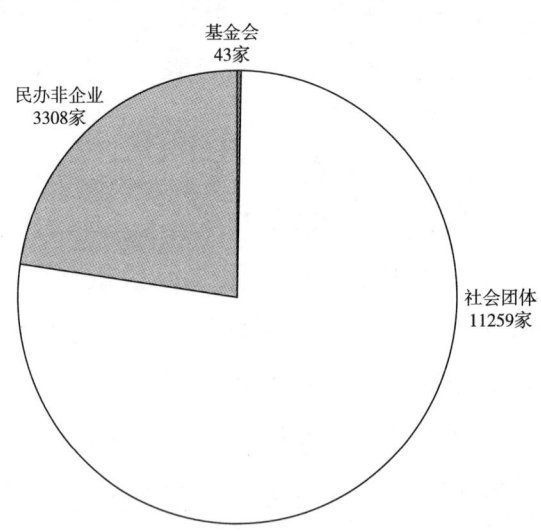

图1 2014年甘肃省社会组织构成及数量

资料来源：中国社会组织网。

2. 参与模式日趋多样

目前，甘肃省社会组织参与公共服务的模式主要有以下三类：第一，社会组织通过承接政府公共服务，参与社会公共服务事业，例如，2014年8月，甘肃省社会组织促进会就圆满完成了民政部首次以政府购买服务的方式面向全国公开招标的"2014年度民政部福利彩票公益金社会工作培训项目"。第二，政府、企事业单位、社会组织三方合作，提供公共服务，例如，2014年11月，陇南市义工联盟联合陇南市西京医院、市慈善协会、市青年志愿者协会在陇南市武都区走访九年制义务学校，为361名中小学生开展特困生援助和免费就诊活动。第三，与国际组织合作，利用国外组织资金、管理模式提供公共服务。2014年1月3日，甘肃省民间组织国际交流促进会正式成立，该组织也是西北地区首家民间组织国际交流促进会，在甘肃省科学教育、文化艺术、体育卫生、经济贸易、妇女青年、公益救助等领域开展国际交流。

3. 保障制度不断完善

完善的法律法规及制度，是参与公共服务供给的前提条件和合法性保障。甘肃省出台相关的制度性规定，在2014年《甘肃省人民政府办公厅关于政府向社会力量购买服务的实施意见》（甘政办发〔2014〕85号）文件中就具体规定了政府购买社会组织服务的基本原则、购买范围、实施程序、资金管理、绩效管理等问题，明确了甘肃省购买公共服务的范围、方式、程序等具体操作规范，为社会组织参与公共服务提供了制度保障。2015年年初，甘肃省财政厅印发《关于公布2015年省直部门政府购买服务试点项目名单的通知》，进一步扩大政府购买服务试点范围，涉及购买主体17个，涉及购买项目32项。另外，社会组织登记制度在不断改革，表现在以下两大新突破。

（1）四类社会组织直接登记。按照《国务院机构改革和职能转变方案》以及省委、省政府关于进一步简政放权、加快转变政府职能的要求，加快推进社会组织管理体制改革，促进甘肃省社会组织健康有序发展。结合甘肃省实际，省民政厅在2015年9月26日颁布了《甘肃省四类社会组织直接登记管理暂行办法》，明确提出公益慈善类、科技类、行业协会商会类以及城乡社区服务类等社会组织不需要挂靠主管单位，可依法直接向民政部门申请登记，并接受"登记和业务主管一体化"的管理模式，这是社会组织管理制度的突出进步，意味着社会组织等私权利主体权利范围的进一步拓宽。

(2)准入要求不断降低。为加速省内社会组织体制早日实现政社分开、权责明确，形成协商合作关系，省民政厅于2014年出台了《关于加强和创新社会组织建设与管理的意见》，明确提出要规划好社会组织提供公共服务的范围，使其涉域面不断扩大，进而增强社会组织活力。在社会组织提供公共服务的范围方面，按照宽进严管、非禁即入的原则，积极推进社会组织直接登记。2015年，甘肃省民政厅下发《甘肃省四类社会组织直接登记管理暂行办法》，试行直接登记制度。涉域面的不断扩大、登记制度的简化，为社会组织进入公共服务供给领域降低了准入要求，提供了更为便利的参与机制，更提供了广阔的发展空间，为公共服务的供给增添了强大动力。

二 甘肃省社会组织参与公共服务存在的主要问题

社会组织参与公共服务对于转变政府职能、满足公共需求所发挥的作用不可替代，但是在参与过程中仍然存在诸多限制性因素，面临亟须解决的问题。社会组织在我国发展时间较短，而甘肃省社会组织相较于沿海城市更是起步晚、发展慢，参与公共服务存在更多制约因素，如社会组织的身份困境、资金困境、人才困境等。

（一）角色定位方面：社会组织定位不准，社会组织管理模式滞后

社会组织的定位问题，不仅关系到社会组织的社会认同度，而且一定程度上决定了其能否顺利参与公共服务。一直以来，政府对社会组织实行双重管理体制，这虽然可以有效控制社会组织在运行过程中产生的社会风险，但是在社会生活活跃，社会组织呈井喷状态的今天，这种在民政部门与行业主管部门进行登记的双重管理体制，显然已经很难适应社会治理的需要。同时这种有明确主管部门的社会组织登记注册管理体制虽然降低了社会组织运行过程中的风险，却使得政府对社会组织干预过多，导致社会组织定位模糊、缺乏自主权，在参与公共服务方面则更加缺乏独立性。甘肃省很大一部分社会组织是由政府直接建立，或是由政府的职能部门转变而来，或是由政府机构直接建立的，这些社会组织在观念、组织、职能、活动方式、管理体制等方面都十分依赖政府，在某种程度上发挥着政府的附属机构的作用。这种管理体制从登记管理的角度对社会组织进行了约束，降低了风险，却抬高了社会组织参与公共服务的准入门槛。登记注册的门槛过高、过程烦琐使得一部分公益性、服务型社会组织资格受到限制，止步于注册登记，无法取得参与公共服务的入场券，影响了社会组织在公共服务领域的整体活力。

目前，从中央到甘肃省地方，已经实施四类社会组织的直接登记，应该说这一社会治理办法的创新，为各类社会组织的创建提供了便捷的登记流程，简化了行政手续，创设了良好的社会组织管理外部环境。

当前甘肃省社会组织管理模式创新，应该说是亟待解决的问题，

一方面是由于既往的社会组织管理模式无法适应社会组织的发展。另一方面是由于在甘肃省的社会组织产生之初，就有一大批行业类社会组织是由政府职能部门直接建立或由政府的职能部门转变而来的。"先天不足"，这些社会组织在观念、组织方式、职能、管理体制等各方面都与政府机构十分类似，虽然具有组织方式稳定、专业领域明晰的优势，但也有人浮于事、工作方式不够主动灵活等弊端，所以无论是外部管理方式创新，还是社会组织自身内部的革新，都对当前社会组织参与公共服务有着重要意义。

（二）能力建设方面：资金来源不足、人事制度僵化、公信力不高

社会组织的经费一般由政府拨款、社会筹资、自营收入等几部分构成，由于自身公信力的不足以及社会筹资的不稳定性，其获取资源的能力较弱，加之社会组织内部结构不完善、法律法规的保障支持不足、人才培养工作不到位，都导致了社会组织供给公共服务的能力不足。

1. 社会组织获取资源能力较弱，缺乏参与公共服务的物质基础

对于不以营利为目的的社会组织而言，社会资源是其生存与发展的物质基础，充足的资源支撑是社会组织生存与发展、开展各种活动、实现自己宗旨的必要前提与基础，其中，资金支持尤其重要。社会组织的社会资源主要包括合法性、资金、人力资源、政府支持、社会合作与认同，其中，资金来源主要包括政府资助、社会募捐、自身经营所得三大部分。但一般而言，社会组织从政府获得的无条件（无偿）资金支持是有限的，所以社会募捐和社会组织自身经营所得就成为社会组织经费的主要来源，但是，在这当中，私人基金向社会募捐也会存在不稳定、不连续等问题。同时，在目前，虽然社会组织在参与公共服务的过程中会通过政府采购等形式获得收益，但由于存

在资金不能及时划拨到位等问题,也影响了社会组织提供公共服务功能的发挥。

2. 管理机制滞后,影响自身建设

当前我国政府对于社会组织采取"双重管理"模式,使得社会组织在成立之初和在工作运行当中,都需要接受业务主管单位和登记管理机关的双重管理,其中很多社会组织直接由政府职能部门组成,对社会需求的反应不敏感。同时,管理体制的滞后,也造成了人事制度的僵化,特别是缺乏灵活的用人机制,不能吸引专业人才或者紧缺专业人员,进而影响了自身的专业化程度。同时,目前甘肃省在社会组织工作人员培训、社会保障等方面配套措施不足,致使甘肃省的社会组织从业人员缺乏职业能力的提升与发展,这不利于社会组织工作人员群体的稳定。

3. 社会组织信息公开程度不够,降低公共服务的公信力

社会组织要向社会公众及时、准确地公开自己所掌握的信息。2015年9月,甘肃省委省政府下发《甘肃省人民政府关于促进慈善事业健康发展的实施意见》(甘政发〔2015〕77号)文件,明确规定要确保信息的公开透明,要求慈善组织及其他社会力量依据有关规定及时公开资源的募集、管理和使用情况,主动接受各方面的监督。社会公众积极参与社会组织活动后,往往非常关心后续落实情况,如资金是否被合理利用等,然而,社会组织在信息公开方面做得还不够充分,虽然相关条例中明确规定社会组织需要对其支配的资源进行公开,但在现实中,真正做到信息公开的社会组织并不多,社会公众很难找到社会组织的相关数据。政府对社会组织的监督一般采取年度审核财务报表的方式,仅凭一年一度的审核很难起到监督作用。社会组织自身缺乏自我监督机制,社会公众对社会组织的监督缺乏有效途径,政府对社会组织的监督也不尽完备,这一系列问题都容易造成社会组织缺乏公信力。

（三）制度缺陷明显：法律地位不明、与政府关系模糊、参与公共服务机制形成较晚

社会组织参与公共服务的相关制度与法律是社会组织合法性的体现，是其在参与过程中能够有效管理、顺利运行的制度保障，但是现行的相关制度、法律、政策对于社会组织参与公共服务并没有明确规定其地位与作用，特别是政府与社会组织的关系不明晰，相关制度与法律建设滞后等问题，都凸显了当前我国已有的社会组织参与公共服务的制度设计已经不能适应实际需要。

1. 社会组织参与公共服务的地位和作用在制度和法律上没有明确规定

目前，涉及社会组织参与公共服务的条例、规章、法律主要有国务院发布的《社团登记管理条例》《基金会管理条例》《民办非企业单位登记管理暂行条例》三大管理条例，以及《中华人民共和国公益事业捐赠法》（1999年）、《中华人民共和国政府采购法》（2002年）等相关法律，在这些政府规章以及法律条款中，仅仅赋予了社会组织存在的合法性，没有明确社会组织在公共服务中的地位。例如，《中华人民共和国政府采购法》是政府实行公共服务外包的基本依据，规定了六种政府采购方式，但是在公开招标这一主要采购方式中，采购对象却不包括社会组织，这就对社会组织在后期参与政府采购、服务外包的法律地位提出了质疑，甚至可能存在部分法律风险。

2. 政府与社会组织的关系在制度和法律上没有明确规定

前面已经提到，当前政府职能部门与社会组织间还存在着"政府办社会组织"、社会组织"隶属"政府部门等不正常现象。因此，要构建顺畅、高效的社会组织参与公共服务机制，就要全力解决目前存在于社会组织与政府之间的权责不清、定位不明问题。权责不清，

会导致社会组织提供的公共服务陷入无人监管、无人评估的境地；定位不明，会导致政府职能部门与社会组织间互相推诿公共服务职能。所以加强顶层设计，进行配套改革，理顺社会组织与政府间关系，是社会组织有效参与公共服务的基本制度保障。

3. 保障社会组织参与公共服务的制度形成较晚

自 1998 年《社会组织管理条例》发布以来，我国社会组织的管理模式、社会地位都发生了重大变化，但是在社会组织参与提供公共服务方面，却鲜有政府与社会组织实践，以及相关公共政策的制定。例如，在甘肃省，直至 2014 年才出台了关于社会组织参与公共服务的制度性规定《甘肃省人民政府办公厅关于政府向社会力量购买服务的实施意见》（甘政办发〔2014〕85 号），为社会组织参与公共服务确定了合法性身份和制度保障。而在此之前，甘肃省在制度设计层面以及政府公共政策实践方面，均没有将社会组织提供公共服务纳入政府采购范围内，因此，这一公共政策实施的滞后反映的是政府社会治理理念的滞后，其后果就是造成了甘肃省社会组织参与公共服务的制度形成较晚。

（四）政府引导方式尚待完善

社会组织的成长需要一个较为宽松的外部环境，同时，由于其所具有的非营利性质，也需要政府、公众、企业、社会的多方支持。特别是在需要社会组织承接公共服务时，更需要提供系统支持，帮助社会组织完善自身组织建设，提升专业服务能力。但是在具体实践中，社会治理理念的滞后和长期存在的对社会组织的忽视，造成了社会组织在创建时缺乏宽松的政策空间，在成长时缺乏专业引导与有力支持，并最终影响了社会组织提供专业化公共服务的能力。因此，给予社会组织宽松的政策环境、提供专业引导应该是政府在帮助、引导社会组织成长中的"必修课"。特别是，当前我国处在社会整体转型

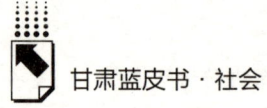

时期,通过引导、扶助建设成熟的社会组织,也是进行社会建设与创新社会治理的重要实践。

三 推动社会组织参与公共服务的对策建议

如何有效发挥甘肃省社会组织在公共服务领域的作用,为社会公众提供大致均等的公共服务,需要分析社会组织的参与困境,系统总结其他省份的基本经验,结合甘肃省情,分析制约性因素及面临的挑战,进而提出有针对性的政策建议和改进措施。

(一)政府层面:有序转变职能,有力引导支持社会组织

1. 明确职能,做好"采办员""监督员"

当前,政府通过服务外包、政府采购等形式从社会组织那里购买公共服务,已经成为我国政府转变职能、进行社会治理的常态化模式。但是,这一模式并不是简单地将公共服务产品排除在政府工作序列之外,而是要求政府明晰其在公共服务供给过程中作为"采办员""监督员"的定位及权责界限。第一,做好公众的"采办员",各级政府在购买公共服务的过程中,要根据地方实际与公众需求,购买政府能支付、群众能满意的公共服务。第二,做好"监督员",政府要特别明确与社会组织的责任界限,建立并完善公共购买制度,确立统一购买模式,并建立完善评估及监管机制。特别是引入第三方评估,实现评估的专业化、多样化、科学化。

2. 完善政策措施

当前,随着我国社会生活活跃度的不断提升,各种人民团体、群众性组织、社会组织大量涌现,因此,形成适应当前社会活跃度的社会组织管理模式,就显得尤为重要。当前,我国有四类社会组织实现了直接登记,但是,在活跃度提升、公民参与日渐高涨的当代社会,

四类社会组织直接登记很可能不能适应以后多元化的社会需求，因此，改革现有社会组织登记制度，最大限度地放开社会组织直接向民政部门登记，应该成为今后探索社会组织管理创新的一个方向。

3. 加大财政的支持力度

社会组织由于其所具有的非营利性特征，在资金支持方面主要还是依靠外部"供血"，就目前来看，社会组织维持运营的主要来源依然是政府的专项资金。2012年中央财政首次设立了专业资金，投入2亿元用于社会组织发展。甘肃省也将社会组织开支纳入公共财政预算，用以支持社会组织日常运营。在2015年甘肃省正式施行新修订的《甘肃省消费者权益保护条例》中明确规定，"消费者协会为消费者提供服务不收取费用，其公用经费和业务经费纳入同级政府财政预算"，这一规定解决了基层消费者协会的经费不足问题，能让其无"后顾之忧"地为维护消费者合法权益服务，大大畅通了消协的维权渠道。

但是，社会组织范围广、数量多，持续加大财政的支持力度任重而道远。

（二）社会层面：加强舆论宣传，争取社会信任

社会组织参与公共服务，有赖社会公众对社会组织人力、财力及物力方面的大力支持，特别是在社会转型期，引导社会大众了解社会组织，关注社会组织成长，进而实现社会大众参与社会组织，创设社会组织特别是社区型的社会组织应该成为当今社会建设的一种趋势，这也是促进我国社会组织蓬勃发展的一种动力。公众将政府的价值定位为公正和效率，将市场的价值定位为利益最大化，但对社会组织的价值定位却知之甚少。社会公众对社会组织的了解仅限于中国红十字会、壹基金等大型社会组织，很多企业和个人不知道捐款渠道，不知道如何参加志愿活动，所以应该大力宣传志愿服务。志愿服务发展能

够为社会组织提供人力、物力、财力等方面的支持,提升社会组织参与公共服务的能力,为社会组织更好地完成公共服务事业提供多方面的动力保障。应该通过电视、广播、报刊、网络等不同的传播形式,加强对志愿服务精神的宣传,培育志愿服务文化,营造社会公益服务氛围,鼓励更多的公众、企业加入志愿服务的队伍。

(三)社会组织层面:走专业化道路,做好人员保证

1. 走专业化道路,提升现有公共服务能力

当前,甘肃省通过政府购买社会组织提供的公共服务涵盖了教育、医疗、文体、环境、社会事务、公共设施管理等领域,因此,在保证既有服务提供的基础上,提升现有公共服务能力与水平,应该成为甘肃省社会组织需要解决的问题之一。提升现有公共服务能力与水平,首先就是能够提供精细化、个性化的管理与服务,在满足大众均等服务的基础上,提供个性化的服务产品。特别是各个社会组织要重视自身的品牌建设,走专业化服务的道路。各社会组织要根据自身成员构成的特点、服务领域的特点和组织自身创设的初衷,明确组织自身的定位与发展目标,明晰发展思路,打造有个性、有特点、有专业能力的社会组织,从提供专业化服务的角度实现公共服务能力的提升。

2. 做好人员保证,加强人才队伍建设

专业的人才队伍建设是社会组织提升公共服务供给能力的关键。在这一过程中,首要的工作就是在工作人员的选择上,要注重专业化工作人员的招募,要有重点地招募掌握社会工作专业类知识的毕业生,以便对组织自身的工作开展和发展提供专业化建议。其次,在提供具体服务的工作中,根据服务对象的不同招募相关专业的志愿者,以便更加专业地完成相关工作,如在对留守儿童陪伴的过程中就需要招募具有幼儿教育背景的人士参加。再次,要根据社会实际需求和自

身组织定位，对工作人员进行专业化的业务培训，提升现有工作人员工作能力。最后，要通过职称的评定、工作资质的认定等外部评价措施，促进工作人员自身业务能力的不断提升与专业知识的更新，从而形成专业化的工作队伍。

目前，在甘肃省的社会组织人才建设工作中，要特别考虑甘肃省社会组织工作的实际，兼顾长远规划与示范效应，建议由甘肃省相关社会组织牵头开展社会组织职业开发试点工作，并建立社会组织创业孵化示范基地。协调有关部门，借鉴运用产业孵化基地（或园区）模式，建立社会组织孵化基地，引导各类社会组织申请入驻孵化基地，并对入驻孵化基地的社会组织提供便利化的社会组织登记服务和包括资金支持、人员培训、办公场所、政府采购信息等的多方面便利，特别是要通过对社会组织工作人员进行专业培训，帮助各类社会组织形成专业化的工作路径，最终引导各社会组织形成能提供专业化公共服务的能力。

结　语

社会组织参与公共服务，既能减轻政府的财政压力，提高供给效率，又能满足社会的多元需求，还培养了公民的社会责任感。当前，我国国民经济建设已经取得了举世瞩目的成就，但是公共服务供给，特别是公共服务的均等化仍然是社会发展的短板，因此加大公共服务投入，既是在弥补公共服务不足的短板，也是在当前经济发展"新常态"下的一个新的经济增长点。社会组织参与公共服务中的诸多限制因素不是甘肃省独有的，而是全国普遍存在的问题。甘肃省地处西北内陆欠发达地区，社会组织参与公共服务方面的工作与东部沿海发达城市相比起步晚、发展慢、范围小、资金少，但总体而言，是与甘肃省经济社会发展相适应的。今后，应从政府、社会及社会组织三个层面的工作抓起，借鉴南京、广州等城市的工作经验，结合甘肃省实际，探索出一条适合省情的发展路子，拓宽社会组织参与公共服务的范围，从资金支持、专业指导等角度，完善对社会组织参与公共服务的支持方式，在政策引导、制度设计等方面，完善现有参与机制，特别是要借助政府通过社会组织来购买公共服务这一方式，推进社会组织参与水平的提高，进而形成社会组织有能力广泛参与公共服务，广大群众乐于接受社会组织提供公共服务的新局面。

专题篇

Report on Special Subjects

B.10 甘肃省食品安全问题调查报告

惠继飞*

摘　要： 国之大事，在于养民；养民之先，在于饮食；饮食之要，在于安全。当今，食品安全问题已成为百姓话题的焦点、民生关注的热点、社会主要矛盾的凸显点。建设幸福美好新甘肃，离不开老百姓"舌尖上的安全"。甘肃省食品安全现状如何？存在哪些亟待解决的问题？怎样保障百姓饮食安全？本文立足甘肃食品安全舆情，对甘肃省食品安全现状、形势进行深入分析，帮助人们了解当前甘肃食品安全面临的主要问题，提出解决问题之道。

---

* 惠继飞，甘肃省社会科学院法学研究所助理研究员，研究方向为行政法与法治政府建设。

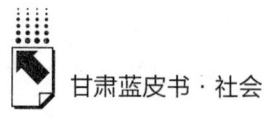

关键词： 甘肃　食品安全　调查报告

国之大事，在于养民；养民之先，在于饮食；饮食之要，在于安全。食品安全，是指食品无毒、无害，符合应有的营养要求，对人体健康不造成任何急性、亚急性或者慢性危害。改革开放30多年来，人民生活水平有了显著提高，食品供给格局发生了根本性变化，食物品种越来越丰富、数量越来越充盈，但食品的安全性问题却越来越成为人们切身的隐忧。危及人们健康甚至生命安全的重大食品安全事件时有发生，不禁使人们产生这样的疑虑：为什么种养技术提高了农产品产量，却改变了农产品的美味？琳琅满目的食品满足了我们的食欲，却又危及我们的健康，让人病从口入、谈食色变？因此，如何加强食品安全自然成为全社会关注的热点话题。

作为人类赖以生存的物质基础，食品安全关乎人们的身体健康和生命安全，影响社会稳定和经济发展，体现政府的管理水平和执政能力。近年来，食品安全问题已成为社会关注的热点、百姓话题的焦点、社会主要矛盾的聚集点和凸显点。能否保障老百姓"舌尖上的安全"是对各级政府执政能力的重大考量。

一　甘肃省食品安全现状

（一）食品安全已成为当前最大的民生热点

从近五年的舆情调查结果来看，食品安全问题已经持续成为舆情热点问题之一，且其受关注的程度呈逐年上升趋势。在2010~2011年度民生十大热点问题中，食品安全位居第八，有82.25%的被调查者对食品安全比较关心；2011~2012年度其受关注的程度由第八位上升到第三位,是继住房和物价问题之后人们最为关注的社会热点,调查显示64.4%的被调查者关注食品安全问题;2012~2013年度调查结果有52.7%的被访者关注食品安全问题,虽然关注比例有所下降,但在诸多热点问题中仍居第三位;2013~2014年度,食品安全问题以59.04%的关注度攀升至热点问题第二位,仅次于住房问题;2014~2015年度的社会热点调查结果显示,有66%的被调查对象关注食品安全,食品安全问题因此也跃居社会热点问题的首位(见表1)。

表1 近五年甘肃民众对食品安全的关注度及其在社会热点问题中的排序

年度	食品安全关注比例(%)	社会热点问题排序
2010~2011	82.25	物价、住房、医疗、养老、低收入、就业、教育、食品药品安全
2011~2012	64.40	住房、物价、食品安全、反腐败、就业、养老、医疗、教育
2012~2013	52.70	物价、住房、食品安全、养老与社会保障、环境、反腐败与干部作风、医疗、就业
2013~2014	59.04	住房、食品安全、环境、反腐败、就业、物价、医疗、养老与社会保障
2014~2015	66.00	食品安全、物价、环境、住房、养老与社会保障、医疗、就业、反腐败与党的群众路线教育活动

资料来源:《甘肃蓝皮书·舆情》(2010~2015)。

从表1可以看出,甘肃民众对食品安全的关注度逐年攀升,食品安全问题已成为当前甘肃最大的民生热点。这一状况表明,一方面,随着生活水平的日益提高,甘肃民众对自身健康越来越重视。另一方面,频频出现的食品安全之殇也使甘肃民众对食品安全形势表示出很大的焦虑。客观地说,近年来发生的重大食品安全事件,诸如农药傍蔬菜、陈米着靓妆、面粉兑尿素、甲醛泡海鲜、硫黄熏银耳、染料当色素、奶粉含氰胺、皮革制酸奶以及苏丹红、地沟油、瘦肉精、塑化剂、甜蜜素、过期肉等事件，在甘肃境内都有不同程度的显现，尤其是近两年在省会城市出现的严重水污染事件，使人们对饮食安全生发出更大的舆情关注和期盼。

（二）食品安全形势总体向好

近年来，无论从民众对食品安全的满意度，还是从食品安全事故的发生率来看，甘肃省食品安全形势都在向好的方向发展。从民众对食品安全的满意度调查来看，2010~2011年度，有61.3%的调查对象认为食品不安全；48.48%的调查对象对食品安全心存忧虑。2011~2012年度调查结果显示，25.3%的人认为政府开始重视，形势逐渐好转；45.9%的人认为问题仍然存在，但相信能够解决；只有25.8%的人认为问题太多且越来越差。2014~2015年度的调查中，12.38%的被调查者认为监管力度明显加大，安全状况好了很多；53.87%的被调查者认为监管力度有所加大，安全形势有所好转；15.79%的被调查者认为监管力度和安全状况都没有变化；仅有4.03%的被调查者认为监管力度有所削弱，安全形势变差。①从超过六成的民众认为食品不安全到近七成的民众觉得食品安全状况好了很多或有所好转，说明在全社会的合力推动下，各级政府对食品安全的重视程度正在提升，监管体制逐渐理顺，监管措施日益到位，甘肃省食品安全正在向好的趋势发展。据甘肃新闻网报道，2013年甘肃省食品药品安全工作在全国考评中名列第二。食品安全形势好转的另一个标志是食品安全事件的发生率明显下降。根据媒体报道统计数据，2010~2015年全省共发生食物中毒事件20起，其中：2010年发生食

---

① 资料来源：《甘肃省舆情分析与预测（2010－2011）》《甘肃省舆情分析与预测（2011－2012）》《甘肃蓝皮书·舆情》（2015）》。

物中毒事件 5 起，中毒人数 197 人；2011 年发生食物中毒事件 5 起，中毒人数 168 人；2012 年发生食物中毒事件 1 起，中毒人数 54 人；2013 年发生食物中毒事件 3 起，中毒人数 114 人；2014 年发生食物中毒事件 4 起，中毒人数 235 人；2015 年至今发生食物中毒事件 2 起，中毒人数 102 人。① 与以前报告数据相比，可以看出，近五年来，甘肃食品安全事件的年均发生数全部维持在个位数，无论是发生事件的起数，还是中毒人数，均有显著减少，呈明显下降趋势。

（三）食品安全法治化全方位推进

食品安全需要法治化保障是一个毋庸置疑的结论。近年来，甘肃省在食品安全法治化方面迈出了坚实的步伐。

首先，监管体制进一步理顺。我国食品安全监管体制是在不断发现问题、解决问题的过程中逐步完善起来的。长期以来，体制不顺、监管乏力备受人们诟病，俗称的"九龙治水"监管模式带来的是监管边界模糊地带多，监管责任难以落实，整体执法效能低下。2013年，全国人大通过《国务院机构改革方案》，将食品安全办、食品药品监督管理局、质检总局、工商总局监督管理职责进行整合，组建了国家食品药品监督管理总局，随之出台了《国务院关于地方改革完善食品药品监督管理体制的指导意见》。根据该《意见》的精神，当年 7 月，甘肃就出台了《甘肃省人民政府关于改革完善市县食品药品监督管理体制的实施意见》，到当年年底，全省食品药品监管体制改革全面完成，县级以上各级人民政府均组建了食品药品监督管理局，乡镇设食品药品监督管理所。经过体制改革，整合了监管职能和机构、整合了监管工作力量、健全了监管执法机构和检验检测机构、健全了基层监管体系、加强了监管能力建设，一个科学、统一、集

---

① 该数据是作者根据"甘肃省食品安全事件"百度查询结果统计得出的。

中、高效,对生产、流通、消费诸环节进行全方位监管的食品安全监管体制初步形成。实践证明,这种监管体制责任明确、执法统一、辐射有效,对食品安全保障效果显著。

其次,食品安全的法网更加细密。食品安全保障需要完善的法律规制体系,近年来,围绕积极推进食品安全配套法规、规章建设,甘肃省密集出台了一系列食品安全保障性法规。2014年,《甘肃省食品安全监管责任问责办法(试行)》《甘肃省食品安全追溯管理办法(试行)》《甘肃省农产品质量安全追溯管理办法(试行)》由省政府下发全省实施,省食品药品监督管理局也出台了《关于严格食品安全监督管理的若干规定(试行)》,从严格许可准入、严格监督管理、严厉处罚惩戒、严肃追责问效四部分,明确了30条最严格食品安全监管措施。今年10月1日起,新修订的《食品安全法》正式实施,现行《食品安全法》加大了食品安全刑事责任追究力度,大幅提高了行政罚款的额度,对重复违法行为增设了处罚规定,强化了民事法律责任的追究,被称为"史上最严"。作为《食品安全法》的配套法律、法规,制定的《甘肃省生产加工小作坊和食品摊贩管理办法(试行)》《甘肃省农村集体聚餐食品安全管理办法(试行)》《甘肃省食品仓储管理规范(试行)》《甘肃省食品配送管理规范(试行)》,与新《食品安全法》同步实施。其中,两个《规范》是在全国率先出台。这些法律、法规的出台,为实施最严格的食品安全监管提供了法律制度保障,表明甘肃省食品安全的"防火墙"逐渐加固。

食品药品安全保障也离不开严厉的法律惩处体系。重典治乱是食品安全保障的有力手段,近年来,甘肃省对食品安全犯罪重拳出击,始终保持从严惩处的高压态势。甘肃省人民检察院2011年批准逮捕危害食品、药品安全的犯罪嫌疑人7人,提起公诉6人,监督相关行政执法机关依法移送涉嫌犯罪案件96件。2012年,批准逮捕危害食品药品安全、制售假冒伪劣商品犯罪嫌疑人220人,提起公诉257

人。2013年全年共破获制售伪劣食品、假药案件536起,涉案价值3580万元。捣毁食品药品黑作坊、黑工厂、黑市场、黑窝点318个,打击处理违法犯罪人员643名,其中刑事拘留372名。批捕生产销售"毒蔬菜""假羊肉"等破坏市场经济秩序的犯罪嫌疑人282人,起诉473人。监督行政执法部门向公安机关移送破坏市场秩序的犯罪案件319件375人,同比分别增长81.3%和65.2%。2014年,严打生产"地沟油""病死猪"等危害民生的犯罪行为,批捕59人,起诉211人。①

二 甘肃省食品安全存在的主要问题

在食品安全形势持续向好的同时,我们也应清醒地看到,甘肃省食品安全方面问题仍然突出。从近几年的舆情分析和我们的调查来看,目前甘肃食品安全存在下面几个亟待解决的问题。

(一)农村食品安全形势依然严峻

甘肃是地域狭长的欠发达农业省份,农村食品消费总量约占全省的60%以上。目前,全省登记注册的食品生产经营主体接近20万户,其中食品生产主体2600多户,食品流通主体近140000户,餐饮服务主体57000多户。食品生产经营主体呈现点多、线长、面广、量大的特点,且大多位于农村地区和城乡接合部,监管难度大、成本高、效率低。就在人们将目光聚焦在城市食品安全问题的当下,农村正以惊人的速度成为问题食品的"卸货场"。当前,甘肃省农村食品安全形势依然很严峻,主要表现为:第一,产品不经检验即进入市场销售的问题极为突出。有调查显示,全省大多数县乡商场和商店的食

---

① 资料来源:《甘肃省人民检察院2011~2015年工作报告》。

品大部分来自小规模生产企业和农户，无证产品居多。这类企业生产手段落后，无检测设备的多，有检测手段的少，不具备生产合格食品的必备条件。因此，超范围使用食品添加剂和用非食品原料加工食品等现象久治不绝。第二，过期食品和"三无"食品畅行无阻。一些不法商贩把过期食品换个标签、改变日期、重新整容，过期食品翻新登场后就大肆销往农村。还有一些经营者在进货时"顺应"农村消费市场的需求特点，专门挑选价格便宜、没有安全保障的"三无"食品。第三，"山寨版"的伪劣食品扎堆横行。"山寨"食品就是俗话说的"仿名牌"食品，主要通过包装上的高度模仿、更换文字偏旁部首或者拆分偏旁、使用同音异体字等方式来混淆视听，以达到借助品牌产品的知名度来提高销量的目的。近年来，类似仿名牌的"山寨"食品包括饮料、方便面、饼干、糖果等，一些制假售假活动打着"送货上门""节日让利"等各种旗号，由于价格低廉，在农村市场十分畅销。如"营养抉线""特浓苏""脉劲""康帅傅""汇原果汁""口渴可乐"这些"山寨版"的仿冒食品很容易以假乱真，这些在城市很容易被察觉的山寨食品，在农村却有广大的市场。

"问题食品"在农村大行其道，一方面是因为部分农民收入还相对较低，决定了他们的购买能力差，这给劣质食品的生存提供了空间。再者，农村消费者缺乏食品安全意识，消费观念落后，维权意识不强，也是农村食品安全问题突出的主因之一。另一方面是因为现有的行政监管、执法力量有限，难以对广大农村做到全覆盖，使农村很容易成为食品监管的"盲区"和"死角"。食药监局的一份资料显示：甘肃省基层食药监所的人员基本配置是4、5、6，最多6个人。全省1343个食药监所基本没有专门的办公场所，部分地方人员还未调整到位，导致基层食品监管工作未能及时有效开展，监管效能大打折扣。

城市食品安全需要关注，农村食品安全更需加倍监管。首先，应广泛深入持久开展食品安全宣传,向农民普及食品安全知识、强化食品安全理念以及针对食品安全问题的依法维权意识。用典型案例进行"警醒式教育",使农民能够自觉抵制问题食品。其次,应消除农村食品安全监管的空白地带。尽管现阶段农村食品市场监管困难,但这不能成为放松监管的理由,基层食药监部门在做好日常监管的同时,要及时曝光一些制售假冒伪劣食品的生产经营户,震慑违法违规的食品生产经营者。最后,要在农村建立问题食品终端销售惩处与源头追溯机制,让制假售假者都付出沉重代价。

目前,甘肃省农村人口仍然占全省人口的大部分,农村的食品安全即全省的食品安全,农村地区不应长期成为问题食品的"法外之地"。

与农村食品安全同样应该引起重视的还有校园食品安全问题。校园因为位置特殊,往往在办全相关证照后,执法部门就很少问津,而目前大多数校园食堂都采取承包经营的模式,所以,校园的食品安全主要靠经营者的自律和良心。近年来,校园食品安全问题时有发生,前述近五年来全省发生的20起食品安全事件中,有4起就发生在校园,占20%。这说明,加强校园食品安全监管刻不容缓。今后,执法部门应当将监管延伸到校园,对校园食品安全的监管做到常态化。

(二)饮用水安全不容乐观

食品,通俗地说就是人们日常吃的和喝的。因此,饮水安全问题是食品安全的题中应有之义,真正的食品安全应该是饮食安全。长期以来,我们在关注吃的是否健康的同时,似乎忽视了饮用水的安全问题。

生活饮用水,作为老百姓赖以生存的必需品,其安全直接关乎生命健康。但有关资料显示,饮用水的安全问题长期以来不容乐观。国家发改委相关报告称,1/4的居民没有清洁饮用水。《中国城市饮用水安全保障规划》则显示，中国1073个重点城市地表饮用水源地有25%的水质不达标；地下水源地问题同样严重，115个地下水源地中，有35%不合格。卫生部的一份检测报告称，根据现有的检测技术，发现水中有2221种有机化合物，在饮用水中发现756种，其中有20种致癌物、23种可疑致癌物、18种促癌物和56种致突变物，严重威胁着中国人的身体健康。水污染的隐患同样令人担忧，世界卫生组织的调查显示，全世界80%的疾病，是饮用了被污染的水造成的。另据专家透露，目前我国每年因饮用水不安全引发疾病的情况多有发生，造成的经济损失已经达到当年GDP的1%。

饮用水的安全问题，在全省民生建设中不容忽视。有关报道显示，截至目前，甘肃还有526万农村人口、105万农村学校师生饮水不安全，不少农村水资源严重短缺，一些地方饮用水氟化物等矿物质超标，危害群众身体健康。2014年4月11日，省会兰州发生自来水苯含量超标事件，2015年3月4日，又传出自来水受污染的消息。作为省会城市，饮用水频频出现问题，向城市民众敲响了饮水安全的警钟。说明饮用水的安全问题是全省城乡共同面临的难题。

饮用水一旦发生问题，涉及的人口众多，造成的恐慌更大，带来的损失难以估量。因此，加强水源地的污染治理，常规性地开展水质监测工作，探索合理的饮水安全监管体制，是当前迫切需要各级政府开展的一项工作。

与饮用水安全相关联的还包括饮品安全。近年来，饮料中喝出异物甚至饮料喝死人的新闻屡现报端，警醒人们食品安全不仅是固体食品，饮品安全问题同样重要。一些不法分子在固体食品加工无机可乘的情况下，转而从事假冒伪劣饮品的加工生产。当前，城市街头流动摊位和农村商店销售的饮料，大多数都存在问题。因此，食品安全监管高压态势应该向饮品领域延伸。

（三）转基因食品的安全需要释疑

客观地说，当今转基因食品已进入寻常百姓家，和老百姓的生活息息相关。但是，对于转基金食品的安全问题，政府没有肯定的声音，学界没有一致的意见，所以老百姓也只能是"雾里看花"。近年来，围绕转基因食品的安全之争愈演愈烈，挺"转"者认为转基因食品安全可靠，对人体不会造成伤害；抑"转"者提出转基因食品将会对人体健康造成长期的危害，甚至影响人种的进化，有人甚至认为向中国输出转基因食品是西方对中国的一个重大阴谋。正因为在转基因食品的安全性问题上没有一个明确的结论，生活在转基因食品包围中的人们对其的怀疑、担忧才与日俱增。

怎样对待转基因食品？2013年的中央农村工作会议上，习近平总书记明确提出"一要确保安全，二要自主创新。也就是说，在研究上要大胆，在推广上要慎重。转基因农作物产业化、商业化推广，要严格按照国家制定的技术规程规范进行，稳扎稳打，确保不出闪失，涉及安全的因素都要考虑到"。总书记的讲话，不但是对转基因食品研究和推广提出的严格要求，也是对转基因食品安全监管的基本要求。因此，各级政府监管部门在今后的转基因食品安全监管工作中，应切实严格规范，严禁广告误导，并对消费者做出正确引导和知识宣传。

当下，对转基因食品加强安全监管恐怕是不二的选择。但从调查看，在转基因食品泛滥的今天，甘肃省民众对政府在转基金食品安全监管方面所做的工作多有不满，八成以上的民众认为政府监管力度一般或缺乏力度，期望政府能提供更多的指导和宣传。新《食品安全法》第69条也明确规定：生产经营转基因食品应当按照规定显著标示，甘肃在2013年12月就下发了《关于试行转基因食品专柜销售的通知》，要求从2014年3月1日起，转基因食品实施专柜销售，不得将转基因食品与非转基因食品混放销售。但到目前为止，全省的一些大型超市，除极个别按照规定实行分柜销售外，大部分超市仍然未设转基因食品专柜。对于如何进一步加强转基因食品的安全性，政府也缺少应对措施，表明对转基因食品采取强有力的安全监管仍是政府应该担负的一项紧迫而现实的任务。同时，针对老百姓对转基因食品知之甚少的现状，需要在有关转基因食品的政策法规、品种类型、安全风险、如何辨别等方面给予指导和宣传，努力做到让老百姓明白选择。在转基因食品"繁荣的背后"，别让人们走入"食品地狱"，这才是人们最大的期待。

三 甘肃食品安全如何更加顺应民众的期待

"舌尖上的中国"更加需要"舌尖上的安全"。治理餐桌上的污染，切实保障民众的绿色饮食，需要多管齐下，合力推进。当下，笔者认为，应该在"严"和"实"两个方面下功夫。

（一）突出一个"严"字

食品安全保障说到底是政府的责任。如果说食品安全是人民群众的基本人权，那么加大对食品安全的重视程度，确保人民群众饮食安全就是政府的天职。正如习近平总书记所说："能不能在食品安全上给老百姓一个满意的交代，是对我们执政能力的重大考验。我们党在中国执政，要是连个食品安全都做不好，还长期做不好的话，有人就会提出够不够格的问题。所以，食品安全问题必须引起高度关注，下最大气力抓好。"

"严"体现的是政府正视和重视食品安全问题的勇气、决心和气魄。2014年国务院政府工作报告中提出三个"最严"，即用最严格的监管、最严厉的处罚、最严肃的问责治理食品安全乱象,确保老百姓"舌尖上的安全"。因此,当前在食品安全问题上,一定要坚持"严"字当头。一是要全面实施严格的食品安全市场准入制度。积极引导和扶持种植、养殖基地的建设,建议在省内集中建设几个设备先进、规模较大的生产基地,注意避免低层次的重复建设。在生产基地建立科学严格的质量管理体系,用高质量的产品逐步加大对市场份额的占领,同时要增强品牌意识,通过培育一些精品,打造基地的特色品牌,从而进一步促进基地竞争能力的提高,通过市场的调节作用,使一些档次低、质量差的种植、养殖户逐步退出市场。积极推广"公司+基地+农户"的生产模式,把分散经营的农户组织起来,实现规模化、标准化生产。建立健全食品生产源头安全体系,食品企业安全信用体系,食品生产许可制度,食品加工与原料产地可追溯制度,食品召回制度,食品安全信息收集、发布与社会监管网络体系等,通过设定限制性条件来阻挡不安全的食品自由流入市场。二是要严格食品安全标准机制和检测机制。在当前食品安全质量标准的基础上,结合食品工业发展的现状,对现有的食品标准进行整合,同时尽快提升标准等级,努力做到与国际接轨。加大食品检测技术的投入力度,建立多层次的安监体系,不断扩大监测范围,对食品安全进行"从田间到餐桌"的全程监控。三是要重拳出击,重典治乱。建立食品安全"黑名单"制度,让犯罪者承担应有的刑事责任,使不法分子付出高昂代价,对违法行为给予最大震慑,让法律的严惩永远成为悬于食品生产经营者面前的"达摩克利斯之剑",使其不敢以身试法。唯其如此,才能让食品的生产经营者有一个怕的、不敢触碰的东西,也才能进一步强化企业责任,提升企业诚信。四是要严厉打击食品安全背后的渎职犯罪。分析食品安全案件背后的深层原因,往往都和地方相关监管人员的渎职行为交织在一起,一些负有监管职责的国家机关工作人员玩忽职守、滥用职权,甚至徇私舞弊、官商勾结。因此,要从问责"查处比曝光慢半拍"现象入手,铁腕查处食品安全监管失职渎职、以权谋私、执法腐败、部门牟利等行为。只有"严"字当头,对食品安全"零容忍""动真格",食品安全上的被动局面才可能扭转。

(二)体现一个"实"字

当前,食品安全保障方面,已基本形成以《食品安全法》《农产品质量安全法》《消费者权益保护法》《刑法》为经,以地方政府和部门规章为纬的法治保障网络,可以说,食品安全的法网已基本织就,制度篱笆逐渐加固。法律的意义在于有效执行,只有生产经营者、监管者、消费者共同努力,使法律和制度的各项规定落到实处,食品安全法治体系才能拥有鲜活的生命力,食品安全才能得到切实保障。从目前情况看,一是要夯实食品生产经营者的主体责任。这个环节少出问题,百姓食品环境就能得到彻底改善。《食品安全法》实施后,食品生产经营者要严格对照法律规定安排生产经营活动,充分考虑可能承担的法律责任。当前最迫切的是严防违法违规使用食品添加剂和包装、运输、销售等环节形成的污染,保证卖给消费者的是合格、安全的产品。二是政府有关部门要切实负起责任,以秉公执法、严格执法来维护人民生命健康和国家法律尊严,坚决杜绝以人民生命健康为代价换取地方经济增长的现象。对那些唯利是图、以身试法的生产经营者,要坚决曝光并依法打击,确保百姓买得放心、吃得安心。三是要强化食品安全宣传教育。培育食品从业人员的诚信意识、提高消费者的食品安全意识、提升监管者的执法素质,都离不开食品安全宣传教育。2011年国务院食品安全委员会办公室印发了《食品安全宣传教育工作纲要(2011~2015)》,《纲要》要求,在2015年年底前将公众食品安全基本知识知晓率提高到80%以上,将中小学生食品安全基本知识知晓率提高到85%以上。这些指标和措施都应该得到切实的落实。

  保障饮食安全,只有在"实"中才能见成效,食品安全保护没有休止符,也没有完成时,永远在路上。因此,食品安全保护,不能止于政府工作报告,也不能止于法律的构架和政策的出台,"说一尺不如干一寸"才是食品安全的保护阀。

B.11
新型城镇化建设的实践研究

——基于瓜州县渊泉镇的调查与分析

张广裕*

摘　要： 本文通过对甘肃瓜州县渊泉镇建设历程、方法及成效的调查分析，指出了小城镇建设实践中出现的问题：城乡规划编制及管理相对滞后，没能有效发挥其在城镇化建设中的指导作用；城乡发展不协调；土地制度改革滞后制约了城镇化发展；城镇化发展缺乏产业支撑，吸纳聚集的功能不强；农业转移人口多数在非正式部门就业，给小城镇管理带来很大压力；投融资渠道相对单一，城镇建设资金投入滞后于城镇发展需求；快速城镇化带来文化适应问题。本文提出了进一步促进小城镇建设的思路和对策：科学规划、打造亮点，积极构建新型城镇体系；创新机制、多元筹资，推动城乡建设提效增速；依法征收、合理安置，全力推进棚户区改造步伐；坚持突出重点，切实提高小城镇建设的承载能力；坚持均衡发展，完善增强小城镇建设的公共服务功能；改革农村土地产权制度，提升农业转移人口市民化成本分担能力；发展生产，强化小城镇发展的产业支撑；坚持政策引导，强化小城镇建设

---

* 张广裕，博士，甘肃省社会科学院资源环境与城乡规划研究所副所长、副研究员，研究方向为人口、资源与环境经济学。

的保障。

关键词： 新型城镇化　小城镇　渊泉镇

小城镇建设是各种要素的创立或组合以及一定区域内体系的设置、改造和发展的过程。推进城镇化必须从甘肃基本省情出发，遵循规律，因势利导，使城镇化成为一个顺势而为、水到渠成的发展过程。推进城镇化既要积极，又要稳妥，更要扎实，方向要明，步子要稳，措施要实。随着新型城镇化在全国范围内的全面展开，各地区根据自身的资源禀赋、经济社会发展、基础设施状况等发展基础与特点，探索了符合当地实际的新型城镇化发展之路。小城镇建设对于推进新型城镇化，解决农业、农村、农民问题，扩大内需和促进产业升级，全面建成小康社会具有重要的现实意义。

一　甘肃瓜州县渊泉镇建设的实践概况调查

瓜州县渊泉镇东、西、北与西湖乡相连，西南与瓜州乡相邻，南部与南岔镇相接。辖区东西长4.6公里，南北宽1.7公里，总面积7.82平方公里。现辖县府街、邮电巷、福利巷、瓜州巷、北大桥五个社区，共有居民小组57个，辖区总人口32998人，其中城镇常住人口21998人，另有流动人口11000人。辖区内有行政企事业单位166个，驻军单位4个，特种行业单位80家，个体商业门店2287家。[①]

[①] 资料来源：渊泉党政信息网，http：//www.guazhou.gov.cn/yqz/ReadNews.asp？NewsID＝20186。

（一）渊泉镇发展历程：从粗放型扩建到品位与质量并重的精建细管

2002~2006年，共投资2.8亿元，先后实施渊泉广场、瓜州大道、县城"三横两纵"、新区"五大园"、电网改造、供排水、标准化体育场、天然气等城市建设项目72项，县城面貌明显改善，城市品位显著提升。城镇化率达到31%。

2007年，城市建设年内完成投资1.42亿元。瓜州南路、滨河西路延伸段、老城区道路改造顺利完成；排水管网改造、住宅小区开发、县城靓丽工程相继竣工；县法院办公楼、县城中心敬老院综合楼、交警大队办公楼完成主体工程；房地产开发持续升温，年内拆迁房屋2.4万平方米，阳光小区、美之园、温馨家园等住宅小区新建住宅321套，完成投资2400万元；县城建成区面积从4.8平方公里拓展到5.6平方公里。园林化城市创建成效明显，县城人均公共绿地面积达到10.5平方米，绿化覆盖率达20.3%，18个单位达到"花园式单位"创建标准，城东防护林成为县城一道绿色屏障。城市综合管理进一步强化，各项制度更加健全，交通秩序明显好转，市容市貌和环境综合整治效果显著。

2008年，投资1.92亿元，完成城市基础设施建设项目25项。"一纵两横"道路改造和靓丽工程顺利完工，铺筑油路4.5公里，硬化人行道1.8万平方米，架设路灯71盏，新增交通信号灯2处，改造供排水管网3.3公里，新建城市供热点1处，新增供热面积4.4万平方米。房屋拆迁安置稳妥有序，房地产开发持续升温，光明园、幸福佳苑等小区新建住宅957套9.4万平方米。集贸市场改造取得明显成效，园林化城市创建、北大桥集镇建设持续推进，城市人均公共绿地面积达10.7平方米，新建花园式单位5个、绿色小区2个。城市出入口整体面貌焕然一新，城乡接合部环境卫生明显改善，城市建成区秩序井然。

2009年，修编完善城市总体规划，重新明确规划控制范围。树立经营城市理念，进一步规范城市拆迁行为，完善补偿政策，严格土地出让程序，城市经营收入持续增加，财政对城市基础设施建设和公用事业的支持能力不断增强。投资1.09亿元，实施城市建设项目30项，老城区基础设施建设、县城靓丽工程全面完工，园林化城市创建深入推进。新建改造社区居民活动用房1280平方米，铺筑道路11公里，架设路灯4盏，改造供排水管网3.9公里、供热管网7.1公里，扩建供热点1处，新增供热面积13.4万平方米。九支渠景观带规划设计方案全面完成，人事劳动保障综合楼、法院办公楼、福利巷社区综合楼相继落成。健全完善城市管理长效机制，大力实施精细化管理，建立渊泉镇牵头主导、相关部门配合联动、管理权限下放社区的环境卫生管理责任机制，细化管理标准，严格落实"日检查、周评比、月考核"工作制度，城市主干道路、广场卫生做到了全覆盖、全天候保洁。集中开展市容市貌、交通秩序整治活动，门前"三包"责任制有效落实，城市环境更加整洁优美。

2010年，完成了县城总体规划二轮修编，启动了控制性详规和绿地规划编制。投资1.7亿元，实施城建项目16项，架设供排水管网10.1公里、供热管网7.1公里，新增供热能力18.2万平方米、公共绿地1.2万平方米。九支渠景观带完成年度建设任务，南外环路、县府街东延伸段、渊泉街东段改造工程顺利完工，城市发展空间进一步扩大。乡镇集镇建设扎实推进，新建商业门点182套、标准化集贸市场2个，硬化人行道3.7万平方米，美化亮化广场3.3万平方米，供排水、环卫、供热等设施逐步配套完善。城市精细化管理措施全面落实，市容市貌持续好转。老城区拆迁改造步伐加快，建成经济适用房140套1.21万平方米、廉租房60套3000平方米、商品房693套9.3万平方米。元通农副产品交易市场、广盛源购物广场、宏金源大酒店建成运营，星级宾馆达到3家，一批知名商家、名品、名店陆续落户瓜州。锁阳城旅游景区基础设施建设有序推进，全县旅游业实现收入2800万元，增长18%。落实家电、汽车、摩托车下乡财政补贴资金474万元，"万村千乡"工程改建标准化农家店226家。金融机构存贷款余额分别达到44.5亿元和56.7亿元，增长26.7%和99.8%。个体私营经济达到4705户，从业人员7882人。第三产业实现增加值12.7亿元，对经济增长的贡献率达到26%。

2011年，坚持"以城带乡、城乡联动、统筹发展"的思路，不断加快城乡一体化进程。投资11亿元，实施老城区改造、城市供排水、县城靓丽、九支渠景观带、园林化建设等项目，新扩建宏金源、融金、榆林、国风等中高档酒店，相继开发美之园、幸福佳苑等住宅小区19个，建成住宅3740套，建筑面积40万平方米。城市建成区面积达6.4平方公里，形成了"七纵八横"总长25.8公里的城市路网，架设路灯2980盏，建成休闲娱乐广场2处，创建"花园式单位"32个、"绿色小区"5个。新增绿地41万平方米，绿化覆盖率达到24.6%。积极争取实施通达通畅工程，县乡道路总里程比2006年增加494公里，嘉安高速建成通车，方便了城乡商贸流通和群众出行。

2012年，全年完成投资10.2亿元，戈壁明珠城市建设取得明显成效。草圣故里文化产业园累计完成投资1.6亿元，张芝纪念馆、文字广场、书法石林、玄奘取经博物馆等特色景观与历史文化元素融为一体、相映生辉，极大地提升了城市文化品位。县城总体规划通过市政府批准实施。全年新建城区道路5条5.6公里，形成了"十纵八横"路网体系，城市建成区面积达到6.6平方公里。垃圾处理场建成运行，集中供热建成运行，供暖质量显著提高。供水扩建、污水处理等市政工程进展顺利，县府街社区办公楼投入使用，武警中队营房、拘留所、看守所、农机市场完成年度建设任务，国投华靖和中电国际风电生活基地基本完工。省级园林县城创建通过验收，城市人均公共绿地16.3平方米，绿化覆盖率达到34.2%，小区物业覆盖率、天然气入户普及率和垃圾集中处理率分别达到75%、84%、95%，城镇化率增加1个百分点。改造安装交通信号灯9处。投入房屋征收补偿资金4140万元，征收面积达2.25万平方米，建成商品房1240套。市场整治工作取得阶段性成效，城市精细化管理稳步推进，市民素质明显提升。

2013年，秉承"以文为魂、以水为脉、以绿为基、以人为本"的经营理念，合理布局发展空间，县城控制性详规、绿地系统规划编制完成。9大类69项城建项目完成投资16.6亿元，东环路、西环路、广德路等19条道路完成年度任务，初步形成"九横十一纵"路网结构，城市框架进一步拉伸。城东生态屏障基本形成，城市人均公共绿地面积16.5平方米，绿化覆盖率达35%。集中供热二期全面完工，城区集中供热率达到85%。新铺设供排水管网16公里，污水处理厂投入试运行。城北生活垃圾处理场、建筑垃圾填埋场建成启用。盛景花苑、光明佳苑、康桥花园等13个小区新建住宅4300套，风电生活基地建设进展顺利，预计年底可实现建筑业增加值16.8亿元。草圣故里文化产业园、汉阙广场、玄奘取经博物馆、张芝文化街、元通数字影院等文化项目加快推进，城市文化影响力进一步提升。县城精细化管理力度不断加大，评价考核机制逐步健全，全民卫生保洁意识普遍增强，市容市貌进一步改观。

2014年，城市建设项目共完成投资22.2亿元，城区道路总长度达67公里。南市街什字、渊泉公园健身广场完成年度建设任务，汉阙广场、张芝文化街等一批汉唐风格建筑顺利完工。新增城区供热面积30万平方米，城市绿地面积27万平方米，城市人均公共绿地面积达16.8平方米。

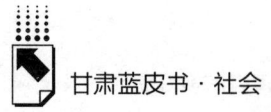

（二）渊泉镇建设的方法及成效

1. 规划引领，城市框架不断拉伸

坚持以科学规划指导城镇建设，紧紧围绕"东扩、西进、南延、北预留"的城市发展方向，进一步完善各项规划编制体系。在完成了《瓜州县城总体规划》修编后，编制了县城控制性详细规划，城乡一体化发展规划，县城绿地系统、文化产业园和行政片区等修建性详细规划。随着规划体系的不断完善，城乡一体化建设也全面推进，尤其是老城区棚户区改造、城东区域的开发和部分中心乡镇集镇的发展，有力地拉伸了城市框架，奠定了壮大城市发展规模的基础。

2. 加大投入，城乡基础设施不断完善

逐年加大对城镇基础设施建设的投入，进一步完善了城市服务功能。2014年，全县城市建设累计投资达22亿元，完成了东环路、西环路、广德路等19条道路新建和改造任务，初步形成"九横十一纵"城市路网结构。相继建设了草圣故里文化产业园等一大批公共服务设施，完成了渊泉公园的升级改造。城区新建和改造供排水管网16公里，铺设燃气管网22.4公里、供热管网52公里，城市自来水普及率、排水入网率、集中供热率、路灯亮灯率以及建成区天然气入户普及率分别达到100%、80%、85%、99%、82.34%。城市污水处理率、垃圾集中无害化处理率均达到95%以上。城市人均公共绿地面积达16.8平方米，建成区绿化覆盖率达到35.42%。

3. 精细管理，城市形象整体得到提升

积极适应城镇快速发展的需要，坚持建管并重的发展理念，大力提高城镇精细化管理水平。施行城市综合管理联席会议制度和周例会制度，坚持一手抓建设、一手抓管理，不断完善工作机制，健全考核评价机制，城镇管理趋于规范。针对群众反映强烈的供热、物业、公共设施管理等方面的热点、难点问题，认真加以分析，制定整改措施，抓好落实，使问题大部分得到解决。对城市"脏、乱、差"进行集中整治，坚持长效管理和集中整治相结合、宣传教育和严管重罚相结合，对城区市政设施、市容市貌和交通秩序进行集中整治。

4. 项目助推，产业支撑力度逐步加大

大力实施产业集聚发展，围绕现有产业集聚优势，积极打造以瓜州县资源综合利用产业园、风光电产业园区、北大桥装备制造及农副产品精深加工产业园区、柳园高载能产业园区、柳沟综合物流园区为主的"一园四区"，引进了一大批新能源、硅产业、煤化工、石材加工项目落户各产业集聚区。中电国际、三新硅业、水木紫荆、广汇新能源等大企业的兴起和兰新高铁、瓜星高速等大型项目的建设，助推城区餐饮住宿、休闲娱乐、商贸流通、通信服务业快速发展。呈现全县工业经济、城市建设和三产服务业互相促进、融合发展的良好态势，助推人口向城镇有序转移，目前，全县第二、第三产业吸纳就业人员达1.6万人，间接地提升了城镇化率。同时，各个企业在城区分别建设生活基地，进一步加快了城镇化建设速度，产业支撑城镇化建设的效果日益明显。

5. 创新机制，新农村建设效果明显

开展以住房改造、环境整治、基础配套、制度创新等为主的新农村建设，农村面貌明显改观。结合移民搬迁、倒房重建、危房改造、整村推进的实施，捆绑整合使用资金，对所有村开展了村容村貌整治，搞好美化、绿化、硬化，拆除私搭乱建，大大改善了农村环境面貌。尤其是三道沟镇、西湖乡、瓜州乡的农民新居建设奠定了新型城镇发展基础。认真落实各项优惠政策，实施农村社会养老保险制度，积极实施农村校舍危房改造和乡镇卫生院、标准化村卫生室建设，农村教育、医疗水平明显提高。农业产业化程度进一步提升。大力推广龙头带基地、公司连农户、产加销一条龙模式，积极扶持农产品加工企业52家，培育各类农民专业经济合作社113

家，建成省级示范合作社 26 个，建成市县级高标准农业示范园区 17 个。坚持以土地流转为突破口，鼓励和引导农民离土务工经商、从事三产，流转土地 5.5 万亩，建成百亩以上连片土地流转示范点 11 个。

6. 深化改革，公共服务均等化稳步推行

积极推进户籍制度改革，放宽城镇户口登记条件，打破农转非户籍障碍，逐步建立城乡统一的户籍管理体系，坚持农村人口进城保持原有土地承包权、宅基地、计划生育、各种补贴政策不变，以固定住所、稳定职业或生活来源为基本落户条件，吸引了更多的农村人口向城镇集聚。在逐步实现文化、教育、社保、医疗、住房等公共资源均衡配置的基础上，重点加大农村承包土地的经营权流转，让更多的农民走出农村进城务工创收或发展第三产业。

二 小城镇建设实践中出现的问题分析

（一）城乡规划编制及管理相对滞后，没能发挥其在城镇化建设中的指导作用

由于对城乡规划重要性的认识不够，投入不足，城乡规划的编制工作跟不上城市快速发展的需要，城市总体规划编制进展缓慢，控制性详细规划和各类专业规划编制力度不够，造成市域城镇体系在规划、建设和管理上缺乏科学依据，城镇的发展定位不够明确，特色不够突出，很大程度上制约了城镇化的快速推进。

（二）城乡发展不协调

按照托达罗的模型，人口流动基本上是一个经济现象。托达罗认为，人口流动是人们对城乡预期收入差距的反应而不是对实际收入差距的反应。迁移者可以考虑城市、农村劳动力市场上的各种就业机

会，选择其中能带来最大预期收益的迁移。预期收益可用城乡工作实际收入的差距和迁移者在城市获得工作的概率来计算。也就是说，劳动者比较在城市的预期收入和农村的现有收入，如果前者大于后者，他就可能选择迁移。按照这一模型，迁移速度超过城市就业机会的增长速度不仅是可能的，也是合理的。要解决城市失业问题，仅仅在城市创造就业机会是不够的，还必须制定综合性的农村发展规划，缩小城乡就业机会之间的差距。大力发展农村经济才是解决城市失业问题的根本出路。托达罗建议，政府应当反哺资金用于改善农业的生产条件和农村的生活环境，使农业劳动者实际收入水平提高，生活环境得到改善。只有这样，人口由农村流入城市的速度才会减缓，从而减轻城市就业压力。瓜州县干部中不同程度地存在"重城市轻农村、重当前轻长远、重建设轻规划"的思想，将城镇化简单地等同于盖房、修路等最基础的城镇建设，究其原因在于对城镇化与工业化、农业现代化的互动关系和构成城镇化的内容缺乏全面认识，对城镇化在改变城乡二元经济结构，优化产业结构，整合经济资源，实现城乡一体，促进社会发展，改善人居环境等各方面的重要作用研究不够，制约了城镇化的健康有序发展。

（三）土地制度改革滞后制约了城镇化发展

根据二元经济转换理论，在经济发展第一阶段，由于劳动边际生产率为零，撤走任何数量的劳动力都不会减少农业总产出，因此农村多余的劳动力转移到工业部门不会产生粮食短缺问题，所以这一阶段二元经济的转换不会受到阻碍。在第二个阶段，劳动的边际生产率为正数，当劳动力转移出去时，总产品会减少，从而导致平均农业剩余下降，这意味着供工业消费的粮食不足以按习俗性工资满足工人的需要。拉尼斯和费景汉把第一和第二阶段的交界处称为短缺点，表明当平均农业剩余下降时，农产品，特别是粮食开始出现短缺。劳动力转移的越多，粮食短缺越严重，二元经济转换过程有可能在这个阶段陷入停滞状态。当传统农业部门的伪装失业者全部被吸收到现代工业部门以后，二元经济的转换进入第三阶段。或者按照拉尼斯和费景汉的观点，伪装失业者的消失标志着不发达经济开始进入商业化阶段。所以，他们把第三阶段的起点叫作商业化点。发展中国家二元经济转换进入第三阶段，也就意味着开始步入现代一元经济的阶段。从这个意义上讲，商业化点也可以称为发展中国家步入现代一元经济的起点。拉尼斯和费景汉认为，农业生产率的提高是保证二元经济顺利实现转换的必要条件。在一个农业停滞的二元经济中，农业的剩余劳动是不可能完全转移到现代非农业部门中的。但仅有农业生产率的提高是不够的，要顺利实现二元经济转换，必须保持农业生产率与工业生产率同步提高。农业剩余的多少关系到二元经济转换的成败，农业剩余的增加来自农业生产率的提高，但是农业生产率的提高是多种因素相互作用的结果，其中富有效率的土地制度是一个重要的前提。因此，包括中国在内的发展中国家的土地改革是改造传统农业的重要内容之一。瓜州县渊泉镇城乡"三元结构"突出，城镇化建设难度较大。自20世纪80年代以来，瓜州县服从省市移民扶贫工作大局，先后接受"两西""疏勒河""九甸峡"等工程8.2万贫困移民群众，间接增大了瓜州县农业人口基数（移民人口占全县总人口的58%、农村人口的79.9%），降低了瓜州县城镇化率（城镇化率由2006年之前的50.6%降至2008年的28%）。至2014年年底，瓜州县城镇居民人均可支配收入达到23379元，老乡镇人均纯收入达到12080元，移民乡镇人均纯收入仅达到5388元，形成了特殊的城市、老乡镇、移民乡镇"三元结构"。移民群众受教育水平偏低，经济基础薄弱，自我发展能力不强，因循守旧的传统风俗习惯，在一定程度上增加了农村居民向城镇转移的难度。同时，为解决移民群众脱贫致富问题，县财政将有限的财力大部分都用于移民扶贫开发和农业产业化发展，在城镇化建设上投入相对不足，导致城市基础设施改造建设滞后，影响了城镇化建设进程。

（四）城镇化发展缺乏产业支撑，吸纳聚集的功能不强

瓜州县渊泉镇规模仍然相对较小，生产要素不齐且布局分散，县城与乡镇之间、城市发展与产业发展之间缺少协调性，城市功能与逐步增长的城市人口、快速发展的风电和旅游等产业不相匹配，餐饮住宿、娱乐服务业水平低，专业市场建设滞后，城市吸纳聚集的功能不全，社会就业压力大，城镇化水平低。

（五）农业转移人口多数在非正式部门就业，给小城镇管理带来很大压力

随着越来越多没有技术的农村劳动力涌入城镇，城镇的正式经济部门常常需要花很大力气来把人流吸纳进劳动队伍。在瓜州县渊泉镇，大量无法找到正式工作的人通过非正式经济来谋生，从制造业和建筑业中的零工，到做小买卖，不受管制的非正式部门为贫穷或没有技术的劳动力提供了赚钱的机会。由非正式经济活动创造出的国内生产总值的比例远远低于参与这个部门的人口比例。尽管所有的城市都面临着环境问题，但是小城镇已经面临相当严峻的风险。环境污染、住房短缺、糟糕的卫生条件和水供应不安全都是小城镇长期面临的问题。住房是小城镇最为突出的问题之一。农业转移人口的增长速度远远超过小城镇提供住房的能力。农业转移人口在城镇边缘的低矮棚户区，被称为小城镇的"腐烂边缘"，加大了小城镇的管理难度。小城镇还存在着人口过多和资源不足的问题。贫困普遍存在，现有的社会服务无法满足医疗卫生、计划生育咨询、学校教育和就业培训的需要。人口年龄结构失衡更加重了社会和经济困境。年轻的人群需要更多的帮助和教育，但是，小城镇缺乏资源来提供普及教育。

（六）投融资渠道相对单一，城镇建设资金投入滞后于城镇发展需求

地方政府在城镇建设投入中占主导地位的状况没有完全改变，民间资本投资城镇建设的积极性不高，每年用于城市建设的资金有限，城镇基础设施建设水平跟不上经济发展的要求。除在主观上"等、靠、要"的思想依然比较突出外，客观上在经营城镇方面还没有真正破题。

（七）快速城镇化带来文化适应问题

涌入城市的农业剩余劳动力远远超过城市的容纳能力，出现过度城市化问题。流入城市的人口与城市里能获得的机会和服务悬殊。伴随城市化进程，社区生活常常发生广泛的社会文化变迁。这些变迁包括社会关系和社会活动的裂散，社区组织的扩大和科层化，家庭和志愿者的许多功能被政府组织和商业组织所取代，这样的地区性、全国性实体的依赖加强，城市文化控制了小镇和农村地区。从而也给农业转移人口带来文化适应问题。

三 进一步促进小城镇建设的思路和对策

（一）科学规划、打造亮点，积极构建新型城镇体系

创新城镇规划理念。围绕优化空间发展布局、综合利用土地资源和推动经济社会协调发展，确立统筹兼顾的理念；充分考虑人与自然、生态环境的和谐、历史文化与现代文明的融合，确立和谐发展的理念。要将瓜州县地域特点、文化特色体现在县城、乡镇和新农村建设规划之中，在城市景观、建筑设计等方面充分体现现代文

明发展成果，重视规划和建设城市标志性建筑，对城市、乡镇主干道两侧建筑的总体色调、外观装修加以规范，彰显城镇化建设的个性，提升城镇化建设的文化内涵，避免城镇化建设千城一面、千篇一律。同时，还应重视城市标志性地带、标志性景观、标志性建筑的规划，努力打造城市建设的亮点。按照人口集聚与产业集聚相结合原则，持续加大新农村建设示范力度，并根据行政区域特征分东、西、南三个片区，优先配套完善中心乡镇和移民乡镇的基础设施，加快构建以县城为中心，柳园镇、三道沟镇、锁阳城镇为骨干，其他乡镇为补充的新型城镇体系。坚持"全面推进、重点培育"的思路，优先选择基础条件好的乡镇，给予政策资金支持，进一步增强这些乡镇的承载能力和辐射带动能力，推动生产要素和人口进一步向中心集镇聚集。

（二）创新机制、多元筹资，推动城乡建设提效增速

积极探索政府主导、市场运作的路子，通过有限的财政资金引导，广开城乡建设资金筹措渠道。加大县级财政转移支付对区域性基础设施建设的支持力度，增加对城镇公益性设施建设的投入，将土地出让收入扣除政策规定支出后，主要用于城镇基础设施建设和保障性住房建设。放开市场准入限制，建立以政府投资为引导，以民营资本为主体，以招商引资为手段的多元化投融资体制。不断加强县国有资产运营中心的工作，提高其融资的竞争力。鼓励和引导个体、企业等民间资本进入基础设施和市政公用事业等领域进行开发。同时，加强与国开行和甘肃银行的合作，加大城镇化建设融资力度。积极整合使用国家、省、市投入的专项资金，把涉农资金、城市基础设施建设资金、环境保护资金集中使用，解决重点难点问题。

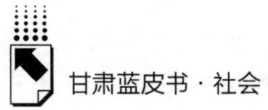

（三）依法征收、合理安置，全力推进棚户区改造步伐

科学合理地制定棚户区改造安置房建设方案和城区房屋征收补偿标准，严格执行征收公示制度，统一政策和标准，规范征收行为，切实做到阳光征收、依法操作。根据城市建设总体规划，采取成熟一片、征收一片、建设一片，选择棚户区中居民积极性高、条件成熟的片区，先期实施房屋征收腾出部分安置房建设用地。同时，制定安置房与商品房开发挂钩配套建设政策，实行公开挂牌竞价出让土地，并由企业按照政府要求先建设安置房，以此逐步扩大安置房面积，推动棚户区改造。利用广播、电视、网络等媒体，加强房屋征收政策法规的宣传，发挥舆论引导作用，在全社会营造关注、理解、支持房屋征收和棚户区改造的良好氛围，让依法和谐征收、维权有理有节的观念深入人心，争取被征收人的理解和支持。同时，时刻关注了解征收搬迁舆论动向，对负面的信息、传闻要及时应对，予以澄清、制止。强化对城区改造房屋征收工作的组织领导，切实形成上下齐抓共管、协调配合的工作格局，切实解决房屋征收工作中的"难缠户""钉子户"问题。针对棚户区违规建筑、超占面积、证件不符、户籍混乱等问题，组织相关部门集中开展清理整治活动。着力推行征收补偿公示、听证论证、社会稳定风险评估、政府常务会研究、人大审议等法定程序。

（四）坚持突出重点，切实提高小城镇建设的承载能力

小城镇发展的重点在于加快小城镇基础设施建设，完善小城镇配套功能。加快小城镇路网建设，坚持新建、扩建和改造并举，采取外抓出入口、内抓连接线、打通断头路、扩宽狭窄路的办法，实施主次干道改扩建工程，同步完善供排水、亮化、环卫等设施，努力形成干线与支线相衔接，内环与外环相配套的小城镇道路交通网络体系，为

市民提供方便快捷、畅通有序的出行条件。完善市政公用设施。提高小城镇环卫设施水平,发展小城镇生活垃圾综合利用,逐步推行生活垃圾分类收集,垃圾收运实现分类化、容器化、密闭化和机械化,垃圾处理实现减量化、无害化、资源化。

(五)坚持均衡发展,完善增强小城镇建设的公共服务功能

加快教育布局调整改革,优化教育资源配置,促进城乡义务教育均衡发展。发展职业教育,对"高中后""初中后"毕业生实行免费培训,提高新增劳动力的就业技能和创业能力。加强和完善县、乡、村三级卫生网络,强化计划免疫。繁荣文化事业,抓好农村文化设施、乡镇综合文化站、农家书屋建设工作。完成城乡电视数字化整体转换,实现有线电视覆盖所有行政村。健全社会保障和劳动就业制度,不断完善和推进小城镇养老保险、医疗保险、失业保险和最低生活保障制度,建立与经济发展水平相适应的小城镇社会保障机制。逐步把社会保障工作重心向农村转移,保障范围向农民拓展。建立村干部养老保险制度,将工作相对稳定、生活场所基本固定的农民工纳入职工基本医疗保险覆盖范围,扩大农民工工伤保险、医疗保险、养老保险等保险的覆盖面,提高保障水平,解除农民进城务工的后顾之忧。

(六)改革农村土地产权制度,提升农业转移人口市民化成本分担能力

农业转移人口平均收入相对较低,分担成本的能力有限,为了提高农业转移人口分担成本的能力,除了提高工资收入外,还要通过制度改革,促进农业转移人口在农村的主要资产——宅基地上建筑的不动产和土地承保经营权的变现能力。由于法律对农村土地流转的限制,农业转移人口在农村集体土地流转中成为弱势群体,得

不偿失。农业转移人口在失去土地的时候,也就失去了基本保障。应该根据我国经济发展与社会变革的实际情况,大胆推进土地制度改革,建设城镇与农村统一的土地流转市场,允许农村建设用地直接上市交易,权利与价格相统一。允许土地承包经营权和宅基地及其附属财产通过入股、合作、转让和抵押等灵活多样的形式融资,增加农业转移人口支付能力,提高其在市民化过程中的分担能力和份额。

(七)发展生产,强化小城镇发展的产业支撑

在加快发展现代农业,稳定增加农产品供给的基础上,积极发展特色农产品加工、轻工业等劳动密集型产业,大力发展商贸餐饮、文化旅游、健康养老、商务服务、现代物流等服务业,增强小城镇对农业转移人口的吸纳能力。围绕县域资源优势和区域特点,培育具有县域特色的支柱产业,依托县城形成各具特色的产业集聚区,促进产城融合,增强聚集效应。打造产业特色优势明显的专业镇,加快发展生产性服务业和生活性服务业,实现农业转移人口"进得来、能就业、稳得住、能长久"的目标。

(八)坚持政策引导,强化小城镇建设的保障

完善财政对小城镇建设的投入增长机制,整合各类项目资金,集中财力优化城镇功能,提升发展质量。建立规范透明的小城镇建设投融资机制,多种渠道吸引社会资本参与小城镇建设。强化财政资金和政策引导作用,通过财政奖补、贷款贴息等方式广泛吸引社会各类投资主体参与小城镇基础设施和教育、医疗、住房保障等社会事业建设,增强小城镇可持续发展能力。严格落实基本农田保护制度,保障粮食安全,促进土地节约利用。开展农村闲置宅基地复垦利用试点,加大未利用土地的开发力度,保障小城镇建设用地需求。

参考文献

《2000~2014年瓜州县政府报告》。

马春文、张东辉主编《发展经济学》,高等教育出版社,2005。

谷书堂主编《社会主义经济学通论》,高等教育出版社,2000。

〔英〕安东尼·吉登斯:《社会学》,李康译,北京大学出版社,2006。

〔美〕戴维·波普诺:《社会学》,李强等译,中国人民大学出版社,2002。

酒泉市城乡建设局:《2014年全市城镇化发展情况及推进新型城镇化发展的思路与举措》(内部资料),2014。

酒泉市政府:《关于酒泉市城镇化建设专题调研情况的报告》(内部资料),2014。

瓜州县政府:《瓜州县新型城镇化建设调研报告》(内部资料),2014。

B.12
甘肃农村"空心化"现状调查报告

王 屹*

摘 要： 甘肃农村"空心化"的出现，是劳动力资源与生产力发展协调适应的必然过程，在宏观发展层面具有劳动力结构优化、加速劳动力与生产力发展的适应速度等积极因素。在微观层面表现为具体村庄在这一过程中出现的适应性困境与自身调整整合。不能违背生产力发展规律，将甘肃农村"空心化"现象的过程性上升到宏观层面的发展性，将劳动力与生产力适应的具体问题放大为一般问题，不能将甘肃农村"空心化"的表面现象固化，从而掩盖甘肃农村发展的实质。从人口与生产力发展相结合的角度来看，"空心化"空心是表面，发展是本质；凋敝是表面，储备是本质；浪费是表面，整合是本质；缺乏是表面，需求是本质。

关键词： 空心化 人力资源 生产力发展 农民视角 科学规划

---

* 王屹，法学硕士，甘肃省社会科学院哲学社会学所助理研究员，研究方向为马克思主义哲学理论与中国古代哲学。

一 调查基本情况说明

（一）概念与定义

农村"空心化"主要是指农村中具有一定劳动素质、知识水平的青壮年劳动力流向地区外从事非农生产劳动，造成农村人口结构、劳动力结构与性别比的不合理分布，空间形态体现为农村内部发展的滞后、退步与荒芜，具体包括农村人口空心化、农村资源空心化、农村科技空心化与农村社会服务空心化等方面。农村"空心化"是一个全国性问题，从地理学聚落空间形态角度来看，体现为农村宅基地的大量空置，建新不拆旧，一户多宅，浪费有限土地资源，村庄空间形态体现为内部荒芜、空置、废弃，外部建设无序、过度膨胀的空心状空间分布。从目前情况来看，农村"空心化"的理论研究并没有形成统一的认识，甚至对农村"空心化"一词的使用也莫衷一是，如"聚落空废化""空心化聚落""空壳村""人才空心化"等，由于对农村"空心化"认识的复杂多样性难以形成统一的认识与定义，因而农村"空心化"的提法多存在于研究探讨层面，或媒体的口语化非正规表述之中，农村"空心化"或"空心村"一词极少出现在正规的统计数据与相关文献之中。

从社会学角度来看，农村"空心化"大致体现为社会生产力水平的发展对优质劳动力资源的吸引与拉动，劳动力转型的发展加剧了农村劳动力素质结构的失衡，即优质农村劳动力资源获得发展——进入城市（将农村作为后路），劳动力弱化资源边缘化——留守农村（将城市作为目标），相对落后的农村生产力结构不能满足与适应优质劳动力的发展需求，进一步加剧了农村的"空心"现象。乡村空间聚落形态与地理空间布局重构所体现的农村"空心化"只是农村发展过程的现象化直观体现,简单地以表象判断实际是脱离了农民主体地位的非干预性社会外围观察,虽然具有描述意义而终究难以触及本质,仅仅试图通过土地整治,从空间形态上"消灭"空心村的观点可能并不符合农村发展的实际。

无论从什么角度定义,农村的"空心化"现象首先是以人口结构为其基本核心,是劳动力资源与生产力结构的再平衡过程,体现为农村人力资源结构的转型与农村生产力结构之间出现的适应性问题。

(二)调查目的及意义

"空心化"是不是完全消极的?它的积极性体现在何处?身处"空心村"的留守人员怎样看待这一问题?外出务工的打工者又是什么观点?"空心村"的发展方向又在哪里?调查目的的问题意识所导向的是调查目的的具体性,突出调查的农民主体地位,从而尽可能体现调查目的的客观性。

从生产力发展角度来看,甘肃农村"空心化"的出现绝非偶然,是劳动力资源与生产力发展协调适应的必然过程,其宏观发展层面具有劳动力结构优化、加速劳动力与生产力发展的适应速度等积极因素,其微观层面表现为具体村庄在这一过程中出现的适应性困境与自身调整整合,体现为两两相对的对应性问题,例如村庄空间形态结构的不合理与现实意义上农村住房条件的巨大改善,农村第一产业人力资源的匮乏与外出务工人员第二、第三产业的集聚,农民农业收入的降低与非农收入的增加,农村社会服务的欠缺与农民社会服务需求的增加,留守人口劳动素质欠缺与外出务工人口劳动素质提升等。因此,甘肃农村"空心化"现象既可喜也可忧,其问题属于发展层面,而不是完全消极的、脱离社会宏观发展态势的"凋敝""残败",不能违背生产力发展规律,将甘肃农村"空心化"现象的过程性上升到宏观层面的发展性,将劳动力与生产力适应的具体问题放大为一般问题,不能将甘肃农村"空心化"的表面现象固化,从而掩盖甘肃农村发展的实质。从人口与生产力发展相结合的角度来看,"空心化"空心是表面,发展是本质;凋敝是表面,储备是本质;浪费是表面,整合是本质;缺乏是表面,需求是本质。

(三)调查方法及基本思路

由于农村"空心化"概念的争议性客观存在,将农村"空心化"作为具有严谨统计学对象的条件尚不成熟。因此,对农村"空心化"现象只能进行具体的、以一个单位为研究样本的现状观察,通过将样本现状与甘肃农业发展基础数据对撞,以"解剖麻雀"的方式尽可能体现甘肃农村"空心化"的发展现状,并依据分析结果提出独立调查所呈现的结果。

"空心村"是具体的,将"空心村"作为一个概念的泛泛而谈必然难以触及问题的实质,而脱离了深入田间地头的访谈,则只能是对现象的一味罗列。调查方法采用深入典型样本,在采集相关数据的基础上进行具体到个人的面对面访谈,力求真实与客观地反映调研对象,开展入户走访与随机访谈相结合的调研工作。研究思路为:选择甘肃省较有代表性的农村空心化调研样本,用大量鲜活的访谈材料进行交互分析,在样本材料多角度碰撞的过程中发现其同异性。具体思路为:在调查样本客观环境描述的基础上进行农业劳动人员、外出务工人员、村镇行政管理社会服务工作人员、农村留守老人与妇女、乡村教师(知识分子)等五个层面的访谈样本采样、分析,确定其同异性,进而进入问题研究层面,从五个层面客观看待农村空心化问题,最终提出具有实践价值与意义的对策建议。

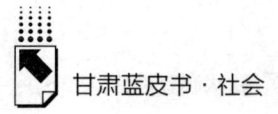
甘肃蓝皮书·社会

二 甘肃农村"空心化"的调查样本记录

（一）调查样本的基本情况

吉山村位于甘肃天水市清水县王河乡东北部，距清水县城40公里、王河乡政府10公里，海拔1650~1950米，年平均气温8℃，无霜期150天，年降水量580毫米，干旱是主要的自然灾害，吉山村山地多，川地少，坡地多，平地少，属于较为典型的二阴山区，可耕作土地分布不均，耕作难度较大，规模种植与机械化耕作难度大，农业基础薄弱，农作物种植节气较晚，一年一熟，农作物及其产品质量较高。

吉山村辖张家口、窑崂、峡口、丰盈4个自然村，全村耕地面积5037亩，有5个村民小组，全村252户（40户左右全家长期外出务工），人口1038人，其中有男性512人，女性526人，18~60岁的劳动人口560人，常年外出务工人员230人左右，间歇性外出务工人员150人左右，外出务工人员占全村劳动力人数的67.85%，外出务工流向主要是兰州、新疆、包头、上海、广东等地，主要从事建筑、装潢、电子等行业（该组数据为2015年6月吉山村现场调研获取）。

吉山村经济基础为单一的农业经济，没有第二、第三产业。种植小麦800亩，玉米700亩，油菜150亩，胡麻150亩，马铃薯150亩，此外种植35000株花牛苹果树苗，成活1000苗；畜牧养殖业方面，有养羊户8户，目前存栏350头左右，养牛户（肉牛）12户，存栏32头（该组数据为2015年6月吉山村现场调研获取）。吉山村2015年前三季度，农业人均收入约为2000元，外出务工人均收入约为2万元（该组数据为2015年10月吉山村最新统计数据）。

入户访谈与随机访谈的受访对象大多是留守老人与留守妇女，几乎未见20~30岁的年轻面孔，6月的农忙时节并没有看到青壮年劳动力，只是偶尔见到老人或中年妇女在田间耕作的身影。村民多在地势较高且交通较为便利处重新修建了新房，村中心的旧房破败不堪，其间道路已被杂草掩没，吉山村是较为典型的农村"空心化"样本。

（二）调查样本的访谈陈述

1. 以农业劳动为主的访谈对象

"不用帮忙……我这身子骨还瓷实得很……地里能刨几个钱？挣钱还是要出去打工，我两个儿子全在上海打工，根本不回来……去年我还在建筑工地干活，今年工头说我年龄太大干不成了……胡说撒！"一位背着大筐面色黝黑的老者气喘吁吁地用力挺起胸膛，"地里收多少算多少吧，当了一辈子农人不干农活那还成个撒了？能出去赚上钱那是本事！以前娃不做农活我都要打他，现在他要是想回来我就要打他……年轻人窝在家里种地吃饭让人笑话，媳妇都娶不上……娃们出去学本事挣钱就成空心了？学不了本事，长不了见识，都在家窝着就叫实心村？现在住的是砖房，老宅都是土坯房，院墙塌了，今年修补一下想着养羊……"

一位背着农具的老人边走边说："地里收成卖不上价，我也就是混心，儿子姑娘每月寄钱给我，村子里花不了啥钱，山上边的地就索性给撂荒了，我把下地劳动就当锻炼身体……现在主要是带孙子……娃再大些我们就都到儿子那里去……老房子主要是堆放杂物，四面透风再没维修……"

真正生活在甘肃空心村中的农业劳动者的心理变化可能超越了理论工作者的预期，受访者体现的社会发展适应能力与接受程度令人惊叹，农业生产者的劳动期待已不再单一，停留在将第一产业默认为农民发展必然路径的理论与观点已然陈旧过时，而对甘肃农村"空心化"想当然的、脱离实际的悲观论调显然难以引起受访者的共鸣。

2. 以外出务工为主的访谈对象

"俺妈闲不住非要下地干活……这下可好，腰椎扭伤现在连炕也下不得了……我们姐妹几个只能轮流向公司请假回来照顾……"20多岁画着淡妆面容精致的女性受访者一脸埋怨地说。躺在炕上的老人面露愧疚微笑着说："干了一辈子农活，闲不住呀……我这闺女已经不是咱村人了，人家是啥'经纪人'……"社会发展的步伐强烈地体现在这一组受访者之间，土地对村民的维系不再是唯一，青壮年劳动力的选择日趋多元，传统农业社会渐行渐远。

"打工挣钱只是一个方面，我就是想换个活法，老父亲一辈人地里刨了半辈子，进城里苦干十几年，不就是为了我们年轻一代能有个更好的生活环境吗？"长途车上一位忙着手机上网的"90后"吉山村受访者表示。

农村生活方式的多元化转变是中国发展宏观战略与生产力发展转型的直接体现，农村"空心化"的外在表象是农村经济蓬勃发展转型的曲折投射，千百年不变的农民群体结构也在发生着剧烈的分化与整合，脱离农民主体地位的农村"空心化"理论推测可能远离了农村的发展实际，农村"空心化"的理论研究虽然涉及经济学、管理学、空间地理学、政治学等模块，但依然松散而难于形成统一的认识，过多的理论想象与农村实际相脱离，更无法与现实的农民主体展开对话。

3. 以村镇行政管理社会服务工作者为主的访谈对象

"锁子看门（全家外出务工）的有40户左右，今年打工活不太好找，回来了有二三十人，也没有务农，都到清水、秦安这附近工地上打工……"吉山村某基层干部介绍说，"我们村外出务工大多是在建筑行业，干的都是没啥技术含量的苦工，不过也有些人跟着师傅积累了些经验，技术活也能干一些……"有受访村干部表示，"村民聊天的主要内容早已不再是交流务农经验，逢年过节见面那都是互相交流务工情况，农事方面一句带过……"从访谈的情况来看，农民多年进城务工的劳动经验已经超越，甚至取代了世代相传的农业生产经验。

以技术发展为导向的劳务活动是工业化与城市化发展的劳动力发展方向，宏观层面农业生产力的提高对于传统分散的农业劳动造成极大冲击，农业劳动力过剩与传统农业劳动投资回报率的下降必然导致农业生产劳动吸引力的弱化，传统农业发展角度所体现的"空心化"现象从工业化城镇化角度则正好相反，人口流动的经济拉升作用客观存在，人口的空间再配置是人口流动趋势的必然反映。从这个角度来看，所谓农村的"空心化"也绝非孤立的，恰恰是人力资源进行市场经济配置的必然结果。

4. 以农村留守老人、妇女为主的访谈对象

"农村的发展一个是要靠政策，一个就是要靠头脑……省城的大街小巷我都熟悉得很，在上海也待了两年……""你这洋泾浜还撂地匀实……"围观的四五位留守妇女哄堂大笑，这位背着孙子的留守老人用带有乡音的普通话表达着自己的观点，"你们几个懂个啥？话都说不清楚在上海连路都问不清……跟你们几个简直没话可说……"留守老人又恢复了浓重的地方口音大声对周围的几个留守妇女表示，话语中带着明显的不屑。在实地走访中观察到农村留守人员群体之间的交谈体现着若隐若现的农民阶层分化轮廓，农民外出务工经验的丰富性在很大程度上决定着话语权，而对话重心显然是围绕非农业生产的外出务工话题。

"为了养娃我已经在家里蹲了一年了，实在待不住了……明年娃两岁我就要赶快到广东打工去……根本没下过地，家里没劳力嘛……"一位受访的留守妇女怀抱着一岁多的幼儿表示。从访谈情况来看，留守妇女与老人基本不再从事繁重的农业劳动，最多只是在交通便利、土壤耕作难度低的农田中从事种植胡麻、自用蔬菜等不需要投入大量人力的农业生产劳动。农村"三留群体"由于客观条件

的制约不能形成具有一定素质的农村建设人力资源，无法承担农村建设的人力资源投入，而把发展希望更多地寄托在子女或丈夫等具有一定劳动力素质的外出务工层面。

5. 以乡村教师等知识分子为主的访谈对象

"以前当老师受人尊敬，现在成没本事挣不上钱的代名词了……因为没钱，好多外出打工挣了钱的家长都有些看不起农村当老师的，你让孩子们怎么尊师重道？"一位受访农村教师无奈地说，"感觉2008年以后学生数量开始减少了，2007年我们学校还有110个学生，今年就只有66个学生了，基本都是留守儿童，因为家庭教育的缺失特别难管理……""现在农村教育也成'空心'了，老师们疲于完成各种各样的考核、任务、达标等，以教学为核心的教书育人也只能退居其次……""以前娃娃们听到的是要好好读书，将来考上好大学光宗耀祖……现在说的是初中毕业就够了，早些出去打工挣钱，娶媳妇盖房……""村民之间比以前冷漠多了，尤其是长期在外打工的，感觉说不到一起，就连常出去打工的人之间也留着心眼……"

以乡村教师为代表的农村知识分子正在经受着农村"空心化"带来的一系列压力，社会地位的降低、工资待遇的落差、学生数量的锐减、脱离实际的达标评比、留守儿童所带来的教育难题等都不是孤立的社会现象，而是农村"空心化"在这一阶层的连锁反应。

（三）以全省数据为基础的样本分析

1. 甘肃省农村住房与基础建设

表1 2014年农村居民住房统计数据

村镇现有房屋面积	居民现有房屋面积	钢混结构房屋比例	砖木、砖土结构房屋比例
74633.12万平方米	63348.75万平方米	24.7%	70.6%

资料来源：甘肃统计信息网，http：//www.gstj.gov.cn/w/Default.htm。

《甘肃省农村居民住房统计数据报告》指出，2014年甘肃省村镇现有房屋同比增长1.8%；其中居民现有房屋同比增长1.7%；钢混结构房屋明显增加，同比增长13.9%。[①] 从数据的宏观角度来看，甘肃省农民的住房条件处于持续改善的发展状态，尤其是钢混结构房屋占比的显著增长体现了农民对住房硬件与要求的提高。结合访谈的情况来看，受访村民择址建新房主要目的是改善性建房，随着乡村交通条件的逐步发展，传统聚落式的村庄分布已经不再适应资源流动性的社会发展需要，农民周期性的频繁外出务工取代了单一固化的农业生产劳动，实际上也就是农民身份的改变正在带来农村居住模式与生活方式的相互适应。受访村民并不认同学术界"空心村"老旧房屋的"废弃说"，而是普遍将老房子作为储备性资源看待，认为老宅子是在适合条件下转变为可以承载生产力转化的重要资源，有受访者就认为，"现在乡村旅游红火得很……不少村子房子太新了，简直没有农村的感觉，咱村的老宅可都是几十年的，翻修一下就有特色得很，城里人干脆没见过……拆它做啥？"

2015年甘肃省政府工作报告数据显示，2014年全省减少贫困人口140万人。基础设施建设成绩显著，建成通建制村沥青（水泥）路1万公里，建制村通畅率达70%，同比提高12个百分点，贫困地区自来水入户率达75%，贫困村电力覆盖率达80%，改造农村危房20万户，完成800个贫困村整村推进项目，扶贫对象人均纯收入增幅高于全省农民人均纯收入平均水平。在异地扶贫搬迁方面，投入资金60.6亿元，实施异地搬迁4.68万户23.34万人。在公共服务体系建设方面，新建扩建乡镇幼儿园316所，消除中小学D级危房151万平方米（该组数据来源为中国甘肃网，http：//gov.gscn.com）。甘肃农村发展的一系列宏观数据表明，对农村"空心化"的认识不能

---

① 资料来源：甘肃统计信息网，http：//www.gstj.gov.cn/w/Default.htm。

一味紧盯着发展过程中的片段化现象,更不能将发展的片段放大为发展的缩影。

2. 甘肃农业种植业生产与农民收入数据

表2 甘肃2015年上半年农业种植业数据

夏粮面积	同比面积增长率	总产量	同比产量增长率
1372.19万亩	0.6%	322.8万吨	4.0%
蔬菜面积			
496.43万亩	2.5%	491.96万吨	6.2%

资料来源:甘肃统计信息网,http://www.gstj.gov.cn/w/Default.htm。

2015年甘肃省政府工作报告中指出,2014年甘肃省粮食生产实现"十一连丰",总产量达到1158.7万吨,畜牧业增加值增长4.9%,农产品加工转化率提高1个百分点(资料来源为中国甘肃网,http://gov.gscn.com)。甘肃省统计局发布的《2015年5月份农业生产情况分析》数据显示,农产品销售通过批发商上门收购与专业协会及合作组织销售的乡镇比例为53.5%,农产品销售畅销的规模化乡镇占35.1%,59.4%的乡镇不存在卖难问题(资料来源为甘肃统计信息网,http://www.gstj.gov.cn)。

表3 2015年上半年甘肃省农村人均可支配收入数据

单位:%

农村居民人均可支配收入	同比增长率	工资性收入增长率	经营性净收入增长率	财政净收入增长率	转移净收入增长率
2985元	11.6	12.6	17.2	27.9	4.2

资料来源:甘肃统计信息网,http://www.gstj.gov.cn/w/Default.htm。

甘肃省农村人均可支配收入的增长率与甘肃农业基础数据的增长率表明,甘肃省农业生产的整体发展态势良好,现代农业的规模效益与产业化发展模式逐渐形成。在这样的大背景下，农业生产也同样会发生产业集聚效应，其生产、加工、销售的专业化程度迅速提高，从而进一步拉大与农业产业化发展薄弱地区的农业现代化发展差距，发展较为落后地区的农业投入成本过高，难以同产业化发达地区形成竞争优势，这种现代农业的产业化同样会造成地区之间的发展不平衡，加速农业发展落后地区的"空心化"。但同样应当看到的是，农业产业结构的调整其发展方向同农业生产力的进步相一致，现代农业生产力整合不是"打浆糊"，在其产业化发展整合的不同阶段侧重点自然有所不同，不能因为出现局部的资源配置困难就认为农村"空心化"问题已经成为阻碍农村经济建设发展的主要问题。

3. 城乡劳务输转建设及其基础数据

甘肃省劳务输转建设的信息系统正在有序推进，将劳务资源信息搜集、用工信息发布、用工需求对接等方面进行精准化对接，目前全省已在1232个乡镇建立了劳务工作站，占全省乡镇总数的98.7%，15166个行政村确定了劳务信息联络员，占全省行政村总数的91.6%，初步形成了较为完备的省、市、县、乡、村五级联动的劳务工作体系，覆盖城乡富余劳动力的工作网络（资料来源为每日甘肃网，http://gsrb.gansudaily.com.cn）。截至2015年9月底，全省输转城乡富余劳动力523.3万人，完成年计划500万人的104.7%，劳务收入792.2亿元，完成年计划860亿元的92.1%，比2014年同期增长7.5%。技能培训67.7万人，完成年计划65万人的104.2%，返乡创业带动就业人数也较上年同期有了增长（资料来源为甘肃经济网，http://szb.gsjb.com）。

城乡劳务输转的流动性是造成农村"空心化"现象的重要原因之一，大批青壮年劳动力在工业化、城市化集聚效应的拉动下频繁地往来于城市与乡村之间，以打工挣钱为唯一目的的外出务工行为正在弱化，在走访中有受访村民表示"90后出去打工的娃娃根本不是去挣钱的，那纯粹是去花钱的……每个月家里都得倒贴钱……过年回来那洋气得很，农村生活根本没有吸引力，成天待家里玩手机，喊无聊……"随着城市服务业的迅猛发展，第一代粗放型的苦力务工群体正在逐渐萎缩，而具有较长城市生活经验的第二代或第三代外出务工群体已开始体现出务工多元化、生活城市化的融入性生活状态，农村公共资源供给不足的客观现实无法满足新一代外出务工人员的社会生活需要，城市服务业的极大发展对农村外出务工人员劳动素质的提高产生了新的推动力，而服务业在提供给外出务工人员劳动收益的同时，也成为外出务工群体的消费对象，极大地满足了新一代外出务工群体的消费需要。农村人力资本"空心化"现象的出现并不值得大惊小怪，更不是要去"消灭"的对象，只不过是农村人力资源与宏观经济适应性发展过程中的一个阶段，是一个需要引导与正视的发展问题。

三 甘肃农村"空心化"现状的层面说明

（一）从时代发展层面分析

农村"空心化"的时代印记始于1978年的改革开放，市场经济的大潮强烈冲击着中国千百年来固化的乡村社会，生产力与科学技术的飞速发展极大地释放了千百万被束缚在土地上的农民的劳动积极性，工业化与现代化的转型加速了以血缘纽带为基础的农村交往结构的解体。城乡经济的落差、生产力发展与作为世界工厂的中国经济体对人力资源的渴求极大促进了全国范围的人力资源流动。由于农村土地制度、户籍制度与生产力结构转型过程中的一系列限制，农民并不能真正在城市完成劳动力再生产，而是催生了"农民工"这样一个带有显著非稳定因素的模糊社会阶层，这种模糊性存留至今，农民工频繁游走于城市和乡村之间,频繁从事三种产业之间的角色转换,社会身份的反复对冲更是成为这个时代农民工的时代标签,也正是在这几十年中,中国经济高速发展,城市建设日新月异,人民物质文化生活空前活跃。

从农村"空心化"新旧二元结构的演化特征、固化空间地理表象、聚落废弃式迁移等表述来看,农村"空心化"现象多倾向于"消极"甚至"有害"的属性确认。由于农村"空心化"现象固化的空间聚落形态具有明显的直观性与可识别性,其形态的转变具有较强的可操作性与固态外观形象的提升空间,因而容易成为制度或技术手段在短期内显现治理效果的目标。从时代发展层面来看,甘肃农村"空心化"的时代印记带有鲜明的大时代发展特性,而不是与时代发展背道而驰的"衰败",将农村"空心化"进行基本属性的梳理是必要的,农村"空心化"现象的中性属性确认可能会带来认识层面的进一步拓展与对农村"空心化"现象复杂性、多元性的非封闭探究。

(二)从甘肃经济社会进步层面分析

从实际调研的情况来看,甘肃农村的"空心化"现象是中国经济社会发展对劳动力资源进行整合拉动的必然体现,不能脱离宏观的发展而一味观察局部的现象,从这个意义上来说,甘肃省农村的"空心化"现象就不可能是孤立封闭的问题式判断。

甘肃农村"空心化"治理的框架思维需要把对宏观经济发展积极作用的判断作为其基本面,这种宏观判断的基本面决定着甘肃农村"空心化"治理模式的确立与治理方向的明晰。恰当的、符合实际的甘肃农村"空心化"判断是甘肃农村"空心化"科学治理规划制定的基本判断之一。甘肃农村"空心化"的治理目标是与国家宏观经济基本面向好的一致性目标,体现的是以增加农民福利为共同方向的治理措施,而不是简单地通过抽象提升土地价值来实现所谓的农民增收,将土地自然默认为农村经济发展第一路径的治理思维需要向农村经济发展路径多元化角度转变,将生产力发展对农村劳动力流动作用下所产生的农村"空心化"现象进行符合实际的判断,而不是一味借所谓治理"空心村"之名进村圈地,赶农民上楼。

(三)从甘肃省农村资源整合利用层面分析

农村"空心化"现象从资源认识角度来说实际是资源构成与整合的外化结果,农民住房需求的多元化提升体现的是对农村资源的再整合与再利用,农村"外扩内空"与"人去屋空"是农村农民对土地资源整合非整体性的分散利用,而后者则是人力资源流动与拉升所带来的劳动力虹吸现象,农村空心化现象所体现的"外扩内空"是具体而现实的,农村土地资源利用状况的直观表现,由于农村空心化"外扩内空"现象具有强烈的时代发展反差,例如,20世纪80年代农村建设与21世纪农村建设之间形成的巨大落差极易造成直观的表现,如人居环境破坏,大量空宅废弃等。而"人去屋空"更多的是农村人力资源流动所带来的季节性现象,如打工旺季新房林立,人走房空,而打工淡季举家返乡,无所事事。因此,需要将土地资源与人力资源进行统一认识,不能将资源进行单一的孤立考虑,造成资源互补性能力的降低,或者展开片面的治理,从而伤害农民利益。

甘肃省农村"空心化"现象需要在深入认识资源结构构成与资源整合整体性的基础上进行相关治理措施论证。从这个意义上来看,农村"空心化"现象表面的资源浪费也可能是人力资源聚集的动态化与土地资源储备静态化的共同作用过程,整合静态化的土地资源需要将动态、流动的人力资源作为一个重要的参考对象,而对甘肃农村人力资源"空心化"现象的认识也不能脱离资源整合的整体性,需要体现资源整合的目的性与方向性。

四 对策建议

（一）避免孤立，正确定位

从调研的总体情况来看，甘肃省农村"空心化"现状不能简单上升为阻碍甘肃新农村建设的主要矛盾，不能将其作为单一片面的农村土地资源治理平台，过度夸大甘肃农村"空心化"的现状极可能掩盖这些年甘肃新农村建设来之不易的发展成就，进而偏离具有宏观性、指导性的发展目标，脱离农村实际，伤害农民感情、利益，阻碍正常的人力资源流动与生产力结构调整步伐，需要将简单的问题意识转变为发展意识，避免静止的固态农村"空心化"治理模式。

（二）正视发展，统筹多元

甘肃农村"空心化"现状是发展需求与发展不足的过程性体现，其政策的宏观发展性是农村"空心化"现象的主导方向，对国土的进一步科学规划与符合发展需求的指导性针对措施直接决定着对农村"空心化"的定位与判断。仅仅单一地以一个方面展开的"空心村"治理模式可能难以具备宏观发展的方向性，因而甘肃省对于农村"空心化"治理方面的投入需要进一步深入认识，将宏观发展与微观治理进行统筹考虑，将连片治理与多元整合统筹考虑。

（三）农民视角，科学指导

关注甘肃的农村"空心化"问题应当更多体现农民视角，而不能是一味的理论想象，更不能是建立在理论想象基础上的政策设计，例如，农村"空心化"现象中较为突出的农民住房建设问题就需要注重农民住房消费提高、功能增加、资源储备等新需求与对甘肃经济发展预期、国家政策变化等相互关系密切条件下的综合考量。

B.13
甘肃人口老龄化的现状、问题与原因分析

许振明*

摘　要： 老龄人口是甘肃经济社会发展的宝贵财富。人口老龄化不仅仅是老年群体的问题，而且关系到经济社会发展的各个方面，认真研究人口老龄化的现状，以及面临的养老、医疗、社会保障等问题，并提出应对甘肃人口老龄化的对策，将有助于甘肃经济社会又好又快发展。

关键词： 甘肃　人口老龄化　问题　对策

人口老龄化，是指60岁及以上老年人口占总人口比重达到10%，或65岁及以上老年人口占总人口比重达到7%。按照这一标准，甘肃省于2005年进入人口老龄化，当年甘肃省65岁及以上人口比例为7.23%。[1] 值得一提的是，甘肃进入人口老龄化，是典型的"未富先老"，2005年，甘肃城镇居民可支配收入为8086.82元，农民人均纯收入为1980元，[2] 而同期全国的数据为10493元和

---

* 许振明，甘肃省社会科学院哲学社会学研究所副研究员，研究方向为社会发展。
[1] 甘肃省统计局：《2005年甘肃年鉴》，中国社会科学文献出版社，2005。
[2] 国家统计局：《2005年甘肃省国民经济和社会发展统计公报》，每日甘肃网，2006-02-28。

3255元,[1] 甘肃占全国的比例仅为77%和61%,与全国相比,甘肃的经济社会发展有很大的差距。

一 甘肃人口老龄化的基本现状与特征

2005年,甘肃65岁及以上老年人口为187.57万人,占比为7.23%,到2014年,65岁及以上人口达221.51万人,占常住人口的8.55%。[2] 也就是说,十年来,甘肃65岁老龄人口年均增长超过0.13个百分点,老龄化程度在不断加深(见图1)。

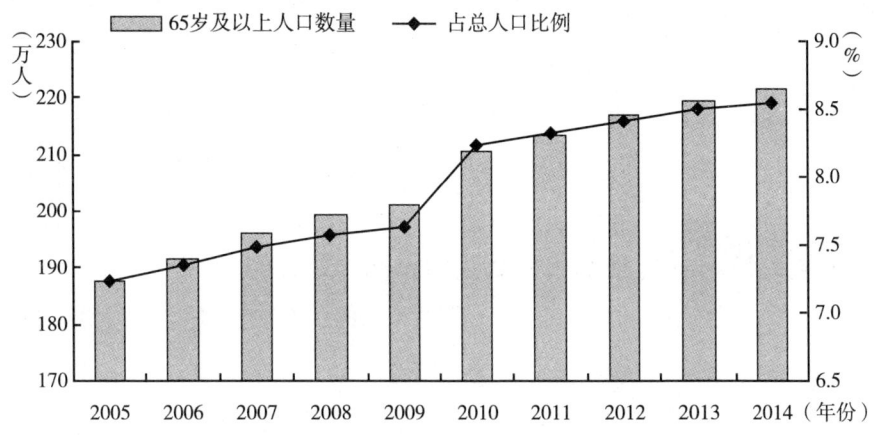

图1 2005~2014年甘肃省老龄人口变化情况

资料来源:《甘肃年鉴(2005-2014年)》。

甘肃老龄人口的快速增长,主要原因有三个:一是位于人口金字塔底部的少年儿童的数量不断减少,2005年,甘肃0~14岁儿童的

---

[1] 国家统计局:《中华人民共和国2005年国民经济和社会发展统计公报》,中央人民政府网站,2006-02-28。
[2] 国家统计局:《2014年甘肃省国民经济和社会发展统计公报》,《甘肃日报》2015年3月23日。

总数为607.60万人,占比为23.42%,① 但到了2014年,这一数字变为440.59,占比则下降为17.01%,年均下降0.64个百分点。二是由于生活水平的大幅度改善以及医疗水平的不断提高,人均寿命延长,造成位于人口金字塔顶部的老年人数量持续增加。三是部分市州青壮年劳动力外出务工,对该地区老龄化程度有一定影响。甘肃人口老龄化的特点可以归纳为以下几点。

(一)甘肃人口老龄化速度较快,老年人口基数逐步变大

近十年来,甘肃65岁及以上老龄人口呈现一个较快增长的态势,每年增长0.13个百分点,而0~14岁人口出现了一个较快下降的趋势,平均每年下降0.64个百分点。再看15~64岁人口的变化趋势,2005年,这个年龄段的人口总数为1799.19万人,占比为69.35%,到2014年,总数为1928.68万人,占比变为74.44%,年均增长0.51个百分点。显而易见,由于0~14岁人口自然增长率的快速下降,以及15~64岁适龄人口基数的长期存在,65岁及以上老龄人口仍将维持一个较快的增长趋势,保守估计,到2050年,65岁及以上老年人口的比例将达到总人口的30%。

(二)经济社会发展落后于其他地区,是典型的"未富先老"

首先,从世界和中国来说。先进资本主义国家的人口老龄化是在经济社会发展到一定程度之后才出现的,此时人们的生育观、价值观已经发生很大改变,而且发达国家已经形成比较完整的社会保障体系,也就是说,经济社会的发展此时已做好准备迎接人口老龄化,老龄化与物质基础的累计是同步的,可以称之为"先富后老"。而中国

---

① 甘肃省统计局:《2005年甘肃年鉴》,社会科学文献出版社,2005。

的人口老龄化是通过20世纪末强力推行"计划生育"、快速降低人口出生率,在不到20年的时间进入老龄化社会的,是被动的人口老龄化,国家的物质基础并未做好充分的准备迎接人口老龄化,是"未富先老"。

其次,从甘肃和全国来说。2014年,甘肃人均GDP为26427元,全国平均为72313元,甘肃为全国的37%,甘肃的人均国民生产总值仅为全国的1/3多一点。而同期甘肃的老龄化率为8.55%,全国为10.1%,甘肃比全国低1.55个百分点,为全国的85%。仅是两组数据的简单比较,甘肃的经济发展明显落后于全国平均水平,但供养的老年人口比例是全国老年人口比例的85%,经济发展速度远低于人口老龄化速度,是典型的"未富先老"。

(三)甘肃各地人口老龄化程度不一,各市州均已进入老龄化

通过对比2000年和2014年甘肃各地区65岁及以上人口变化情况我们发现,甘肃65岁及以上人口比例呈现明显的分布不一状态,各地老龄化程度差异显著。2000年,人口老龄化程度比重较高的三个地区依次是陇南、兰州、平凉,占比分别是6.20%、5.81%、5.56%,即将步入老龄化。排序靠后的几个城市是酒泉、张掖、金昌、嘉峪关,所占比例分别为4.22%、4.22%、4.08%、3.77%,其中金昌和嘉峪关是甘肃较为年轻的两个城市,"因厂设市",外来人口较多,属移民性城市,因此老龄化程度较轻。2014年,排在前三位的城市为平凉、兰州、陇南,比例分别是9.16%、9.07%、8.93%。老龄化程度较轻的几个城市是嘉峪关(7.86%)、酒泉(7.58%)、张掖(7.49%)、甘南(7.29%)。其中,嘉峪关的老龄人口比15年前翻了一番多,也符合工业化城市对人口短期集聚效应。兰州和平凉、陇南各市居住环境更好一

些，人口密度大，老年人口更多一些，而河西各市地广人稀，老龄化程度较轻（见表1）。

表1 15年来甘肃65岁及以上老年人口地区分布变化

单位：万人，%

地区	2000年		2014年	
	总人数	所占比例	总人数	所占比例
全　省	130.75	5.21	221.51	8.55
兰　州	18.25	5.81	33.24	9.07
酒　泉	4.14	4.22	8.43	7.58
嘉峪关	0.60	3.77	1.84	7.86
张　掖	5.28	4.22	9.09	7.49
金　昌	1.84	4.08	3.96	7.98
武　威	8.39	4.57	14.79	7.95
白　银	7.56	4.40	14.94	8.16
定　西	15.27	5.41	24.73	8.77
临　夏	9.41	5.15	16.78	8.45
甘　南	3.33	5.20	5.20	7.29
陇　南	16.03	6.20	24.67	8.93
天　水	17.48	5.43	26.89	8.09
平　凉	11.49	5.56	19.16	9.16
庆　阳	11.67	4.82	20.39	8.89

资料来源：2000年和2014年《甘肃年鉴》。

（四）人口老龄化城乡分布不均

2014年年末，甘肃城镇人口为1079.84万人，占总人口的比例为41.68%，农村人口1510.94万人，占58.32%。农村人口基数大于城市，再加上近几年城镇化的发展，大量的农村青壮年适龄人口向城市转移，造成大量的"空心村""留守老人""留守儿童"，加剧了农村老龄化的进程，农村老龄化程度高于城市。

（五）老龄人口社会保障水平低

根据我们的统计，甘肃 65 岁及以上老年人口年均增长 0.13 个百分点，也就是每年增加 4 万人左右。新增的老龄人口加重了社会保障资金的支付压力。在甘肃人均 GDP 位次在全国排名逐年下降的情况下，城市还未形成较为完善的养老保障体系，养老服务水平低下；农村养老保障资金缺口大、筹资渠道单一，农民只能以家庭养老为主。这些决定了甘肃老龄人口的社会保障只能在较低水平徘徊。

二 甘肃人口老龄化面临的问题与困难

甘肃的人口老龄化是在经济社会发展还比较落后、社会保障体系还不完备的情况下提前到来的，因此面临较多的问题与困难。

（一）人口老龄化将导致劳动力人口减少，影响经济发展速度

人口老龄化不仅仅是老年人口的增加，而且将直接影响劳动力人口的数量和结构。在老龄化的初始阶段，随着少年儿童比例的大幅度下降和老年人口的缓慢增长，劳动力人口比例会出现一个较快增长的阶段，但实际上劳动力人口数量不会出现过快的增长，只是因为"分母"变小了，所以比例看似提高了。在老龄化的发展阶段，随着新补充人口逐步减少和老龄人口的不断增加，劳动力人口会出现一个逐渐减少的趋势。

劳动力人口的减少意味着可能会出现劳动力短缺的情况。劳动力的短缺表示创造的社会财富的减少，社会财富的减少说明经济发展的速度受到了影响，这是劳动力人口与经济发展速度之间的最直接的关系。

2014年年末，甘肃省劳动力人口的比例达到74.44%，①在今后相当长的一个时期内，劳动力人口的比例仍将保持较高的比例，不会出现劳动力不足等"用工荒"问题，但这只是我们享用前期人口过快增长形成的"人口红利"。随着甘肃省人口进入低速增长阶段，老龄人口的比例将逐步消减劳动力人口的比例，老龄人口的比例逐步变大，劳动力的减少将影响劳动生产率，进而影响社会经济的发展。

（二）人口老龄化所带来的养老困境

要弄清楚这个问题，首先要看老年抚养比，即老年人口与劳动力人口的比例，简称老年系数。2014年，甘肃15~64岁劳动力人口与65岁及以上人口的数字分别为1928.68万和440.59万，老年抚养比为22.8%，也就是不到5个劳动力就要供养1位老人。而同期全国的数据为99070万、13755万和13.9%，②即将近9个劳动力抚养1位老人。相比而言，甘肃的老年抚养比几乎是全国平均水平的2倍，说明劳动力人口除了为维持自身的生存与发展进行必要的劳动外，还要更多地承担老年人口生存与发展所需的劳动，并且这种额外的劳动是在经济社会落后于全国水平的状况下进行的，养老压力可见一斑。此外，随着70年代逐步推开的计划生育政策的执行，它对人口结构的负面影响也逐步凸显，本来较为合理的"纺锤形"的人口年龄结构将不复存在，取而代之的是缺少梯度变化、代际传递不强的人口年龄结构，未来甘肃的劳动力人口比例将出现很快下降，"人口红利"将很快消失，劳动力短缺将很快到来。能够创造社会财富的劳动力少了，一部分老年人口将得不到有效、全面的供养，因此，养老以及老龄化将成为甘肃经济社会发展面临的主要困难之一。

---

① 国家统计局：《2014年甘肃省国民经济和社会发展统计公报》，《甘肃日报》2015年3月23日。
② 《羊城晚报》：《2004~2014年中国内地的人口构成及抚养比状况》，2015-02-06。

（三）老龄化增加社会保障的压力

现行的社会保障体系主要由社会保险、社会福利、社会救助三个方面构成，三个方面又包括若干类别，按照"保基本、广覆盖"的原则，社会保障涵盖了社会生活的方方面面。对于221.51万甘肃老年人口来说，社会保障从无到有、从低到高使他们的老年生活有了切实的、基本的保障，但距离保障全体老年人的生活还有一定的差距，尤其是甘肃农村地区，普遍存在社会保障水平低、保障能力弱的问题。

按现行政策来看，职业身份是决定是否享受社会保障和享受程度的主要根据。甘肃省约有25%的老年人口生活在城市，其中，参加城镇基本养老保险的占70%左右，剩余的30%城镇老年人口因为没有固定的工作单位，被排除在基本养老保险之外。因为从现行的养老保险缴费政策来看，我们实行的是国家统筹与个人缴费相结合的养老政策，只有行政机关、事业单位、国有企业和部分民营企业、三资企业职工可以享受国家统筹，虽然近年来国家对养老金政策做了一定的改革，但职业身份仍是基本依据。同时，始于20世纪末的国有企业改革，在推进企业改制、破产、转让的同时，对于企业职工的养老保障、医疗保障很多都没有落实，造成这些职工游离于社会保障之外。另外，城镇中有相当部分的集体企业、私营企业、三资企业拖欠拒交职工养老金等社会保障金，也形成了这部分职工社会保障的缺失。可以说，在以职业身份认定为主的制度设计下，肯定会形成部分城镇人口社会保障的缺失，待老龄化到来之时，社会保障压力可想而知。

从统计数据来看，约有75%的甘肃老年人生活在农村，总数约为166万，从现行甘肃农村的社会保障政策来说，针对老年人的主要有养老保险和新型农村合作医疗。甘肃农民的养老保险标准是60岁以上每月60元，属于低层次的保障，相比较而言，新型农村合作医疗则较好地解决了农村老年人的看病难和看病贵问题。在农村实行的另一项重要的社会保障政策就是五保供养制度，属于社会救助性质，根据笔者2014年做的粗略统计，甘肃农村符合五保供养标准的老人有13万人左右，占农村老年人口的7.8%，这些老年人中只有46%纳入了供养范围。另外，与城镇相比，国家在逐步理顺城镇人口养老金社会统筹与个人缴费规则办法，农村却没有明确的改革办法，还是沿用以前的现收现付制度，社会统筹金严重不足，随着人口老龄化的加剧，养老金必然会出现缺口，从而加重财政负担。从以上分析可见，甘肃农村老年人口的社会保障问题依然很突出，迫切需要建立符合农村老年人口的社会保障制度。

（四）人口老龄化引起的医疗卫生困难

身体较其他人群更为脆弱的老年人口，更容易患病，根据甘肃省老龄委的一项调查显示，甘肃城镇老年人患病的种类列前三项的依次为心脏病（38.96%）、高血压（38.28%）、脑血管病（17.83%），老年人较为常见的慢性病主要是关节炎（42.71%）、颈椎腰椎病（28.76%）、风湿病（18.06%），特点是患病种类多、病程长、费用高。老年人得病后，有66.18%的人选择入院治疗，只有16.42%的人选择自我处置。老年人生病后，住院率高、住院时间长、就医次数明显高于其他人群，说明老年人对医疗服务的需求较高。此外，一些地方虽然设置了老年医疗服务机构，但远不能满足老年人医疗服务需求。在农村，现有的医疗服务设施太少，缺医少药，农村老人不能得到及时救治，再加上农村游医、假医行骗，造成老年人上当受骗，因此，一些农村老年人有病不去医治，或者有病就去大医院。这些老龄人口的医疗需求集中爆发，加剧了本就相当紧张的医疗需求。

（五）人口老龄化引起的贫困问题

不管在城镇还是农村，贫困问题往往与人口老龄化交织在一起，如影随形。在农村，老年人的生活主要依赖家庭供给和土地供给，针对农村老年人的社会保障项目还不多或层次低，加之农业生产的投入与产出存在一定的风险以及自然灾害，农村老年人想依靠自身的力量维持生存变得越来越难。另外，子女建房、结婚、教育、医疗等也将耗尽老年人的毕生积蓄，因此农村绝大多数老人无法为自己和配偶准备养老和医疗金，贫困成为困扰农村老人的最根本问题。

相对于农村，城市的老年人主要依赖较为完备的社会保障体系生活。目前执行的养老、医疗等社会保障制度，都源于20世纪的制度设计，主要针对的是以国有企业为主的就业群体，但是现在就业形势发生了根本性的变化，依然基本沿用过去的社会保障体系，显然不能适应时代的要求。多数国有企业、集体企业经过改制后，转换了身份，多数趋向非公有制企业，很多年龄偏大的职工被推向社会，而我们的保障体系又没有做好兜底工作，这一部分人的养老、医疗等保障在很长一个时期处于真空状态，他们的贫困在所难免。

（六）人口老龄化将对家庭代际关系产生影响

自实施计划生育以来，甘肃省人口规模在一定程度上得到了控制，但由此造成的代际关系问题也逐步显现。尤其是在城市，自计划生育政策实施后，多数独生子女家庭中的父母亲已经或即将步入老年，他们的生活照顾问题日益引起人们的广泛关注。"四二一"家庭的出现（四个老人，两个父母，一个孩子的家庭），不但使子女承担的赡养老人的负担加重，且伴随着城市生活节奏的加快，青年人奔波于家庭和工作单位之间，往往使他们力不从心，花费在老年人身上的时间和精力减少，从而使老年人面临日常照顾和精神慰藉的缺乏，即使对于经济来源有保障的老年人，晚年生活质量也并不高。总体来说，老年人口的增多，将会对其子女的生活产生重要影响，并进而影响与养老相关的道德观念，尊老爱幼、长幼有序的传统道德观念将因此受到冲击，歧视、虐待甚至厌弃老人的现象可能会越来越多，两代人之间的矛盾就有可能加剧。所以，代际矛盾如果解决得不好，就会影响整个社会的和谐与稳定，严重的话就会影响经济社会的发展，甚至全面建设小康社会目标的实现。

三　对策建议

（一）调整人口政策，改善人口年龄结构

甘肃的人口老龄化不仅是实行计划生育的结果，也是医疗服务发展、人口寿命延长共同作用的结果。在过去的30年里，甘肃一直维持着较低的生育率，根据统计，从2010年到2014年，甘肃的人口出生率分别为12.13‰、12.08‰、12.11‰、12.16‰和12.21‰，人口生育率低于人口更替水平。当前，对计划生育政策做出积极调整，逐步推行放开二胎政策，必须抛开"人多是负担"的错误观念，为劳动力人口的增长创造条件，从而降低抚养比，逐步减缓人口老龄化。为了应对甘肃人口老龄化带来的老年抚养比的上升、退休金社会统筹的大幅上升，以及在2030年可能出现的劳动力人口大幅下降等问题，在逐步放开生育二胎的情况下，可以通过适时延长退休年龄的办法来调整年龄结构，以达到劳动力人口比和老年抚养比保持在有利于经济社会可持续发展的水平上。这样，通过小步慢走，"削峰填谷"每年延迟几个月，扩大劳动力人口规模，逐步达到合理的退休年龄。

（二）加快建立和完善老年医疗保障体系

老年人口在医疗保障方面比其他群体有更多更高的需求，但同时老年群体的经济情况处于相对劣势，对于较高的医疗费用个人承担能力明显不足。因此，建议对老年人常见的慢性病、大病、治疗费用较高的重病制定一些针对性的救助措施，提供一定的医疗费保障，保证老人在患病之后能得到及时全面的诊治。在城市，要对城市三级医疗保障网进行重新规划和点位，要充分发挥现有的社区医疗卫生资源优势，建立以社区卫生中心为基础，以基层医疗单位为指导的老年人社区医疗服务保障体系，加强老年人体质检查，建立老年人健康档案，积极开展老年人社区医疗保健服务。同时，与上级医院建立远程诊疗和转诊系统，对一些不能在社区卫生中心诊疗的疾病进行会诊，及时听取专家的诊疗意见，或转至上级医院进行诊疗。此外，要大力完善贫困老人医疗救助制度，加强对老年人口的健康教育和预防保健知识教育，全面落实对老年人就医的优先、优惠，为老年人提供预防、护理、医疗、康复、家庭病床、保健咨询和医疗救助等一体化服务，形成"小病在社区，大病进医院"的医疗服务保健新模式。在农村，要继续加强乡村两级老年人医疗卫生保障机构建设。要充分发挥县级医院在农村医疗保障服务中的示范引领作用，积极指导乡镇卫生院开展老年人口相关的新技术、新业务，加强对乡镇卫生专业人员的培训。乡镇卫生院要积极发挥在乡村三级医疗保障中的关键作用，统一乡村卫生的一体化管理，巩固新型农村合作医疗的成果。大力加强村卫生室建设，加强其技术力量，努力提高村医的医疗卫生保障水平。此外，还应持续加大对乡村卫技人员的培训管理力度，加大卫校对乡村卫技人员培训力度，提升乡村卫技人员素质。努力克服目前农村地区医生缺，好医生更缺的现实，改善农村老年人的医疗条件。

（三）加快发展，为解决人口老龄化问题奠定坚实的经济基础

发展是硬道理，是解决当前人口老龄化问题的最主要手段。加快经济发展的质量和效益，增加社会财富，提升社会对老龄化的承受能力，是积极应对人口老龄化的根本出路。通过研究发达国家老龄化的进程我们发现，发达国家的老龄化是一个缓慢的、循序渐进的过程，老龄化是在社会积累了一定的社会财富、经济发展水平较高、人民相对富裕、社会保障较为完善的基础上完成的，是经济发展与人口发展良性互动的结果。相比较而言，甘肃的老龄化是由1973年开始的计划生育政策引起的，在40多年里，人口的自然增长率由33‰快速下降到12.21‰，每年下降近0.5‰，老龄化进程快而经济发展慢，两者的速度差导致老龄化问题突出。因此，只有加快发展，才能从根本上解决老龄化进程中出现的各种矛盾，未来十几年是甘肃加快发展的黄金机遇期，我们一定要抓住这个难得的机遇，大力发展社会生产力，稳增长、调结构、转变经济发展方式，加快经济发展速度，在人口老龄化的高峰到来之前，壮大甘肃经济实力。

同时，对老年人而言，经济的拮据会严重影响老年人的营养、生活条件、医疗保健的服务水平，会使许多患有慢性病的老年人不能坚持长期治疗，只限于重病就医的状态，从而深刻影响其健康状况和生活质量。因此，我们要提高老年人的生活质量，消除老年贫困，客观上也要求我们加快发展经济，使城乡老年人都能够享受到经济发展的成果。

（四）加快建立完善符合甘肃省情的养老保障体系

养老保障体系是国家对老年人生活的基本制度安排，是社会保障制度的重要体现，涉及社会保险、社会福利、社会救济等方方面面的

内容，特点是政府组织实施，保证老年人有可靠的养老保障。在当前甘肃经济发展并不十分发达的情况下，建立起一个既可以保障全体老年人的经济生活需求又有助于经济发展的养老保障体系，是实现甘肃养老服务与经济社会持续协调发展的重要举措。

2014年年末，在中国实施了近20年的养老金双轨制寿终正寝，取而代之的是新的养老金并轨方案，新方案采取"个人缴费、社会统筹、社保支付"的新保障形式，这标志着城镇基本养老保险制度的建立。农民养老保险制度2012年通过试点之后才在全省推开。两种保险形式都存在社会保障基金稳定的筹措机制尚未形成，养老金筹措渠道单一，资金缺口大的问题。此外，农村老年人口养老保障既受农村经济发展水平的影响，又受子女的供养能力制约。鉴于此，我们建议建立起一个突出公平与效率兼顾、基金来源多渠道、城乡有别的社会养老保障体系。

1. 拓宽养老保险基金征缴渠道

一是认真落实新版的养老金征收管理办法，按照"缴费单位、缴费个人应当按时足额缴纳社会保险费"的规定，进行足额征收，做到应收尽收。二是继续增加财政投入，确保每年安排一定的财政经费作为社保基金专款，并以法规或文件的形式固定下来，形成养老金社会统筹的稳定增长机制。三是建议将个人所得税、利息税、遗产与赠与税等税收收入主要用于社会保障。四是可以促进社会保障基金与资本市场的有机结合，确保基金保值增值。五是通过发行特种债券、征收特种税、特种国债、发行社会保障彩票等方式筹措资金，所得全部用于社会保障基金。

2. 建立农村养老保障制度，完善社会保障体系

对农村养老保险制度继续进行修改完善。逐步建立和完善土地保障、家庭赡养和社会扶持相结合的农村养老保障体系，充分发挥土地养老的保障作用。对确定的"五保"对象继续实施完善"五保"供

养制度，并逐步提高供养水平。建立贫困农村老年人救助制度，对贫困老年人实行政府救助和社会互助的原则，对人均纯收入低于当地最低生活保障标准的老年人给予应有的社会救助。

（五）加快发展养老服务业

人口老龄化呼唤老龄人口社会服务产业，这一产业主要指由老年人口社会服务消费需求增长而带动形成的产业，包括与满足老年人社会服务有关的生产、经营、服务等经济活动。主要有以下几个领域：一是卫生保健服务业，如特定药品、医疗器械、保健品等。二是家政服务业，如必要的家庭护理、居室的修缮、临终关怀等。三是日用品制造业，如老年服装、老年人交通工具等。四是健康保险业，如人身保险、健康保险、养老投资等。五是旅游娱乐业，如旅游服务与陪同、老年棋牌、运动、曲艺等。六是房地产业，如老年公寓、托老所、专科护理等。七是老年教育产业，如老年学校、老年职业培训、老年职业介绍等。八是咨询服务，如心理咨询、婚姻介绍等。

参考文献

甘肃省统计局：《2005年甘肃年鉴》，社会科学文献出版社，2005。

国家统计局：《2005年甘肃省国民经济和社会发展统计公报》，每日甘肃网，2006年2月28日。

国家统计局：《中华人民共和国2005年国民经济和社会发展统计公报》，中央人民政府网站，2006年2月28日。

国家统计局：《2014年甘肃省国民经济和社会发展统计公报》，《甘肃日报》2015年3月23日。

甘肃省统计局：《2014年甘肃年鉴》，社会科学文献出版社，2014。

B.14 甘肃法治政府建设中平衡社会关系研究

赵前前 马廷魁 柳菁*

摘 要： 本文从平衡社会关系的角度探讨了平衡社会关系的背景及意义，分析了当前甘肃社会关系现状和相关实践，并结合国内外相关经验提出了甘肃法治建设中平衡社会关系的关键在于要确立法治思维；行政管理路径上要突破单一模式；文化构造上要发展文化产业；工资分配制度上建立职工收入能增能减的分配制度等。

关键词： 平衡社会关系 再平衡 经济新常态

一 甘肃推进法治政府建设要平衡社会关系

（一）平衡社会关系的背景

1. 经济进入新常态

我们国家要发展的社会主义市场经济本质上是法治经济，我们国家要构建的社会主义和谐社会本质上也是法治社会。当前阶段，促进

---

* 赵前前，中共甘肃省委党校公共管理教研部行政管理教研室主任，副教授；马廷魁，西北民族大学新闻学院副教授；柳菁，中共甘肃省委党校公共管理教研部讲师。

经济持续健康发展，调节社会利益、平衡社会关系、保持社会和谐稳定，推进法治政府建设是题中应有之义。经过30多年的快速发展，我国经济发展进入了新常态。新常态意味着我国经济从高速增长转向了中高速增长，经济结构发生了调整，而经济发展方式也由粗放型增长转向了集约型增长，另外，经济的发展动力也从传统的依靠要素和资本推动转向依靠创新推动。当前，我国经济体总量庞大，维持了中高速增长模式就能保证就业、维护社会和谐稳定。

2. 社会从管理走向治理

从社会角度来说，国家管理社会的模式主要有三种：统治、管理和治理。长期以来，我们国家形成了"大政府——小社会"的关系格局，在新中国成立后，为了恢复生产，重建社会，国家在制度安排上设置了强有力的政府来进行战后重建。作为全能政府，政府在经济建设、社会建设、文化建设和生态文明建设等诸多方面发挥了重要的作用，在这样的背景下，社会方面都是以政府为主导来进行建设和管理的。改革开放以来，为了激发社会活力，更好发挥市场在资源配置上的积极作用，政府不断转变职能，从全能政府逐渐转向有限政府，社会组织越来越多地参与经济建设和社会管理。党的十八届三中、四中全会召开以后，市场的决定性作用逐渐显现，全面从严治党、法治政府建设越来越多地得到体现。十八届三中全会中央提出了全面深化改革总目标，即"完善和发展中国特色社会主义制度，推进国家治理体系和治理能力现代化"。基于此，在社会领域中，各类社会组织职能也得到了增强，社会组织从不同角度、不同领域，越来越多地参与到社会治理中，成为社会重要的组成部分。

3. 法治政府建设的推进

法治政府要求政府在权力的行使和职责的履行过程中要坚持法治原则，严格依法行政，以保证政府在法治轨道上运行各项权力。法治政府集阳光政府、有限政府、诚信政府和责任政府于一体，并以法律为保证。建设法治政府，要求政府要全面推进依法行政，不断提高政府的公信力和执行力，从而保障经济的发展和社会的和谐。改革开放后，政府和社会对原先实施的政府和社会运行模式进行了反思，法治和法制建设也日益得到了强化。党的十八大提出了全面建成小康社会和全面深化改革开放的总目标，党的十八届三中、四中和五中全会更是对总目标进行了细化，"四个全面"和法治政府建设等思想得以提出。下一个法制建设的重点，将会围绕全面落实依法治国基本方略、全面建成法治政府、不断提高司法公信力，实现国家工作法治化，从而加快社会主义法治国家建设。

（二）平衡社会关系的意义

1. 建设和谐社会的逻辑起点

法治追求公平和正义，这也是构建社会主义和谐社会的逻辑起点和内在要求。我们追求的社会主义和谐社会是一个充满物质文明、精神文明和政治文明并得以协调发展的整体文明的社会。这三个文明相互联系，共同推动了国家文明的有序发展。法治也是构建和谐社会的基本途径，法治意味着要清晰地界定政府行动的范围，政府的一切行政权力均须具有法律依据。和谐社会的构建，需要国家、市场和个人多方共同努力，国家保证社会公平正义，市场促进社会资源有效配置，个人的社会利益诉求能够得到满意解决。社会一旦出现不和谐，那必然是伴随着社会组织运行无序、社会利益无法协调、社会诉求无法满足、社会关系无法平衡，协调社会矛盾、平衡社会关系是建设和谐社会的逻辑起点。

2. 建设美丽新甘肃的内在动力

建设美丽新甘肃，不仅是经济方面的建设，同时也是政治方面、社会方面、文化方面以及自然环境方面的建设。经济的健康发展能为美丽新甘肃提供物质基础，政治生态的发展能为美丽新甘肃建设保驾护航，而社会的和谐稳定为美丽新甘肃建设提供优越的发展环境。十八大以后，甘肃经济社会发展迎来了一个新的发展期，双联行动、1236扶贫攻坚行动以及精准扶贫行动等成了甘肃促进经济发展、缓解贫富差距扩大、全面建成小康社会的重点工作。建设美丽新甘肃，需要经济的发展、社会的和谐。在现阶段，经济发展引发了诸多客观问题，由此也引发了社会的不和谐，社会群体利益诉求得不到有效解决，社会关系发展没有得到平衡。只有处理好这些问题，才能为美丽新甘肃的建设提供内在动力和强大引擎。

二 当前甘肃社会关系现状分析

（一）当前甘肃社会关系现状

甘肃地处西部经济欠发达地区，虽然有后发潜力，但总体来说，经济发展处于不平衡状态。①农业处于不发达状态，科技含量高的现代农业体系还没有建立起来。而在农业体系中，种植业占主导地位，并以粮食作物为主，牧业、林业、渔业处于边缘地位，整体而言，农业的发展不够协调。②第一产业的产值规模与就业规模严重偏离，过分倚重第一产业，使得剩余劳动力无法转移，导致第三产业发展严重不足，不符合世界产业发展的趋势。③具有地域特色的产业没有确立起来，利用"一带一路"政策利好的相关发展思路和格局也没有形成。④农村劳动力输出情况也不容乐观，由于文化差异、地域差距等原因，和东部发达地区的农业交流通道没有真正建立起来。

甘肃省是老牌工业强省，在历史上，甘肃的工业经济对国内经济做出了巨大的贡献，但在新的工业转型的大趋势下，甘肃工业显示了结构不合理的一面。第一，甘肃工业结构比较陈旧，呈现重工业化和粗放化特征，是一种高消耗的生产模式。第二，甘肃工业经济对能源资源形成了浓厚的依赖性，资源存量多少在某种意义上决定了甘肃工业经济发展的前景，资源性城市的转型比较缓慢。第三，工业和其他产业之间的关联性不强，区域化产业结构单一，由于没有形成多维立体的产业体系，在面临动态多变的外部环境时，其应变能力相对较差。

生态文明大省建设任重道远。2014年，甘肃省83家废水排放企业、80家废气排放企业、56家污水处理厂、62家重金属企业共281家企业被环保部通报，占国家重点监控企业的1.95%。在当前，甘肃基本公共服务供给受到了市场的挑战，在短期内也难以实现社会期待的效果。现代科技创新体系得以不断壮大，但创新动力依然面临不足的境地。

当前甘肃社会运行面临的挑战主要有以下两个方面：首先，受经济增速持续放缓的影响，城乡居民可支配收入与全国相比差距将进一步拉大，消费水平将更加走低，社会生活水平提升空间变小。其次，受经济发展的影响，甘肃城市的吸引力可能出现减弱的趋势，城市将进入相对平稳的时期。所以说，如果社会管理不到位，社会底层的内部矛盾将进一步加剧，社会中低收入者将面临巨大的生存和发展压力。

（二）甘肃社会关系不平衡的表征及原因

社会关系是人们在共同的物质和精神活动过程中所结成的相互关系的总称，即人与人之间的一切关系。简而言之，就是有人类的地方就一定存在社会关系。人与人的交流与交往不一定都是和谐的，有时也会存在一些不和谐的因素，导致社会某一关系的破裂，所以，社会矛盾的冲突往往预示着社会关系的失衡。甘肃社会关系不平衡有以下几个原因。

1. 社会宏观管理体制和社会关系平衡存在的缺陷

改革开放以来，甘肃经济和社会得到快速发展，但甘肃政府的社会管理和公共服务职能依然处在比较落后的状态，和新时期的发展思路与发展理念已经脱节。甘肃政府在社会管理中存在的问题主要体现在以下几个方面。第一,对政府职能定位不准。甘肃省的政府职能定位和管理模式与国内其他省市的职能定位均形成于计划经济时期,但在新的发展形势下,适应经济一体化、第三产业快速崛起的市场经济发展需要和民众多元利益诉求,以经济调节、市场监管、社会管理和公共服务为核心职能的职能模式尚未确立。政府直接参与企业生产经营的现象比较严重,对企业的干预比较多,造成政企不分的局面,限制了企业的自主性和积极性,阻碍了经济的良性发展。第二,社会管理缺位现象严重。社会管理职能中的缺位现象严重,对需要社会管理出手的领域,出现了管理缺位现象。比如,相关地方法律法规不完善,对出租车和电信、移动等垄断行业监管力度不足,在社会冲突中的管理失位等问题。第三,管理体制不够合理。对具体问题的管理面临多部门交叉,推诿扯皮现象,多个部门职能重叠,部门之间的协调不足,官僚现象严重,权力过于集中,造成一定程度的权力腐败。

2. 治理模式陈旧和国内其他省市相比,甘肃省治理手段和治理模式比较陈旧,缺乏利用先进管理手段和方式实现政府治理创新的能力,在一些宗教问题和社会冲突问题上,存在治理效果差、不注重后续效应等问题,形式主义比较严重,不少工作难以扎根落地。现有的社会治理方式面临挑战,需要调整和变通。

3. 法律悬置,法治社会定位不明晰

宪法是一个国家的根本大法,但是我国从计划经济时期就开始形成了按红头文件办事的思维惯性,这些思维惯性使社会公众对宪法条文并不了解和熟悉。还有,由于对官员的政绩考核中并没有体现依法办事的评判标准,而主要是看上级下达指标的完成与否,所以宪法被搁在一边,这也是依法治国很难得到根本性推进的重要原因。

4. 政府与社会二元对立问题

正如政府与市场不完全是二元对立一样,政府和社会也并不是完全对立的，需要走出政府与社会二元对立的思维模式，重新打量政府与社会的关系，不管是"大政府，小社会"还是"小政府，大社会"，其前提都是为了更好地体现政府对社会的服务职能，所以两者是一种协调合作关系，不是零和博弈。政府与社会之间的张力将存在于越来越多的领域。基于乐观的发展思路，这会使得双方都有所变化和调整，促使政府和社会共同成长。

5. 民众参与度偏低

随着社会结构变化，利益格局分化，公众诉求也呈现多元化趋势，这对公共事务治理和政府自身建设提出了新课题。按原有的评价体系和参与模式，公众评判政府工作，往往很难做到全面、理性。如评议结果中有些排名靠前的部门有惭愧感，排名靠后的有委屈感，即使公众自己有时也会对评议结果产生质疑。问题主要出在政府工作的透明度滞后于公众对知情权的需求，造成政府公信力缺失，公众的参与热情也就难以持久。

公众对公共事务的参与有极大热情。在甘肃，公众之所以对公共事务态度冷漠，恰恰是由参与渠道不畅通、参与机制不健全、参与条件不完善造成的。社会学原理表明，个人、团体有正常的诉求途径和参与公共事务的机会，其行为才不至于冲击社会秩序。所以激发和引导公众参与公共事务的热情，保障公众知情权、提高知情度同样重要。

甘肃民众的民主法制意识、权利义务意识普遍增强，对于社会公平也有新的期待，因此，建立法治思维，提升其在治理和社会管理中的作用，显得越来越重要。而与此同时，甘肃本地党政机关依法处理政务的能力与民众日益增长的法治需求之间还存在一定距离。

建设新甘肃必须倡导法治追求、构建法治模式、凝聚法治能量，提升法治建设水平。所以，甘肃地区建设法治政府对于调节社会关系的平衡来说，是非常有效也是非常重要的事。

三 甘肃平衡社会关系实践

（一）采取的措施

人与社会、人与人、人与天然的关系是人类社会最根本的关系，只有处理好这些关系，才能协调社会关系和平衡社会利益。构建公平、诚信、有序、协调的社会环境，是社会关系平衡的基本出发点和落脚点，也是社会主义的实质要求。社会公民又是社会关系中的实际的人，一个国家的法律、经济、社会、文化、生态的协调程度直接影响着这个国家的社会关系，所以，协调社会关系、平衡社会利益离不开一个国家的经济、政治、社会、文化和生态。甘肃在协调社会关系、平衡社会利益中，从地方立法、政府行政、经济政策、社会治理、文化塑造以及生态保护等方面采取了措施。

（二）取得的成就

1. 地方立法逐渐取得进展

立法活动是相关利益主体进行多方博弈的一个过程，从这个意义上讲，立法本身就是一个平衡和协调矛盾的过程。甘肃这些年用地方立法来平衡、调整社会利益关系，从源头上防止权利义务失衡，确保经济与社会快速、平稳发展。在立法理念上，逐渐用"以人为本""立法为民"等立法理念代替了传统意义上的以"官"为本、以"管"为本、以"权"为本的思维理念。在立法决策上，逐步推进了公众参与立法的有序化、制度化，力求实现立法过程的民主化、透明化和公开化，并且在立法决策过程中及时加入了民情、民意和民智，及时有效地整合了社会各阶层的利益诉求。

2. 行政运行逐渐得以理顺

政府行政活动实际上是分配社会公共资源的一个过程，政府的一个重要功能就是通过政策的制定来调整社会各方面关系，所以一个地方政府运行如何直接关系这个地方的社会关系稳定程度。甘肃省委书记王三运指出，要把牢学习贯彻习总书记系列重要讲话精神"一条红线"，抓住"四个全面"，抓好最大任务、最大动力、最大重器、最大政绩、最大机遇"五个最大"，完善工作思路、谋划工作举措、落实工作责任，奋力开创建设幸福美好新甘肃崭新局面。基于此，甘肃着力建设服务政府、责任政府、法治政府和廉洁政府，从转变职能、理顺关系、优化结构、提高效能出发，基本做到了权责一致、分工合理、决策科学、执行顺畅、监督有力，为甘肃全面建设小康社会提供了体制保障。

3. 经济政策逐渐发挥作用

明确政府在资源配置中的作用，协调市场和政府的关系，明确市场作用发挥的边界，也要明确政府作用发挥的边界。政府在制定经济政策和执行的时候，本着市场导向原则，全面考虑了社会关系和利益诉求，明确了政府发挥作用的边界，妥善处理了政府"越位""缺位"和"错位"三者之间的关系。

4. 社会管理逐渐形成体系

社会管理根本目的是维护社会秩序、促进社会和谐、保障人民安居乐业，为社会事业发展营造良好社会环境。甘肃根据城市城镇特点和社会管理现状，逐渐组建了社会服务保障、社会人员服务管理、社会矛盾纠纷调解暨社会风险评估、多元化现代社会公共安全防控、城乡新型社区服务管理、基层基础建设管理、思想道德和社会管理队伍等八大体系建设。经过长期探索和实践，甘肃构建了全面社会管理组织网络，多维立体的社会管理体系已初步形成。

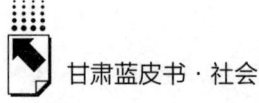

5. 文化功能逐渐得以显现

甘肃是华夏文明的重要发源地,历史文化资源非常丰厚,在全国屈指可数,在全球影响巨大。按照联合国《世界遗产公约》和国家《旅游资源分类调查与评价》标准,甘肃的历史遗产、经典文化、民族民俗文化、旅游观光文化等四类资源丰度位列全国第五。甘肃各级文化部门通过对甘肃文化的挖掘,整理出优秀的有传承意义的文化,并通过文化功能作用于社会关系的平衡,取得了较好的效果。

6. 生态文明模式逐渐清晰

甘肃地处青藏高原、内蒙古高原以及黄土高原三大高原的交会处,是黄河和长江上游重要水源补给区,也是国家"两屏三带"生态安全屏障的重要组成部分,这里生态具有多样性、脆弱性以及战略性特征。甘肃为了建设"美丽甘肃",采取了一系列生态建设措施,在建设"绿水青山"的前提下发展和促进经济。出台了《甘肃省生态保护与建设规划(2014-2020年)》《甘肃省加快转型发展建设国家生态安全屏障综合试验区总体方案》等文件,努力推进国家级循环经济示范区建设。通过财税政策、投资政策、产业政策、金融政策、国土资源政策、价格政策、对口帮扶政策等推进重点区域生态保护与恢复、加强环境污染综合防治、改善水利保障条件、加强重点流域生态综合治理等四大生态工程,这对改善甘肃生态,提升甘肃形象,促进甘肃和谐,调整社会关系,平衡社会利益等起到了很好的生态文明作用。

四 国内外社会治理中的社会关系平衡经验

(一)国外经验

社会治理是现代国家在社会多元和社会发展过程中必须面对的问题,是一个国家对该国民众和社会相关事务的管理和调节。

一方面，社会治理既反映了一个国家基本制度的特点，是其基本制度和意识形态的落实，反映不同国情的特殊性。另一方面，社会治理在不同的文化背景中也具有共性。不管何种制度，社会治理都要符合和达到一些基本要求和规范。发达国家也曾经对社会治理有过长久的探索，目前已经形成了比较成熟的社会治理经验，因此，我们国家的社会治理需要学习发达国家的成熟经验，而作为经济欠发达地区的西部省份甘肃，尤其要学习和借鉴国外社会治理的成功经验。

作为社会主义市场经济的探索阶段，我国也面临着跟发达国家一样的问题，那就是政府与市场的关系问题。如何处理好政府与市场的关系问题，对于甘肃省实现有效的社会治理具有非常重要的意义。发达国家社会治理的历史进程和取得的成就表明，不管是市场还是政府调控都不能走极端，必须将两者结合起来，平衡两者的关系，这样才能实现有效的社会治理。目前，不管是国外还是国内，社会多元主体协作共治的局面已经初步形成。随着世界经济的信息化和全球化，国际交流扩大，不同文化的碰撞时有发生，社会关系错综复杂，社会突发公共事务激增，社会流动性加强，只凭借单一的政府治理，已经不能应对日益复杂的局面和形势。于是，各种社会组织产生，并且在各个具体领域内开始扮演重要角色，成为参与国家治理的重要组成部分。政府和各种社会组织联手实行多元主体协作治理的新型治理模式正在形成。

1. 国外社会治理的基本经验

（1）多元参与协作共治

20世纪80年代以来，多元参与协作共治已经在很多国家形成一种国家治理的潮流，"多元参与协作共治"的理念主要包括：第一，改变过去由政府或市场的单一主导，重视民间力量和社会各类组织的作用。第二，加强推进"参与式治理"。即多元主体共同参与社会治理，多元主体既包括政府、企业，还包括社会各类组织和民间组织以及公民个人，这样的多元主体共同参与社会治理就很好地避免了政府单一治理的弊端。第三，强调协商治理。在治理方式上，政府、市场、社会三者是平等关系，通过协商、合作来解决问题，构建基于共同目标的"伙伴关系"。

（2）以人为本与标本兼治

第一，把改善民生放在第一位。改善民生是任何国家在社会治理中的首要目标，加强社会保障，实现普惠型社会福利的高度覆盖是很多国家在社会治理中采取的做法。同时很多国家通过提高民众收入来扩大中产阶级或中等收入群体的比例，从而重塑比较协调而稳定的社会结构。第二，注重构建有效的利益协调机制。例如，在发达国家的劳资纠纷中，工会与雇主的协调是基于平等透明的协调机制来完成的，政府只是搭建一个协商平台，不直接出面，只是在双方的协调出现僵局的时候，才由政府出面调解。第三，提供高品质、专业化的社会工作服务。普遍建立比较完善而成熟的社会工作制度，通过具有专业水准的社会工作者为一般民众提供专业化、人性化、高品质的社会服务。

2. 西方国家社会转型与治理的具体做法

（1）美国的社会治理最主要的背景就是政治体制的改革和多元文化的社会现实，因此，美国政府通过推行直接民主制，来抑制政府和财团对美国政治的操控。扩大普通民众的政治参与途径，同时赋予民众极强的监督政府的权利，同时加强对大企业的管控的监督。比如，美国要求所有的全国性银行必须加入联邦储备系统。通过这样的方式，加强了对银行系统的监控，同时冲减了垄断公司和私人银行对财政金融政策的影响。在解决劳资矛盾方面，美国也是采取了法治和各方协商的机制，成立独立的劳工部，并在法律上保障劳工组织工会的权利。美国在社会转型时期开展的这些改革运动开启了美国社会治理的新思路和新理念，也使美国的社会矛盾有了极大的缓和，实现了国家的有效治理。

(2) 英国在社会治理中的社会关系平衡经验

英国在社会治理方面卓有成效，代表了西方社会发展过程中社会治理的典范，随着英国的产业模式转型，从工业社会转向现代工业、后工业社会，它的社会结构发生了很大的变化。社会分工日益细化，上下分化的社会结构以及逐渐扩大的贫富差距，使各类资源难以达到最优配置。社会矛盾增加，在此背景下，福利国家制度成为英国社会治理中的重要手段。初步形成了以下三种模式：一是以政府为主导的普遍福利。在英国福利国家初期，以政府为主导的社会保障制度得到全面而迅速的发展，福利国家制度全面兴起，"普遍福利"是其基本的特征。因此，政府被看作提供社会福利的唯一主体。二是以市场为主体的社会福利政策模式。政府并不是万能的，其行为也存在着无法克服的不足和缺陷，导致政府偏离了它的最初目标。因此，英国政府的角色由全能型政府向有限政府转变。政府角色的转变自然也引发了相对应的社会政策的改革，由市场主导的福利模式开始取代政府主导的福利模式，这就促成了由政府提供福利向福利的市场化转变。三是以政府为主导的多元主体共同治理模式。但是在具体的社会治理过程中，不管是政府主导的模式还是市场主导的模式，都有其缺陷和不足。所以，整合各方力量，特别是加入社会力量来形成对政府和市场的补充，构建由政府主导的多元性的社会共治模式。以政府的主导为主，引入市场机制作为补充并提高效率，具体来说就是积极地调动社会各方力量，进行多元社会福利的多元投资，重视民间组织、公益组织、慈善机构、社区以及家庭和公民个体的力量，充分利用政府和市场之外的非政府组织、社区、社会自愿组织、家庭等第三方力量，打破政府和市场的二元模式，开启多元化社会福利模式。

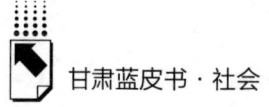

（二）国内实践——激发社会组织积极参与社会治理

1. 登记管理体制改革

广东在社会组织登记管理体制改革方面，走在了全国前列。2006年，在全国率先推行行业协会管理体制改革的广东省，取消了业务指导单位的前置性审批，将行业协会的业务主管单位改为业务指导单位；推进行业协会民间化和自治化，实行行业协会自愿发起、自选会长、自筹经费、自聘人员、自主会务等自治模式，由无行政事业编制的相关人员兼职。2012年4月，广东省委、省政府印发《关于进一步培育发展和规范管理社会组织的方案》，在管理体制方面也有大的变革，相关的社会组织业务主管单位一律变为业务指导单位，实行"五自四无"，逐步实现公益慈善组织去行政化、去等级化的变革。广东的社会组织登记管理体制改革促进了当地社会组织蓬勃发展。

2. 政府向社会组织购买服务

20世纪90年代出现在上海，我国开始有政府向社会组织购买服务，这以浦东新区"罗山会馆"的委托化管理为标志。2007年，浦东新区政府出台《关于政府购买公共服务的实施意见（试行）》，浦东由此成为上海首个发布政府购买服务文件的区县。2011年以来，静安、闵行、杨浦等区先后出台政府购买社会组织公共服务的相关意见。2012年8月，经上海市人民政府批准，上海市财政局印发并出台了相关的措施和办法，《上海市市级政府购买公共服务项目预算管理暂行办法》和《上海市市级政府购买公共服务项目目录》就是在这样的背景下出台并逐步在实践中完善的。

五 社会关系改进路径

社会关系再平衡。涂尔干认为，社会团结指的是把个体结合在一起的社会纽带,以结合或吸引为特征的联系状态。在我们的社会关系再平衡中,法治是支点,就像社会团结的纽带一样,能够平衡社会中的各种关系。笔者建议主要从下述几个方面来改进甘肃的社会关系,实现社会关系再平衡。

(一)司法法制路径——法治思维的确立

党的十八大报告将"法治中国"建设提升到前所未有的高度。这也意味着未来我国的社会治理将越来越朝着法治模式迈进。法治思维在现代社会治理中起着越来越重要的作用,与人治思维不一样的地方在于法治思维强调制度的力量和约束机制,强调法律地位的至上,一切社会行为包括政府行为均需要在法律规定的框架内发挥效用,法治思维与人治思维的冲突主要表现为:法律地位与权力地位的冲突、保障权利与漠视权利的冲突、规范权力与放纵权力的冲突、注重程序与拒斥程序的冲突、公开透明与暗箱操作的冲突。

(二)行政管理路径——突破单一模式

在甘肃现在的社会关系里,很多是单一的社会关系,在这种单一的管理模式里,人与人的关系变得疏远冷漠,所以我们要突破这种单一的模式,去尝试更多的模式,来实现社会关系再平衡。突破单一模式主要有以下两种模式。

1. 社区自治模式

社区组织根据社区民众意愿形成集体管理社区各项事务,这种集体管理需要有一套比较成熟的选拔机制,同时又需要适当的监督力量来确保这种集体决策最大限度地发挥效用,社区自治目的是维持社区的有序运转,让民众的意见和建议能落到实处,向社区民众提供服务。作为最基本的社会治理单元,社区自治在很大程度上激发了民众参与社会治理的积极性，同时也对社会整合和国家治理起到正向作用。甘肃省地域狭长，文化多元，信仰各异，城乡发展极不平衡，难以用大一统的社会治理模式来进行社会治理，需要构建多元、灵活的社区自治模式来应对日益复杂的社会变迁。同时社区治理也需要和国家大的方针政策相契合，和甘肃省的地方法规相契合，和国家、省市的宏观治理形成应和局面，共同促进社会治理的良性发展。在社区自治下更应该有国家意识，站在国家层面的角度去思考问题、去探索。

2. 混合模式

在社会关系里，不同所有人的动产相互融合，其中有固体的混合和液体的混合，当然这里所说的固体混合并不是普通意义上的固体，在社会关系中，强硬的力量，比如说政府、法律，在其调节下，社会关系达到一种均衡的状态。而所谓液体混合，则是在社会关系中，人与人、人与自然、人与社会建立一种相对一致的信仰、道德和价值观等。混合模式有很多，不仅是固体和液体，还有其他很多形式，在这样的模式下，甘肃的社会关系就很容易突破以往单一的模式，更好地实现社会关系再平衡。

（三）文化构造——发展文化产业

调整优化产业结构，形成具有浓郁甘肃地方特色的产业和优势产业，这对促进甘肃社会治理有很好的促进作用。大力推进文化产业，从而在精神领域推进社会治理是很多发达国家的比较成熟的模式。地域文化传统是一个地方社会治理体系形成的重要元素，文化兴盛是地方政府治理体系现代化的标志，文化软实力是衡量地方经济社会发展的重要标尺，文化与社会治理的关系十分密切。要充分挖掘本省地方文化资源，完善公共文化服务保障制度，构建现代公共文化服务体系，从而为对甘肃省地方社会治理提供保障。

（四）工资分配制度——建立职工收入能增能减的分配制度

制定深化省属企业领导人员管理体制机制改革方案。制定省属国有企业负责人薪酬制度改革方案，合理确定并规范省属国有企业负责人的薪酬水平。建立企业职工收入能增能减的工资分配制度，推动建立企业、行业、区域工资集体协商制度，规范企业内部分配行为。对民族地区和边远地区进行补贴，缩小省会城市和这些区域的收入差距，从而使得社会矛盾减少，同时这也体现了社会主义制度的公平性和合理性。

（五）加大生态环境保护治理力度

把生态文明建设作为省内重要的理念和发展思路，告别过去的高污染发展模式，促进绿色、低碳发展，建设适于人居住的自然环境，加强生态工程的多层级建设，如水源补给生态功能区生态保护与建设、水资源合理利用与生态保护等。强化大气污染和水环境治理，力促城市空气质量明显好转，深入开展流域水污染防治工作。与此同时，着力改善农村人居环境。这些举措因为涉及民众的健康问题，在很大程度上能增强民众对政府的信心，改善民众与政府的关系，进而促进社会治理的良性运转。

（六）跨域合作与协作

跨域合作与协作机制作为一种新型的治理模式，强调政府组织、企业、非政府组织、公民之间的互动合作治理，是当今区域经济一体化进程中解决区域问题的有效模式。社会关系跨域治理合作区域与区域间合作的发展是行政协议产生发展的母体和推动力。现代社会，许多问题成为阻碍社会关系进步的原因。比如社会经济的飞速发展，科学技术的进步，人们思想意识的独立都使得社会关系日益僵化。在我国，地方分权改革增强了地方自主性，地方政府间联系日益紧密，地方政府跨域合作已经成为理论和实践关注的热点问题。特别是为推动区域社会关系进程展开的地方合作更是成为关注的焦点。然而，相较于对地方政府间经济合作的重视，社会公共事务领域的地方政府合作却往往被忽视。随着区域一体化进程的加快，地方政府传统的"内部"公共事务越来越"外部化"和"无界化"，各种跨越行政区划的区域公共事务大量涌现。这种区域性公共事务已经超出了单一地方政府的治理能力，必须寻求地方政府间的跨域合作治理。跨域合作的决策环节是各区域间政府的协调合作。跨域合作首先是考虑决策环节的协调与衔接，建立一体化政策体系，实现合作管理制度的对接。

（七）社会与社区层面协调——消弭政府社会的二元对立

甘肃省社区建设需要经历四个过程：地方政府社会职能社区化、不同部门社会职能协作化、政府社会职能社会化、民众自治组织化。促进这些阶段转移和过程转换的根本动力在于深化社会体制改革。社会行动则是指行动者采取行动的目的在于影响另外一个个体或更多的个体的行动。同时，社会行动在一定程度上是受到政府行动的制约和引导的。在这个时候，政府行动和社会行动往往是对立的，是理性与感性的两面。要达到消弭政府社会的二元对立，需要重新定位政府职能。摆脱过去政府大包大揽的模式，激发企业和社区的主体性功能和活力，政府在减弱干预的同时，加大公共服务的力度，同时对社会各领域的不足和问题进行法治框架内的监管和治理。纠正"错位""越位"和"缺位"问题，实现政府职能的转向和复位。归根结底，社会治理的最终目的是提供优质服务，以此来得到民众的高度认同，从而实现良性有序的社会治理。

参考文献

孙海义：《公共关系与社会发展》，《内蒙古师院学报（哲社版）》1996年第4期。

殷冬水、周光辉：《利益表达平衡：社会正义的内在要求——我国社会不公发生逻辑与社会正义实现方式的政治学分析》，《江汉论坛》2013年第2期。

李忠杰：《论社会发展的动力与平衡机制》，《中国社会科学》2007年第1期。

杨煌：《布哈林的平衡论及其对构建社会主义和谐社会的启示》，《当代世界与社会主义》2011年第6期。

黄常锋：《社会核算矩阵平衡方法研究》，《统计研究》2013年第7期。

钤青莲：《社会养老保险基金平衡问题研究》，《特区经济》2010年第6期。

刘卫琴、徐开金：《试析完善政府社会公共服务职能中"社会平衡度"问题》，《牡丹江大学学报》2008年第11期。

湛中乐、肖能：《论政治社会中个体权利与国家权力的平衡关系——以卢梭社会契约论为视角》，《政治与法律》2010年第8期。

庄国波：《平衡治理与和谐控制：社会管理创新的新视角》，《中国行政管理》2012年第5期。

袁华音、庞树奇：《谈谈体制改革与社会平衡问题》，《社会学研究》1987年第5期。

社会科学文献出版社　　　　　　　　　　　　　　　皮书系列

❖ 皮书起源 ❖

"皮书"起源于十七、十八世纪的英国，主要指官方或社会组织正式发表的重要文件或报告，多以"白皮书"命名。在中国，"皮书"这一概念被社会广泛接受，并被成功运作、发展成为一种全新的出版形态，则源于中国社会科学院社会科学文献出版社。

❖ 皮书定义 ❖

皮书是对中国与世界发展状况和热点问题进行年度监测，以专业的角度、专家的视野和实证研究方法，针对某一领域或区域现状与发展态势展开分析和预测，具备原创性、实证性、专业性、连续性、前沿性、时效性等特点的公开出版物，由一系列权威研究报告组成。

❖ 皮书作者 ❖

皮书系列的作者以中国社会科学院、著名高校、地方社会科学院的研究人员为主，多为国内一流研究机构的权威专家学者，他们的看法和观点代表了学界对中国与世界的现实和未来最高水平的解读与分析。

❖ 皮书荣誉 ❖

皮书系列已成为社会科学文献出版社的著名图书品牌和中国社会科学院的知名学术品牌。2011年，皮书系列正式列入"十二五"国家重点出版规划项目；2012~2015年，重点皮书列入中国社会科学院承担的国家哲学社会科学创新工程项目；2016年，46种院外皮书使用"中国社会科学院创新工程学术出版项目"标识。

中国皮书网
www.pishu.cn

发布皮书研创资讯，传播皮书精彩内容
引领皮书出版潮流，打造皮书服务平台

栏目设置：

- □ 资讯：皮书动态、皮书观点、皮书数据、
  皮书报道、皮书发布、电子期刊
- □ 标准：皮书评价、皮书研究、皮书规范
- □ 服务：最新皮书、皮书书目、重点推荐、在线购书
- □ 链接：皮书数据库、皮书博客、皮书微博、在线书城
- □ 搜索：资讯、图书、研究动态、皮书专家、研创团队

中国皮书网依托皮书系列"权威、前沿、原创"的优质内容资源，通过文字、图片、音频、视频等多种元素，在皮书研创者、使用者之间搭建了一个成果展示、资源共享的互动平台。

自 2005 年 12 月正式上线以来，中国皮书网的 IP 访问量、PV 浏览量与日俱增，受到海内外研究者、公务人员、商务人士以及专业读者的广泛关注。

2008 年、2011 年中国皮书网均在全国新闻出版业网站荣誉评选中获得"最具商业价值网站"称号；2012 年，获得"出版业网站百强"称号。

2014 年，中国皮书网与皮书数据库实现资源共享，端口合一，将提供更丰富的内容，更全面的服务。

法律声明

"皮书系列"（含蓝皮书、绿皮书、黄皮书）之品牌由社会科学文献出版社最早使用并持续至今，现已被中国图书市场所熟知。"皮书系列"的LOGO（ ）与"经济蓝皮书""社会蓝皮书"均已在中华人民共和国国家工商行政管理总局商标局登记注册。"皮书系列"图书的注册商标专用权及封面设计、版式设计的著作权均为社会科学文献出版社所有。未经社会科学文献出版社书面授权许可，任何使用与"皮书系列"图书注册商标、封面设计、版式设计相同或者近似的文字、图形或其组合的行为均系侵权行为。

经作者授权，本书的专有出版权及信息网络传播权为社会科学文献出版社享有。未经社会科学文献出版社书面授权许可，任何就本书内容的复制、发行或以数字形式进行网络传播的行为均系侵权行为。

社会科学文献出版社将通过法律途径追究上述侵权行为的法律责任，维护自身合法权益。

欢迎社会各界人士对侵犯社会科学文献出版社上述权利的侵权行为进行举报。电话：010-59367121，电子邮箱：fawubu@ssap.cn。

社会科学文献出版社